인조이
프라하 · 보헤미아 · 모라비아

인조이 프라하 · 보헤미아 · 모라비아

지은이 문은정 · 김지선
펴낸이 임상진
펴낸곳 (주)넥서스

초판 1쇄 발행 2009년 12월 10일
3판 30쇄 발행 2019년 5월 31일

4판 1쇄 인쇄 2023년 6월 20일
4판 1쇄 발행 2023년 6월 25일

출판신고 1992년 4월 3일 제311-2002-2호
주소 10880 경기도 파주시 지목로 5
전화 (02)330-5500 팩스 (02)330-5555

ISBN 979-11-6683-584-1   13980

저자와 출판사의 허락 없이 내용의 일부를
인용하거나 발췌하는 것을 금합니다.
저자와의 협의에 따라서 인지는 붙이지 않습니다.

가격은 뒤표지에 있습니다.
잘못 만들어진 책은 구입처에서 바꾸어 드립니다.

www.nexusbook.com

여행을 즐기는 가장 빠른 방법

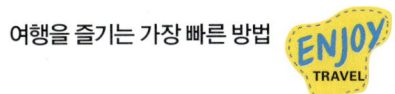

인조이
프라하
보헤미아 · 모라비아
PRAHA

문은정 · 김지선 지음

넥서스BOOKS

Prologue
여는 글

20년 전 〈프라하의 연인〉이라는 드라마가 방송될 때만 해도 프라하는 이름조차도 낯선 도시였지만 이제는 모르는 사람이 거의 없을 정도로 유명한 관광지가 되었다. 그 시절 처음 찾았던 프라하는 내가 생각했던 차갑고 무서운 이미지와는 다르게, 서구에서는 이미 너무나 유명한 관광지였고 세상 그 어느 곳보다 아름답고 따뜻한 곳이었다. 그렇게 프라하와의 인연이 시작된 이래 20년간 25회가 넘게 프라하를 방문했다. 누군가가 강요하지도 않았고 떠밀지도 않았지만 내 발길은 자꾸만 프라하로 향했다. 그때마다 발견했던 새로운 것들이 이제는 익숙하고 편안함으로 바뀌었고, 그렇게 프라하는 내 마음의 안식처로 자리 잡았다.

긴 시간 누구도 원하지 않던 팬데믹을 겪으면서 힘든 시간을 보냈고 끝이 보이지 않던 싸움을 하는 듯했지만, 드디어 예전과 같은 일상을 찾았고 우리가 꿈꾸던 여행길도 열리기 시작했다. 이번 개정판을 위해 취재를 떠났을 때만 해도 팬데믹의 여파가 남아 있어 프라하로 가는 길이 쉽지 않았는데, 현재는 직항 노선이 재개되어 쉽게 프라하로 갈 수 있게 되었다.

이제 프라하는 우리나라에서도 '한 달 살기'에 좋은 도시로 알려지면서 잠시 관광하고 떠나는 도시가 아니라 오래 머무는 도시가 되어 가고 있다. 프라하 이외의 체코 소도시 여행도 인기가 높아지고 있다. 그래서 이 책에서는 더 많은 지역들의 인지도도 높아졌으면 좋겠다는 마음으로, 보헤미아와 모라비아 지방의 여러 소도시들도 담아내었다. 하얀 체리꽃이 물결치는 4월의 페트르진 언덕, 노란 유채꽃이 끝도 없이 펼쳐지는 5월의 국도변, 붉은색 지붕과 함께 프라하를 온통 붉은 물들이는 10월의 단풍, 크리스마스 분위기에 흠뻑 취하는 12월의 프라하……. 이렇게 프라하는 언제 어느 때나 찾아도 사계절 내내 새로운 모습으로 우리를 기다리고 있다. 매력 가득한 프라하를 더욱 특별하게 여행할 수 있도록 《인조이 프라하》가 프라하 여행의 똑똑한 길잡이가 되길 바란다.

《인조이 프라하》 개정판이 나오기까지 가장 큰 힘이 되었던 남편에게 항상 감사하고 사랑한다는 말을 남기고 싶고, 아낌없이 응원해 주시는 가족들에게도 감사의 인사를 전합니다. 늘 프라하를 내 집처럼 방문할 수 있게 도와주시는 프라하에 계시는 태연 언니와 형부, 늘 서로에게 든든한 동반자가 되어주는 김지선 작가, 인조이 시리즈가 다시 빛을 볼 수 있도록 만들어 주신 넥서스의 편집팀과 디자인팀 그리고 많은 관계자 분들께 감사의 인사를 드립니다.

문은정

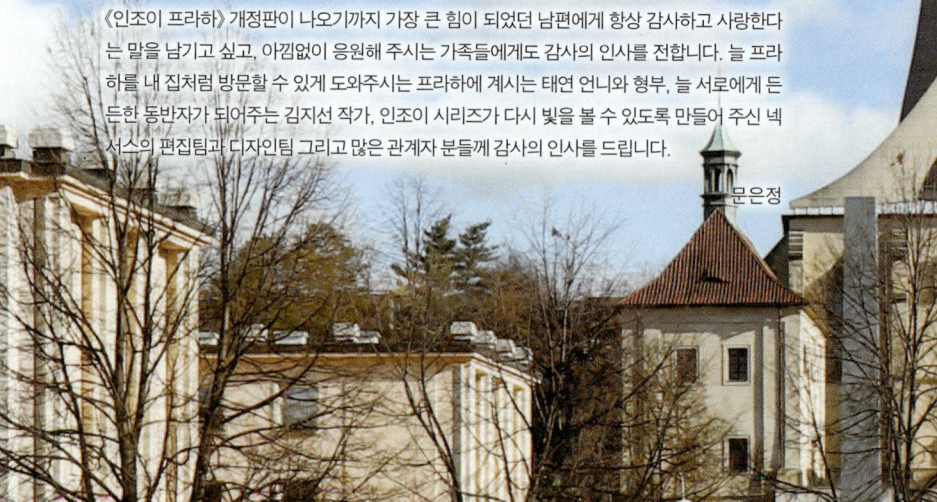

파리에 오랫동안 살면서, 언제나 꿈꾸던 곳 프라하. 파리에 6년을 살면서도 프라하는 한국보다 더 멀게만 느껴졌다. 한국행 비행기는 쉽게 예약을 해도, 프라하행 비행기는 고민에 고민을 거듭해야 했다. 그러다 2006년이 되어서야 처음으로 프라하행 비행기에 올랐다. 파리 생활을 정리하고 한국으로 돌아오기 전 마지막으로 유럽을 여행할 때에야 비로소 프라하로 간 것이다. 프라하에 도착해 짐을 풀고, 블타바강 변을 거닐다가 야외 카페에서 맥주 한 잔을 마시고 있는데, 카를교에서 갑자기 폭죽 소리가 들렸다. '앗, 불꽃놀이다.' 나처럼 영문도 모르고 맥주를 마시고 있던 관광객들에게 그 짧은 시간 동안의 불꽃놀이는 낭만 그 자체였다. 그것이 프라하의 첫인상이었다. 그리고 그 첫인상 때문인지, 프라하는 언제나 낭만이 가득한 도시로 느껴졌다.

그 후 가이드북을 쓰기 위해 프라하를 다시 찾게 되었고, 자주 방문하다 보니 프라하의 인상이 이젠 낭만이 아닌 편안함으로 바뀌었다. 구석구석 골목을 지도 없이도 편히 돌아다니고, 새로운 곳을 찾아다니고, 가이드북에 더 많은 곳을 담고 싶어 노력했던 시간이 재밌고 즐거웠다. 지금은 근처에 살고 있지만 서로 생활이 바빠 자주 보지 못하는 은정 언니와 가끔 만나 프라하 이야기를 하는데, 책이 나올 때까지 정말 많이 고생했다는 말을 책을 통해서야 전한다. "언니, 수고 많았어요!"

책이 나온 지는 오래 되었고 그간 수정을 자주 했지만, 코로나로 잠시 주춤했던 여행의 공백을 깨고 이 책이 드디어 개정판으로 탄생했다. 앞으로 더 많은 사람이 이 책으로 프라하에서 낭만을 즐겼으면 좋겠다. 더불어, 책 개정판 작업으로 고생한 넥서스 출판사 관계자분들께 감사의 마음을 전한다. "모두 고생하셨어요!"

김지선

이 책의 구성

① 미리 만나는 프라하

동유럽의 대표적인 여행지 프라하는 어떤 매력을 가지고 있을까? 프라하의 기본 정보를 비롯해 대표적인 명소와 액티비티, 음식, 쇼핑 아이템을 사진으로 보면서 여행의 큰 그림을 그려 보자.

② 추천 코스

전문가가 추천하는 프라하 여행 코스를 참고하여 자신의 여행 스타일에 맞는 최적의 일정을 세워 보자.

3
지역 여행 & 근교 여행

프라하 시내는 물론, 근교 여행으로 다녀올 만한 보헤미아 지방과 모라비아 지방의 주요 관광지까지 상세하게 다루었다. 꼭 가 봐야 할 대표적인 명소부터 맛집, 호텔 등을 소개하고 상세한 관련 정보를 담았다.

각 지역의 특징과 상세한 지도

지역별 베스트 코스와 주요 명소

구석구석 알찬 여행 팁과 배경 이야기

추천 맛집과 가성비 좋은 숙소

현지의 최신 정보를 정확하게 담고자 하였으나 현지 사정에 따라 정보가 예고 없이 변동될 수 있습니다. 특히 요금이나 시간 등의 정보는 안내된 자료를 참고 기준으로 삼아 여행 전 미리 확인하시기 바랍니다.

④ 테마 여행

여행을 더 풍성하고 다채롭게 만들어 줄 프라하의 즐길거리들을 테마별로 소개한다.

⑤ 여행 정보

여행 전 준비부터 공항 출입국 수속까지, 여행 전 알아두면 유용한 정보들을 담았다.

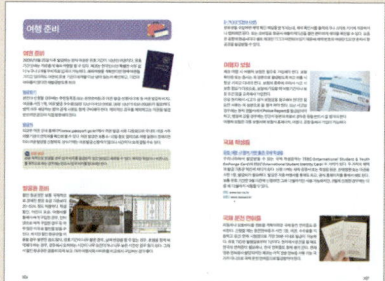

⑥ 여행 회화

현지에서 사용할 수 있는 간단한 체코어와 영어 회화 표현을 수록했다.

⑦ 찾아보기

책에 소개된 관광 명소와 식당, 숙소 등을 이름만 알아도 쉽게 찾을 수 있도록 정리했다.

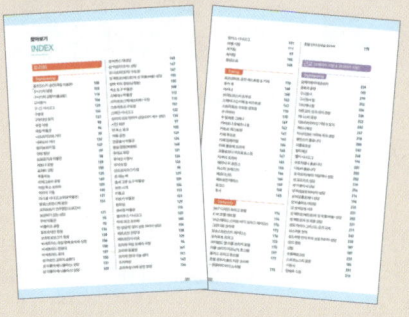

모바일 지도 활용법

책에 나온 장소를 내 휴대폰 속으로!

여행 중 길 찾기가 어려운 독자를 위한 인조이만의 맞춤 지도 서비스.
구글맵 기반으로 새롭게 돌아온 모바일 지도 서비스로 스마트하게 여행을 떠나자.

STEP 01

아래 QR을 이용하여
모바일 지도 페이지 접속.

STEP 02

길 찾기를 원하는 지역 선택

STEP 03

지도 목록에서 찾고자 하는 장소를 검색하여 원하는 장소로 이동!

❶ 지역 목록으로 돌아가기
❷ 길 찾는 장소 선택
❸ 큰 지도 보기
❹ 지도 공유하기
❺ 구글 지도앱으로 장소 검색

※ 구글을 서비스하지 않는 지역에서는 사용이 제한될 수 있습니다.

Contents
목차

미리 만나는 프라하
체코 인포메이션 • 014
체코의 놓칠 수 없는 그곳 • 018
프라하의 뷰 포인트 • 022
체코의 음식 • 027
체코의 쇼핑 리스트 • 032
체코의 축제 • 036

추천 코스
프라하 핵심 2일 코스 • 042
프라하 알찬 3일 코스 • 046
프라하 낭만 여행 6일 코스 • 049
프라하와 모라비아 여행 7일 코스 • 055
체코 전 지역 일주 12일 코스 • 063

지역 여행
프라하 교통 • 080

프라하
신시가지 • 090
구시가지 • 100
유대인 지구 • 118
말라스트라나 • 126
프라하성과 흐라드차니 • 140
비셰흐라드 • 152
프라하 기타 지역 • 159
프라하의 음식점 • 162
프라하의 숙소 • 171

근교 여행

프라하 근교 교통 • 181

보헤미아 지방
체스키 크룸로프 • 184
플젠 • 190
카를로비 바리 • 198
쿠트나호라 • 208

모라비아 지방
브르노 • 216
올로모우츠 • 228
크로메르지시 • 236
미쿨로프 • 240
레드니체 & 발티체 • 246
즈노이모 • 250
텔츠 • 256

테마 여행

성을 찾아 떠나는 낭만 여행 • 262
공연의 도시 프라하 • 272
블타바강에서 즐기는 로맨틱 크루즈 • 277
체코를 더욱 특별하게, 이색 체험 • 280
건축 양식의 박물관 프라하 • 285
겨울 여행이 매력적인 12월의 프라하 • 290
맥주의 나라 체코의 맥주와 와인 • 293
여행의 놓칠 수 없는 즐거움 프라하 쇼핑 • 298

여행 정보

여행 준비 • 308
출국하기 • 314
체코 입국하기 • 317
집으로 돌아오는 길 • 318

* 여행 회화 • 320
* 찾아보기 • 331

미리 만나는 프라하

- 체코 인포메이션
- 체코의 놓칠 수 없는 그곳
- 프라하의 뷰 포인트
- 체코의 음식
- 체코의 쇼핑 리스트
- 체코의 축제

체코
INFORMATION

국가명 체코 공화국(Czech Republic)

수도 프라하(Praha)

언어 체코어(고령층은 독일어에 능숙한 편)

종교 무교 40%, 로마 가톨릭 39%, 신교 4%, 기타 17%

시차 한국보다 8시간이 느리고, 서머타임 기간에는 7시간 느리다.

통화 코루나 kč, 1kč ≒ 60원 (2023년 5월 기준)
★ 보조 통화는 할레르(Haler)이다. 1kč=100 Halers

전화 국가 번호 420

전압 220V, 50Hz

체코 전도

개요

체코 공화국은 중앙 유럽에 있는 공화국이다. 북서쪽과 서쪽은 독일, 남쪽은 오스트리아, 남동쪽은 슬로바키아, 북동쪽은 폴란드와 국경이 닿아 있다. 체코는 1999년 NATO에 가입하였으며, 2004년 유럽 연합의 정회원국이 되었다. 슬로바키아와 하나였으나, 1993년 분리되었다.

역사

9세기 말부터 14세기 초까지 프르세미슬 왕조가 다스렸다. 이후 룩셈부르크 왕조가 다스리는 중에 카를 4세가 신성 로마 제국 황제로 즉위하였다. 15세기 이후 후스파의 종교 개혁이 격렬하게 전개되어 1618년 30년 전쟁(1618~1648)이 일어났다. 전쟁 이후 신성 로마 제국의 로마 가톨릭 지배가 강화되었고 오스트리아-헝가리가 체코를 1918년까지 지배하였다. 이후 체코슬로바키아로 독립하였으나 1938년 나치 독일에 합병되어 제2차 세계 대전이 끝날 때까지 점령되었다. 전쟁이 끝난 1945년에 소련의 위성국이 되었다가 1993년에 평화적으로 슬로바키아와 분리하였다.

기후

체코는 사계절 모두 아름다워서 관광객의 발길이 1년 내내 끊이지 않는다. 프라하는 온화한 기후 지역에 있어 여름철에는 낮 기온이 30℃까지 올라가지만, 습기가 많지 않아 그늘에서는 시원함을 느낄 수 있기 때문에 여행하기 힘들지 않다. 여름철에도 해가 지면 선선한 편이니 추위를 많이 탄다면 긴 소매 옷을 챙기는 것이 좋다. 프라하를 여행하기 가장 좋은 시기는 늦은 봄인 5~6월과 가을인 9~10월인데, 이때는 사계절 중 맑은 날씨를 보인다. 겨울에는 매우 춥고 눈도 많이 내리기 때문에 방한복을 챙겨 가는 것이 좋다. 가장 비가 많이 내리는 시기는 봄과 여름철이다.

음식

체코는 바다가 없고 북쪽에 있어 지형적인 특성상 해산물이나 다양한 채소와 과일을 접하기 어렵기 때문에 고기 중심의 식생활을 하고 있다. 프라하는 관광객이 워낙 많이 찾는 도시라 갈 만한 레스토랑도 많고, 서유럽에 비해 가격도 적당하며 음식 맛도 한국인에게 잘 맞아 프라하를 찾는 또 하나의 이유가 되고 있다. 바츨라프 광장과 구시가지 광장 주변의 레스토랑은 관광객이 가장 많이 몰리는 곳이기 때문에 가격이 비싸고, 심지어 맥도날드도 위치에 따라 가격이 다르다. 프라하에서 가장 비싼 맥도날드는 카를교에서 말로스트란스케 광장으로 가는 길에 위치한 곳이다.

공휴일

- 1월 1일 새해 첫날
- 4월 7~10일 부활절 연휴(2023년 기준)
- 5월 1일 노동절
- 5월 8일 해방 기념일
- 7월 5일 키릴로스와 메토디오스 성인의 날
- 7월 6일 얀 후스의 날
- 9월 28일 성 바츨라프의 날
- 10월 28일 독립 기념일
- 11월 17일 자유와 민주의 날
- 12월 24~26일 크리스마스 연휴

통화

지폐는 100, 200, 500, 1000, 2000, 5000kč가 있으며, 동전은 1, 2, 5, 10, 20, 50kč와 10, 20, 50Haler가 있다. 20kč와 50kč가 지금은 동전이지만 예전엔 지폐였던 적이 있는데, 이것을 악용해서 거스름돈을 옛 지폐로 주는 경우가 있으니 거스름돈을 주고받을 때 주의하자.

체코의 지폐는 2022년 6월 30일자로 옛 지폐 사용이 종료되어 더 이상 옛 지폐를 사용할 수 없게 되었기에 새 지폐만 사용할 수 있다. 그래서 체코를 여행할 때는 옛 지폐와 새 지폐를 구분하는 법을 알고 있어야 환전 사기에 대비할 수 있다. 가장 쉽게 구별하는 방법은 지폐를 수직으로 가로지르는 은색 점선을 확인하는 것이다. 새 지폐는 은색 점선의 너비가 넓

어졌고, 기울일 때마다 점선의 색이 바뀐다. 또한 새 지폐엔 노란색의 아주 작은 원형들이 찍혀 있다.

안전

프라하는 관광객이 많은 만큼 소매치기 또한 많다. 특히 관광객이 집중적으로 밀집되는 곳은 언제 어디서든 주의해야 한다. 여권은 숙소에 보관하는 것이

가장 좋고 현금은 그날 쓸 만큼만 들고 나가는 것이 좋다.

밤늦은 시간 외진 곳은 피하는 것이 안전하고, 혹시나 현지인들이 시비를 걸어오더라도 싸움은 피하는 것이 좋다. 욱하는 마음에 함께 싸우다 보면 외국인인 여행자에게 불리하기 때문이다. 또한 무엇보다 즐거운 여행을 망칠 수 있고 좋지 않은 추억이 될 수 있으니, 여행자의 입장으로 인내심을 발휘하자. 그것만 피하면 체코에서 당할 수 있는 범죄는 소매치기가 최대의 범죄라 할 정도로 안전한 곳이다. 또한 경찰을 위장한 사기꾼들을 만날 수도 있는데, 이때는 무조건 경찰서에 가서 이야기해야 한다.

또한 함부로 지갑이나 여권을 보여 주지 말자. 고가의 액세서리, 가방, 옷, 카메라 등은 소매치기들의 표적이 될 수 있고, 사진을 찍을 때는 가방을 항상 몸에 지니고 있어야 하며 절대 바닥에 내려놓지 말자.

호텔 조식 뷔페나 레스토랑에서도 자신의 물건은 빈 의자나 테이블 위에 올려 두지 말고 본인의 몸에 지니도록 하자. 스스로의 안전은 스스로가 지켜야 안전한 여행이 될 수 있다는 것을 잊지 말자.

소매치기를 당했을 경우

우선 당황하지 말고 현지 경찰서를 찾아가 폴리스 레포트를 작성해야 한다. 이때 영문으로 작성해야 하고 잃어버린 물품을 잘 작성해야 한다. 될 수 있는 대로 확실한 상표를 적는 것이 보험 처리하는 데 도움이 될 수 있다. 작성하고 나면 경찰서에서 경찰서 직인이

찍힌 폴리스 레포트 한 장을 주는데 이것을 잘 보관했다가 나중에 한국으로 돌아와 여행자 보험을 들었던 보험 회사에 보험 회사에서 요구하는 첨부물과 함께 제출하면 보험료를 받을 수 있다. 카드 분실 시는 카드 회사에 연락해 바로 정지시켜 두자. (본인의 실수로 잃어버렸다면 해당 사항 없음)

Tip 소매치기 예방법

큰 옷핀을 준비해서 보조 가방 지퍼에 고정해 보자. 옷핀 하나로 큰 효과를 볼 수 있다. 고정된 옷핀 때문에 소매치기들이 접근을 해와도 쉽게 열리지 않고, 지퍼를 잡아당기는 순간 큰 요동이 있기 때문에 누군가 내 소지품에 손을 대고 있다는 걸 알 수 있다.

여권을 분실했을 경우

여권을 분실했을 경우도 마찬가지로 가까운 경찰서를 찾아가 폴리스 레포트를 작성해야 한다. 작성을 마치면 직인이 찍힌 레포트를 받아 레포트와 함께 여권 사본과 여권 사진을 가지고 체코 한국 대사관을 찾아가서 여행 통행증을 받거나 여권을 재발급받아야 한다. 이때 체코 여행만 한다면 체코에서 사용할 수 있는 통행증을 받고 만약 유럽 여행 중이라면 남은 여행지에 해당하는 나라의 통행증도 모두 받아야 한다. 주의할 점은 여행지뿐만 아니라 경유 항공을 이용할 시 경유지 통행증도 함께 받아야 한다. 여권을 재발급받을 시는 기간이 조금 오래 걸리기 때문에 남은 여행 일수와 여행지를 잘 생각해 보고 재발급을 받도록 하자.

화장실

프라하 시내의 공중 화장실은 프라하성을 제외하면 대부분 유료이다. 화장실 이용 요금도 위치에 따라 조금씩 차이가 있는데 구시가지 교탑(카를교탑) 전에 있는 중세 고문 박물관 아래층에 있는 화장실이 프라하 시내에서 가장 비싼 요금을 받고 있다. 레스토랑이나 카페의 화장실은 대부분 무료로 이용 가능하나 맥도날드와 같은 패스트푸드점은 유료인 곳도 있고 영수증이 필요한 경우도 있다.

전압

체코의 콘센트는 우리나라처럼 2구지만, 우리나라와 달리 콘센트 안에 기둥이 하나 있어서 우리나라 플러그와는 맞지 않는 경우도 있다. 사용할 플러그를 확인한 뒤 멀티 어댑터를 구입해 이용하거나 프라하 현지 마트에서 플러그를 구입해서 사용해야 한다.

슈퍼마켓

체코에서는 어디서든 슈퍼마켓을 만날 수 있지만 대표적인 마켓으로는 빌라(Billa)와 알베르트(Albert), 테스코(Tesco), 리들(Lidl)이 있다.

세금 환급(Tax Refund)

한 매장에서 2,000kč 이상의 물건을 구입한 뒤, 90일 내 출국할 경우 관세 환급을 받을 수 있다. 환급이 되는 매장에는 입구에 'TAX FREE' 스티커나 안내표가 붙어 있다. 환급 서류를 작성할 때에는 여권이 필히 있어야 한다. 서류 작성 후 출국할 때 공항에서 수속을 밟고 환급받으면 된다.

PREVIEW 01

체코의
놓칠 수 없는
그곳

체코는 사계절 각기 다른 매력을
지닌 아름다운 곳이다.
체코를 여행한다면 꼭 다녀와야 하는
대표적인 랜드마크를 소개한다.

구시가지 광장

[프라하]

프라하성
유럽에서 가장 큰 중세 성이다. 현재까지도 대통령의 관저로 사용 중이며, 프라하의 대표적인 랜드마크이기도 하다. p.143

구시가지 광장
지붕 없는 건축 박물관이라고 불리는 프라하를 대표하는 광장이다. 틴 성당, 구시청사, 천문 시계탑, 얀 후스 동상 등이 자리하고 있다. p.103

카를교
체코에서 가장 처음 만들어진 석조 다리로, 블타바강 위로 세워진 유일한 보행자 전용 다리이다. 이곳에 있는 프라하의 수호성인인 얀 네포무츠키 청동상에서 소원을 빌면 이루어진다는 전설이 있다. p.111

쿠트나호라
해골 성당
조금은 공포스럽기도 하지만 4만 명의 유골로 장식된 샹들리에, 피라미드, 향로, 십자가가 인상적이다. 성당의 주인이었던 슈바르젠베르그 가문의 문장도 볼 수 있다. p.212

필스너 우르켈 맥주 공장
'황금빛 라거'를 처음 만들어 낸 '필스너 우르켈' 양조장이다. 투어를 통해 맥주의 제조 과정을 견학하고, 지하 저장고에 보관된 오크통의 신선한 맥주를 바로 맛볼 수 있다. p.192

카를로비 바리
온천
카를로비 바리는 도시 자체가 영화 세트장 같은 이색적인 온천 도시이다. 손잡이를 빨대처럼 사용하는 컵을 들고, 성인병 예방과 위장병에 좋다는 다양한 온도의 온천수를 마시며 산책하듯 도시를 즐길 수 있다. p.198

체스키 크룸로프
체스키 크룸로프 역사 지구
유럽에서도 가장 예쁜 마을에 손꼽힐 정도로, 동화 속 세상에 초대된듯 아름다운 풍경을 자랑한다. 역사 지구 전체가 세계 문화유산에도 등재되었다. p.184

브르노
양배추 시장
13세기부터 브르노 녹색 광장에 열리는 농산물 시장으로 매주 화요일부터 일요일까지 야채, 과일, 꽃 등을 판매하는 노천 시장이다. p.219

크로메르지시
플라워 가든
세계적으로도 중요한 정원 사례로 손꼽히는 플라워 가든은 크로메르지시를 대표하는 랜드마크로, 바로크 양식의 절정을 보여 주는 프랑스식 정원이다. p.238

올로모우츠
분수
그리스 로마 신화를 토대로 만든 7개의 분수들이 올로모우츠 역사 지구 안에 뿔뿔이 흩어져 있는데, 이 분수들을 찾아 발길을 옮기는 것도 올로모우츠를 더 즐겁게 여행할 수 있는 방법이다. p.232

즈노이모
지하 터널
즈노이모 도시 아래 총 27km의 지하 터널이 자리하고 있는데, 이곳은 터널이라기보다는 도시 아래 존재하는 또 다른 도시라고 해도 과언이 아니다. p.253

21

PREVIEW 02

프라하의 뷰 포인트

프라하를 더욱 사랑할 수밖에 없는 이유는 언제 어디서 바라보든 항상 그림 같은 뷰를 선사하기 때문이 아닐까? 낮은 낮대로 밤은 밤대로 매력적인 프라하의 아름다운 풍경에 흠뻑 빠져 보자.

페트르진 타워의 전망

내려다보는 세상

천문 시계
구시가지 광장이 한눈에 내려다보이는 탑이다. 매 정시마다 움직이는 천문 시계를 보기 위해 아침부터 늦은 밤까지 여행자들의 발길이 끊이지 않는 곳이다. p.106

구시가지 교탑(카를교탑)
카를교와 프라하성을 하나의 프레임에 담아낼 수 있는 장소로, 교탑 위에서 내려다보는 카를교의 모습은 유난히 더 활기차게 다가온다. 카를교 위의 거리 음악가들이 들려주는 라이브 음악은 덤! p.116

페트르진 전망대
말라스트라나 지역 페트르진 언덕 위에 우뚝 솟아 있는 철 구조물의 타워로, 파리의 에펠탑을 닮았다. 360도로 시원하게 펼쳐지는 프라하의 전망을 감상할 수 있다. p.138

비셰흐라드 전망대

성벽을 따라 산책하며 바라보는 비셰흐라드의 전망은 위치에 따라 다른 풍경을 보여 준다. 멀리 프라하성이, 가까이에는 블타바강이 내려다보인다. 다른 뷰 포인트보다 평온한 느낌이 든다.
p.158

인드르지슈스카 탑

지금은 화약탑의 닮은꼴로만 여겨지지만 한때는 신시가지의 자부심이기도 했던 탑이다. 이곳에서는 탑 아래로 지나가는 트램과 신시가지의 풍경을 가장 예쁘게 담을 수 있다. p.96

성 비투스 대성당

성 비투스 대성당은 프라하성 단지 안에서 가장 거대하게 자리하고 있다. 성 비투스 대성당의 남쪽에 있는 탑은 287개 나선형 계단을 올라야 한다. 힘들게 계단을 올라 탑 꼭대기에 서면, 카펫이 깔린 듯한 프라하의 붉은 지붕들이 한눈에 내려다보이는 멋진 전경을 선물받게 된다. p.145

낮보다 아름다운 밤

카를교 주변(스메타나 박물관 앞)

카를교를 중심으로 양쪽에 레기교(Legii Most)와 마네수브교(Mánesův Most)가 있다. 두 다리 사이로 블타바 강변을 따라 이어지는 길은 어디에서나 프라하의 야경을 바라보기 좋다. 그중에서도 카를교와 프라하성을 가장 아름답게 바라볼 수 있는 장소는 스메타나 박물관 앞인데, 이곳엔 노천 카페가 운영 중이어서 장소가 협소하다는 단점이 있다. 해가 질 때쯤 카페에 앉아 차 한잔하며 해가 지는 풍경을 여유롭게 바라보는 것도 프라하의 야경을 제대로 즐기는 방법 중 하나이다. p.112

구시가지 광장

지붕 없는 건축 박물관이라고도 불리는 구시가지 광장은 해가 진 후보다 여명이나 황혼 시간대에 가장 아름다운 야경을 만끽할 수 있다. 구시가지 시계탑에서 바라보는 프라하성 야경도 추천한다. 크리스마스 시장이 열리는 기간에 시계탑 위에서 바라보는 광장과 불빛이 그림처럼 반짝이는 대형 트리는 겨울의 프라하에 여행객들이 모여드는 이유이기도 하다.
p.103

레트나 공원

프라하는 탑의 도시로도 잘 알려져 있는데, 탑의 도시를 제대로 만끽할 수 있는 장소가 바로 레트나 공원이다. 레트나 공원 내 레스토랑인 하나브스키 파빌온 앞 전망대에서 바라보는 블타바강과 다리의 풍경은 프라하에서도 소문난 석양 포인트이다. p.159

바츨라프 광장

구시가지 광장과 함께 프라하를 대표하는 광장이다. 국립 박물관을 중심으로 바츨라프 광장 대로를 따라 양쪽으로 늘어선 가로등을 바라보는 뷰가 포인트이다. 바츨라프 광장 중앙에 있는 카페 트람바이 11 (Cafe Tramvaj 11)의 뒤편으로 스타벅스와 유로파 호텔을 볼 수 있는데, 그 앞에 펼쳐진 중앙 광장이 바츨라프 광장에서 야경 사진을 찍는 포인트로 추천할 만하다. p.93

공화국 광장(시민 회관 앞)

시민 회관과 팔라디움 쇼핑몰이 있는 광장으로, 이곳에서는 지나가는 트램을 담아내기 좋다. 곡선으로 휘어지는 트램과 팔라디움 쇼핑몰을 배경으로 두면 특별한 야경을 담을 수 있다. p.97

리에그로비 공원

야경보다는 석양을 바라보기에 좋은 장소이다. 4~10월까지는 맥주 가든이 열려 맥주를 한잔하며 석양을 즐기기 좋다. 야경을 기대하기는 어려운 곳이기 때문에 리에그로비 공원에서의 풍경은 해 질 녘까지만 감상하는 것을 추천한다. p.160

PREVIEW 03

체코의 음식

바다가 없는 체코는 지형적인 특성상 해산물과 다양한 채소와 과일을 쉽게 접할 수가 없기 때문에 고기와 감자를 이용한 음식이 유명하다. 체코 하면 빠질 수 없는 맥주와 와인 그리고 디저트까지 체코 여행에서 꼭 맛봐야 하는 음식들을 소개한다.

콜레뇨 Koleno

우리나라 족발과 비슷한 콜레뇨는 훈제된 돼지의 넓적다리를 이용해 만든 요리이다. 레스토랑에 따라 조리법이 조금씩 다른데, 생고기로 훈제하느냐 한 번 익힌 후 훈제하느냐에 따라 껍질의 식감이 완전히 달라진다. 체코 맥주와 함께 먹으면 맛이 배가된다.

추천 레스토랑 | **후사** HUSA p.165

스비치코바 Svíčková

체코의 대표적인 가정식으로 잘 익힌 소고기 등심 위에 레몬이 들어간 크림소스를 올려 주고 생크림과 다양한 베리잼, 중국식 꽃빵과 비슷한 크네들리키를 곁들여 먹는 음식이다.

추천 레스토랑 | **브레도브스키 드부르** BREDOVSKÝ DVŮR p.163

굴라쉬 Guláš

굴라쉬의 원조는 헝가리에서 시작됐지만 국경이 맞닿아 있는 국가들에서도 굴라쉬라고 불리는 음식이 전통 음식으로 소개되곤 한다. 헝가리의 굴라쉬는 국물이 있는 스튜 형식이라면, 체코의 굴라쉬는 고기 위에 자박자박한 소스를 올리고 크네들리키와 함께 먹는 음식이다. 헝가리 굴라쉬보다 우리나라의 장조림과 비슷하다.

추천 레스토랑 | **우 라부티** U Labutí p.170

마르렌카 Marlenka

체코의 꿀 케이크라고 불리는 마르렌카는 촉촉한 시트 사이사이에 꿀이 들어간 디저트 케이크이다. 천연 방부제인 꿀을 사용하여 무색소, 무방부제로 만들어진다. 완제품으로 마트에서도 쉽게 구입이 가능하고, 레몬, 클래식, 코코아 세 종류의 맛이 있다.

맥주 Pivo

세계에서 맥주 소비량이 제일 많은 나라답게 체코에서 만들어지는 맥주 종류만 300가지가 넘을 만큼 맥주 천국이라고 해도 과언이 아니다. 체코에 왔다면 한 가지 맥주만 고집하지 말고 다양한 맥주를 맛보고 가는 것도 체코 여행의 즐거움 중 하나이다.

코폴라 Kofola

1960년 의약품을 만들던 업체에서 14가지 허브와 카를로비 바리 온천수를 섞어 만든 카페인 음료로, 콜라 대용으로 만들어졌다고 한다. 음료의 색 때문에 언뜻 보기에는 콜라 같지만, 허브향이 강하게 느껴져 콜라보다는 허브 음료라고 하는 게 맞을 듯하다.

트르들로 Trdlo

체코 전통 간식거리인 트르들로는 굴뚝 모양과 닮았다고 해서 굴뚝빵이라고도 불린다. 잘 구워진 빵에 설탕과 계피가루를 묻히면 빵과 함께 잘 어우러져 고소하고 달콤한 맛이 나는 게 특징이다. 요즘은 생크림, 초콜릿, 치즈 등을 이용한 다양한 맛의 트르들로를 즐길 수 있다. 불과 몇 년 전만 하더라도 부활절이나 크리스마스 시장이 서야 맛볼 수 있었지만 지금은 체코 어느 도시에서든 쉽게 맛볼 수 있는 간식으로 자리 잡았다.

오플라트키 와플 Oplatky Wafers

카를로비 바리의 전통 과자로, 우리나라의 전병처럼 둥글고 얇다. 와플의 모양은 천주교의 성체에서 유래되었다. 카를로비 바리에서는 그 자리에서 바로 구워주는 것을 맛볼 수 있으며, 맛도 12가지로 다양하다. 카를로비 바리가 아니더라도 체코의 마트에 가면 '콜로나다(Kolonada)'라는 이름의 과자로 쉽게 구입할 수 있다. 박스 포장된 마트의 과자는 선물용으로도 좋다.

추천 오플라트키 와플 |
카를로비 바리의 브르지델니 콜로나다
내 와플 가게 p.201

와인 Víno

체코 하면 가장 먼저 떠오르는 것은 맥주이지만, 체코의 와인도 다른 유럽 지역에서 생산되는 와인 못지않은 품질을 자랑한다. 체코 와인이 상대적으로 덜 알려진 이유는 와이너리 대부분이 가족형으로, 소규모의 와인만 생산하기 때문에 현지에서 소비하기에도 그 양이 모자라기 때문이라고 한다. 체코에 방문했다면 우리나라에서 쉽게 볼 수 없는 모라비아 와인을 즐겨 보자. 여행을 특별하게 만들어 줄 것이다.

로흘리크 & 호우스키 Rohlík & Housky

로흘리크나 호우스키는 대형 마트 빵 코너에 가면 산처럼 쌓아 놓고 파는 빵으로, 체코 사람들의 주식 빵이라고 할 수 있다. 빵만 들고 다니면서 먹기도 하지만 다른 음식들과 곁들여 먹기도 하고, 버터나 잼을 발라서 먹기도 한다. 기본 로흘리키에 위에 치즈나 견과류, 씨앗 등이 토핑처럼 올려진 빵들도 있다.

메뉴 이해하기
(체코 전통 요리)

수프	Polévka 폴레브카
감자	Brambor 브람보르
야채	Zelenina 젤레니나
양배추 절임	Zelí 젤리(김치 대용으로 좋다)
크네들리키	Knedlíky 크네들리키
	(중국 음식의 꽃빵과 비슷한 모양으로 주식으로 먹는 빵)

돼지고기
Vepřové 베프르조베

돼지 족발	Koleno 콜레뇨
튀긴 돼지고기	Smažený řízek
	스마르제니 르지제크(슈니첼의 체코식 발음) / 돈가스와 유사함
돼지고기 로스	Vepřová pečeně 베프르조바 페체네

소고기
Hovězí 호베지

| 소고기 굴라쉬 | Hovězí guláš 호베지 굴라쉬 / 스튜 요리의 일종 |
| 소고기와 크림 소스가 들어간 음식 | Hovězí svíčková na smetaně 호베지 스비치코바 나 스메타네 |

닭고기
Kuře 쿠르제

| 닭고기 로스 | Pečené kuře 페체네 쿠르제 |
| 후라이드 치킨 | Smažené kuře 스마제네 쿠르제 |

생선
Ryby 리비

연어	Lososa 로소사
잉어	Kapr 카프르
튀긴 흰살 생선	Smažené filé 스마제네 필레

* 바다가 없기 때문에 중세 시대부터 잉어 양식장이 활성화되어 유럽으로 수출을 한다. 체코에서는 크리스마스 때 잉어 요리를 먹는 문화가 있어, 크리스마스 기간엔 레스토랑에서도 특별 메뉴로 잉어 요리를 준비한다.

사이드 메뉴
Přílohy 프르질로히

감자튀김	Hranolky 흐라놀키
삶은 감자	Brambory 브람보리
으깬 감자	Bramborová kaše 브람보로바 카셰
소시지	Párek 파렉
샐러드	Salát 살라트
마늘빵	Česneková bageta 체스네코바 바게타

디저트
Zákusek 자쿠섹

케이크	Dort 도르트
아이스크림	Zmrzlina 즈므르즐리나
팬케이크	Palačinky 팔라친키

음료		
	맥주	Pivo 피보
	와인	Vino 비노
	커피	Káva 카바
	아이스 커피	Ledová Káva 레도바 카바
	차	Čaj 차이

레스토랑 간단 회화

웨이터를 부를 때
Prosím! 프로씸!

메뉴를 보여 주세요.
Jídelní lístek, prosím. 이델니 리스텍, 프로씸.

잘하는 메뉴가 무엇인가요?
Jakou tu máte specialitu? 야코우 투 마테 스페치알리투?

추천해 주실래요?
Co nabízíte? 초 나비지테?

계산서 부탁해요.
Platit, prosím. 플라티트, 프로씸.

잔돈은 가져 가세요. (팁으로 남겨줄 때)
To je pro Vás. 토 에 프로 바스.

계산이 잘못됐는데요?
Vydali jste chybný účet? 비달리 스테 히브니 우쳇?

감사합니다.
Děkuju. 데쿠유.

 레스토랑에서의 팁

보통 서비스가 좋았을 때 기분 좋게 주는 돈이 팁이지만 대부분의 프라하 레스토랑에서는 청구서(영수증)의 10%를 대놓고 팁으로 요구하는 경우가 많다. 레스토랑마다 영수증에 팁을 포함하는 경우도 있고 따로 요구하는 경우도 있으니 영수증을 꼼꼼하게 확인해야 한다. 영수증에 19%라는 세금이 붙는 경우도 있는데 그 요금은 손님이 지불하는 금액이 아니라 레스토랑에서 국가에 내는 부가가치세(VAT)이므로 놀랄 필요가 없다. 아주 드물게 팁을 요구하지 않는 레스토랑도 있는데 그럴 땐 거스름돈의 남은 동전을 놓고 나오거나 요금의 5~10% 정도 테이블에 놓고 일어서면 된다.

PREVIEW 04

체코의
쇼핑 리스트

여행의 또 다른 즐거움 중 하나가 바로 여행 중 기념이 될 물건들을 구경하고 사는 재미가 아닐까 싶다. 체코에서 구입하면 좋을 쇼핑 목록을 소개한다.

마리오네트 인형 Marionette, Puppet
인형의 관절 마디마디에 긴 줄을 달아 손으로 움직일 수 있는 인형이 바로 마리오네트 인형이다. 프라하 시내 곳곳에서 다양한 디자인의 마리오네트 인형을 구입할 수 있으며, 수제품인지 디자인이 얼마나 정교한지에 따라 가격은 천차만별이다.

바타 Bata
1894년 문을 연 바타는 원래 가죽 신발을 만들어 팔았는데, 비싼 가죽을 대신해 천으로 신발을 만들어 팔던 것이 대박이 나면서 '바타 테니스'라는 서브 브랜드를 만들었다. '바타 테니스'가 아시아에서 큰 사랑을 받으면서 바타는 유럽의 국민 신발에서 더 나아가 전 세계적으로 유명한 신발 브랜드가 되었다. 우리나라에서는 아직 생소한 브랜드이지만 편집숍에 일부 제품들을 판매하면서 셀럽들에게는 꾸준히 사랑을 받고 있다. 프라하에서는 바츨라프 광장에 있는 매장이 가장 크고, 신발 종류도 다양하며 가죽 제품도 유명하다.

마누팍투라 바디용품과 스킨케어 Manufaktura
우리나라 사람들이 체코에 가면 쇼핑하기 위해 가장 많이 찾는 곳이 바로 마누팍투라이다. 체코 자연주의 화장품과 바디용품을 만드는 곳으로, 맥주 시리즈가 가장 유명하지만 맥주 시리즈 외에도 모히토, 와인, 온천 소금, 허브 등 체코 땅에서 나오는 천연 원료를 사용해 만든 다양한 시리즈의 제품을 만날 수 있다.

체스키 쯔비벨 무스터 Zweibel Muster

독일어로 쯔비벨은 양파, 무스터는 문양을 의미하며 흔히 양파 그릇이라고 불린다. 하지만 양파처럼 생긴 그림은 사실 석류꽃이라고 한다. 독일의 마이센에서 중국의 청화 백자를 본 따 만든 문양인데, 마이센이 경영 악화로 쯔비벨 무스터의 문양을 매각하면서 여기저기서 유사한 디자인의 도자기들이 생겨났다. 체코에서도 쯔비벨 무스터 문양의 그릇을 만들었고, 이 문양을 쓰는 도자기 중 체코산 쯔비벨 무스터가 제일 저렴했다. 마이센의 도자기를 가지고 싶었던 서민들이 그와 유사하면서 가격이 저렴했던 체코의 쯔비벨 무스터로 대리 만족을 느끼면서 유명해졌다.

코히노르(코이노) 색연필 KOH-I-NOOR

코히노르는 다양한 진하기의 연필을 처음 만든 회사이다. 지금은 어느 기업이나 기본으로 만드는 기업의 심볼을 가장 처음 고안해낸 곳도 코히노르이다. 독일 회사로 알고 있는 사람들이 많지만 사실은 200년이 넘은 체코의 기업이다. 전 세계적으로 파버와 함께 색연필의 양대 산맥을 이루고 있는 코히노르 색연필은 아이들을 위한 선물로 좋다.

아기 두더지 '크르텍' Krtek

'크르텍'은 아기 두더지를 주인공으로 한 애니메이션의 캐릭터이다. 아이들을 재우는 데 도움을 주기 위해 1950년에 처음 제작되었는데, 아직까지도 체코 아이들 사이에서 인기가 좋다. 우리나라의 뽀로로와 같은 캐릭터로, 우리나라에서도 동화책으로 만나볼 수 있다. 체코에서는 '크르텍' 캐릭터를 활용한 다양한 기념품을 판매한다.

깔깔 마녀 인형 '차로디에니체' Čarodějnice

하벨 시장에 들어서면 시장 여기저기서 깔깔깔깔 웃어대는 소리가 들린다. 박수를 치면 발버둥을 치며 웃는 마녀 인형들이 눈길을 사로잡는다. 독특한 기념품을 원한다면 깔깔 마녀 인형을 추천해 본다.

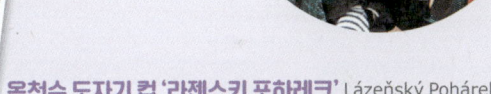

온천수 도자기 컵 '라젠스키 포하레크' Lázeňský Pohárek

체코의 온천 도시에서는 손잡이가 빨대처럼 되어 있는 온천수 전용 도자기 컵을 들고 다니는 사람들을 쉽게 목격할 수 있다. 그 도자기 컵의 이름은 '라젠스키 포하레크'이며, 말 그대로 '온천 컵'이라는 의미이다. 대표적인 온천 도시인 카를로비 바리에 가면 쉽게 구입할 수 있는데, 도시를 대표하는 기념품 중엔 가장 이색적일 것이다.

체코의 축제

1년 동안 체코 곳곳에서는 크고 작은 축제들이 열린다. 예술의 나라답게 세계적으로 유명한 음악 축제와 영화제가 열리고, 맥주와 와인의 나라답게 맥주 축제와 와인 축제도 다양한 도시에서 만날 수 있다. 계절별로 안내하는 체코의 축제와 여행 일정을 비교해 보고 축제를 즐기는 것도 색다른 여행이 될 것이다. 해마다 날짜가 바뀌므로 축제 일정은 체코 관광청 공식 블로그에서 확인하도록 하자.
체코 관광청 공식 블로그 blog.naver.com/cztseoul

1월

프라하 불꽃놀이
1월 1일 오후 6시 새해가 시작하면서 매년 블타바 강변을 중심으로 열리는 행사이다.

2월

프라하 프라하 카니발
1월 말부터 2월 중순 사이에 진행되는 행사로 날짜는 해마다 다르다. 바로크 시대 보헤미아의 화려했던 전통 축제에서 영감을 얻어 시작된 행사이며, 전통적인 중세 카니발을 회복시켜서 제2의 베니스 카니발을 목표로 한다. 세계적인 축제로 만들기 위해 프라하시에서 엄청난 노력을 기울이고 있다.

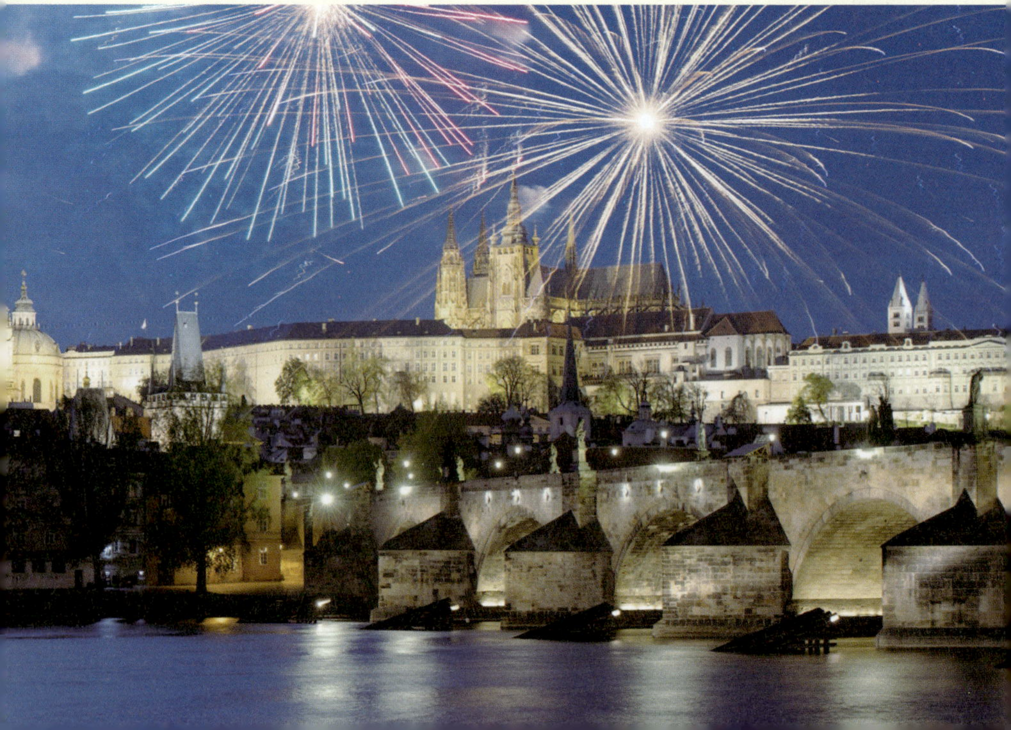

프라하 봄 국제 음악 축제

 5월

`프라하` **푸드 페스티벌**
최고의 요리사와 프라하 레스토랑의 음식을 한 곳에서 맛볼 수 있는 축제로 음식뿐만 아니라 맥주나 와인도 함께 즐길 수 있다. 페스티벌 행사장은 매년 달라지므로 사이트에서 확인하자.

`프라하` **프라하 봄 국제 음악 축제**
체코에서 가장 오래된 음악 축제로 드보르자크 프라하와 더불어 체코에서 가장 큰 규모의 축제이다. 시작을 알리는 오프닝 콘서트는 시민 회관 스메타나 홀에서 진행된다.
홈페이지 www.festival.cz

`프라하` **성 요한 기념일**
300년 이상 이어져 온 전통 행사로 블타바 강변에서 진행된다. 프라하 수호성인인 성 네포무츠키를 기리는 시성식이기도 하다. 밤에는 블타바 강변에 화려한 불꽃이 수를 놓는다.

`브르노` **불꽃 축제**
우리나라 여의도 불꽃 축제처럼 해마다 국제 팀들이 음악과 함께 불꽃 축제를 펼치는 행사이다.

6월

`체스키 크룸로프` **장미 꽃잎 축제**
6월 셋째 주 주말 이틀 동안 마을 전체가 중세 시대를 재현하는 축제로, 체코 소도시 축제 중에서도 유명하다. 중세 시대 복장을 한 마을 주민들의 퍼레이드 행렬이 하이라이트이다.
홈페이지 www.ckrumlov.info

`쿠트나호라` **왕실 은광 축제**
은광으로 중세 시대 번영을 누리던 쿠트나호라의 고딕 양식의 축제이다. 카를 4세와 소피아 왕비의 등장으로 시작되는 왕실 은광 축제는 중세 시대 광부들의 모습도 만날 수 있고, 은광 채굴도 체험할 수 있다.

`카를로비 바리` **국제 영화제**
중부 유럽에서 가장 권위있는 국제 영화제로 매년 200편이 넘는 전 세계 영화를 상영한다. 6월 말부터 7월 초까지 이어지며, 영화제 기간 동안 카를로비 바리 곳곳에서 다양한 영화를 만날 수 있다.
홈페이지 www.kviff.com

7월

프라하, 플젠, 브르노, 올로모우츠
보헤미안 재즈 페스티벌
유럽에서 가장 큰 재즈 페스티벌이다. 2005년 재즈 기타리스트 루디 린카(Rudy Lika)가 기획했고, 체코인들의 후원으로 체코 곳곳에서 열리게 되었다. 행사 날짜는 지역마다 다르기 때문에 홈페이지에서 확인하자.
홈페이지 www.bohemiajazzfest.cz

체스키 크룸로프
음악 축제
7월과 8월 사이 약 4주 동안 약 30여 편의 콘서트가 열리는 음악 축제로 한 가지 음악에 국한되지 않고 클래식, 민속, 재즈, 오페라 등 다양한 음악을 즐길 수 있다.

8월

즈노이모
오이 축제
와인으로 유명한 모라비아 지방의 즈노이모에서 매년 열리는 축제이다. 오이 축제인 만큼 오이를 이용한 다양한 음식을 맛볼 수 있다.

브르노
브르노 데이
30년 전쟁에서 스웨덴 군대를 성당 종소리로 돌려보냈던 날을 기념하는 축제이다. 슈필베르크성에서의 전투를 재현하고, 브르노 이곳저곳에서 대포 소리도 울려 퍼진다.

프라하
프라하 프라이드
체코의 주요 도시에서 동성애자들의 인권을 지지하는 행사가 열리는 이 시기가 되면 도시들이 무지개색으로 물든다.

9월

크로메르지시
바로크 꽃 축제
크로메르지시 플라워 가든에서 열리는 축제로 바로크 음악과 마리오네트 인형극, 불꽃놀이 등의 다양한 즐길 거리를 만날 수 있다.

프라하
드보르자크 프라하
체코의 유명 작곡가 안토닌 드보르자크를 기념하기 위해 열리는 음악 축제로, 세계적인 오케스트라와 지휘자가 모인다. 루돌피눔 드보르자크 홀을 시작으로 프라하 유명 음악 홀과 성당에서 교차로 연주회가 열린다.

프라하
빌라 호라 전투 축제
귀족들 중심으로 빌라 호라에서 벌였던 전투를 그대로 재현하는 축제이다. 프라하 외곽에 자리한 빌라 호라성에서 열린다.

미쿨로프
와인 축제
남모라비아 3대 와인 축제 중 하나로 3일 동안 500가지가 넘는 와인 종류를 맛볼 수 있는 축제이다. 민속 의상을 입은 사람들과 밴드 공연, 각종 전시회 등 다양한 이벤트가 준비되어 있다.

재즈 페스티벌

와인 축제

시그널 페스티벌

필스너 페스트

10월

`발티체` **포도 수확 축제**
민속 의상을 입은 사람들의 퍼레이드와 마을 곳곳에서 와인을 맛보며 즐길 수 있다.

`플젠` **필스너 페스트**
필스너 우르켈이 양조된 날을 기념하기 위한 축제이다. 직접 맥주를 만드는 등의 다양한 이벤트에 참여할 수 있으며, 축제 기간 동안 필스너 우르켈 맥주 공장 안에서 별도의 티켓 판매 없이 무료 입장으로 진행된다.

`프라하` **시그널 페스티벌**
프로젝터를 이용해 프라하의 역사적 건물을 스크린 삼아 화려한 영상을 입히는 행사로, 야외에 설치된 조명과 어우러지는 빛 축제이다.

11월

`체코 전 지역` **성 마르틴의 날**
성 마르틴은 백마를 타고 11월 11일 그해 첫눈과 첫 와인을 가지고 온다는 설이 있다. 체코 사람들은 11월 11일이 되면 그해 처음으로 만든 와인과 함께 백마 대신 거위 요리를 먹는다. 이날이 되면 대부분의 레스토랑에서 평상시에 판매하지 않는 거위 요리를 특별 메뉴로 판매한다.

12월

`체코 전 지역` **크리스마스**
11월 말부터 12월까지 체코 대부분의 도시 광장에는 대형 크리스마스트리가 세워지고, 점등식을 시작하면서 크리스마스 축제가 시작된다. 광장에는 크리스마스 시장이 서고, 각종 행사가 열린다.

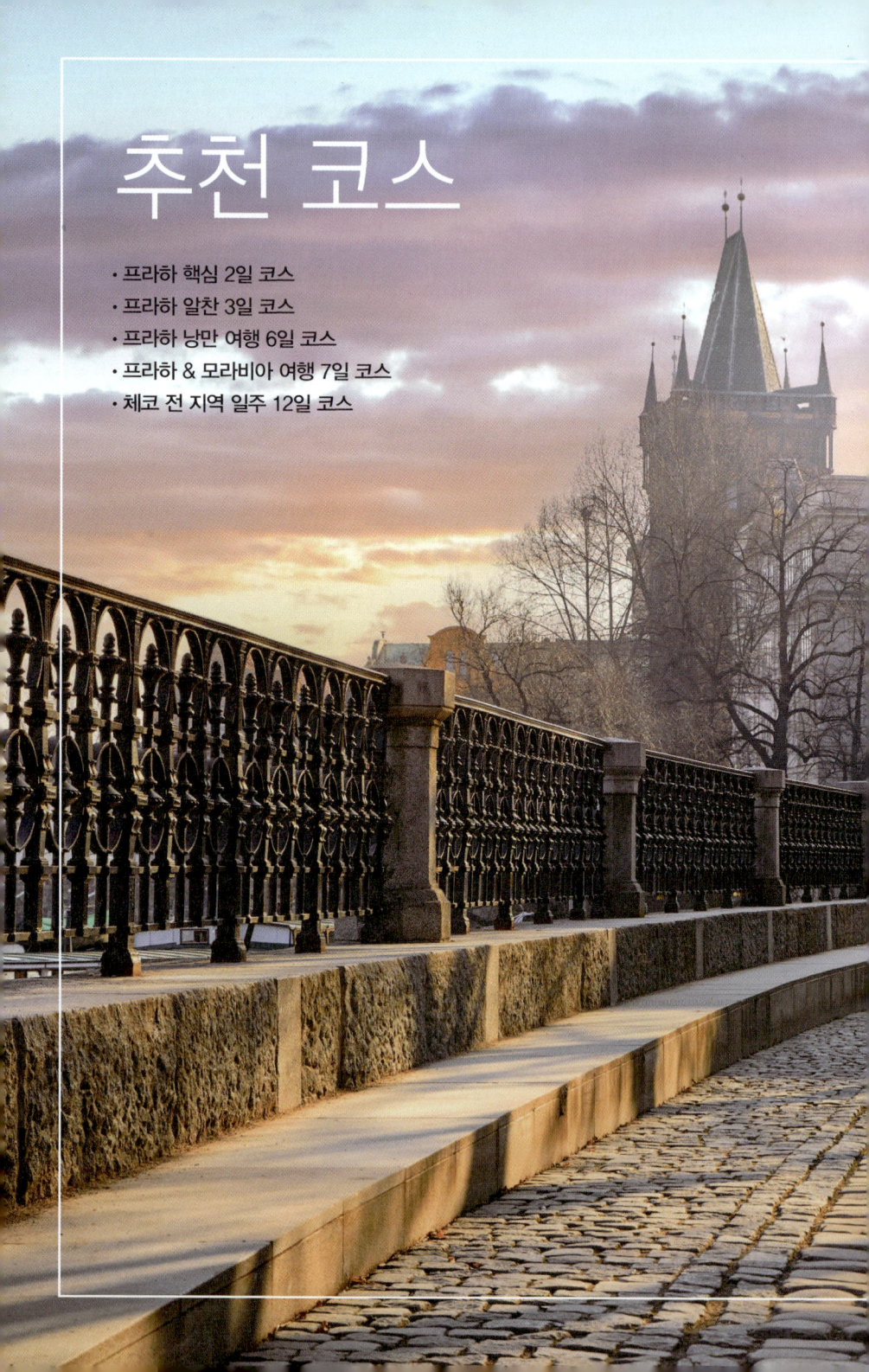

추천 코스

- 프라하 핵심 2일 코스
- 프라하 알찬 3일 코스
- 프라하 낭만 여행 6일 코스
- 프라하 & 모라비아 여행 7일 코스
- 체코 전 지역 일주 12일 코스

각자의 여행 일정과 스타일에 따라 추천 일정의 순서를 바꾸거나 변형해도 상관없다. 근교 이동 시간은 대부분 평일 시간에 맞춘 것으로, 계절과 요일에 따라 대중교통 시간이 변경될 수 있으니 꼭 다시 확인하고 계획을 세우도록 하자.

프라하 핵심 2일 코스

배낭여행자와 시간을 길게 내기 어려운 직장인을 위한 짧지만 알찬 단기 코스이다. 프라하 대표 랜드마크 위주로 코스를 구성해 프라하에서 놓칠 수 없는 장소를 군더더기 없이 돌아볼 수 있다.

09:00 **바츨라프 광장과 구시가지 광장 일대**
- 바츨라프 광장이 시작되는 국립 박물관에서부터 하벨 시장을 거쳐 구시가지 광장으로 이동
- 구시가지 광장에서 구시청사 탑, 천문 시계, 광장 주변 둘러보기

⬇ 구시가지 광장에서 도보 7분

10:30 **카를교와 캄파섬 일대**
- 성 얀 네포무츠키 성인 청동상에서 소원 빌기
- 카를교에서 캄파섬으로 내려가 존 레논 벽 찾아가기

⬇ 존 레논 벽에서 도보 5분

11:10 **말로스트란스케 광장 일대**
- 모차르트가 연주했던 오르간이 있는 성 미쿨라셰 성당 방문
- 프라하성으로 이어지는 네루도바 거리

⬇ 도보 1분 (프라하성 정문까지는 8분)

12:00 **프라하성 근위 교대식 관람과 점심 식사**

🍽 **우 라브티** U Labuti p.170
추천 메뉴 : 스비치코바, 굴라쉬, 슈니첼

⬇ 도보 3분

바츨라프 광장

13:30	**프라하성 관람**
	성 비투스 대성당, 구왕궁, 성 이르지 성당, 황금소로, 달리보르카 탑 둘러보기
	⬇ 도보 10분
16:30	**발트슈테인 정원 일대**
	• 발트슈테인 정원 : 바로크 양식으로 지어진 궁전 내 프랑스식 정원 11~3월 문을 닫는다. 겨울철 이 시간에는 해가 지니 야경 장소로 바로 이동한다.
	• 마네수브 다리 : 마네수브 다리 아래 강변의 백조 보기 이곳에서 바라보는 카를교와 구시가지 교탑의 뷰는 예술이다.
	⬇ 도보 8분
17:20	**루돌피눔**
	네오 르네상스 양식을 대표하는 건축물
	⬇ 도보 8분
17:40	**첼레트나 거리와 공화국 광장 일대**
	• 첼레트나 거리 : 장난감 가게와 기념품 가게가 가득한 거리
	• 공화국 광장 : 화약탑, 시민 회관
	⬇ 도보 1분

18:30	**저녁 식사**
	🍽 **파스타 프레스카** Pasta Fresca p.166
	추천 메뉴 : 파스타, 타르타르, 이탈리안 요리
19:30	**야경 보기**
	해가 지는 시간에 따라 저녁 식사와 야경 보는 순서를 바꾸는 것이 좋다. 야경은 해가 지기 전 석양부터 보도록 하자.

페트르진 언덕

Day 2

09:00 메트로 C선 비셰흐라드 역
⬇ 비셰흐라드 역에서 로툰다까지 도보 12분

09:15 비셰흐라드 성당 · 묘지 · 전망대
- 성당 내부 아름다운 아르누보 벽화
- 드보르자크, 무하, 스메타나의 묘지
- 성벽을 따라 블타바강과 프라하성 조망

⬇ 도보 20분

11:15 댄싱 빌딩
타임이 선정한 최고의 디자인 건물
⬇ 도보 10분

11:30 국립 극장
체코를 위한, 체코 예술인을 위한, 체코 예술의 상징인 국립 극장
⬇ 도보 12분 + 등산 열차 5분

12:00 페트르진 전망대
프라하시 전체가 내려다보이는 페트르진 타워 오르기
⬇ 도보 10분

13:30 페트르진 전망대에서 점심 식사

> 🍽 **페트르진 테라스** Petřinské terasy **p.169**
> 추천 메뉴 : 립, 치킨 요리
> 벤치에 앉아 먹을 수 있는 샌드위치나 버거 같은 간단한 점심을 준비해도 좋다.

⬇ 페트르진 테라스에서 도보 15분 / 페트르진 전망대에서 도보 12분

페트르진 테라스

14:30 흐라드차니 일대
스트라호프 수도원, 로레타 성당, 왕실 정원(프라하성 북정원)
⬇ 도보 10분

16:00 레트나 공원
블타바강과 강 위에 놓여진 다리를 제대로 볼 수 있는 뷰 포인트
⬇ 도보 7분

17:00 유대인 지구
체코에서 가장 큰 구유대인 묘지와 연금술사 박물관 방문
⬇ 핀카스 시너고그에서 도보 3분

18:30 저녁 식사

> 🍽 **코즐로브나 아프로포스점** Kozlovna Apropos p.167
> 추천 메뉴 : 콜레뇨, 비프 버거

19:30 공연 보기
마리오네트 인형극, 블랙 라이트, 재즈 바, 클래식 공연 등 선택해서 보기

스트라호프 수도원

로레타 성당

마리오네트 인형극

레트나 공원의 전망

프라하 알찬 3일 코스

프라하만 여행하는 것이 아니라 주변 나라들과 함께 여행하는 여행자들을 위해 3일 동안 알차게 프라하를 즐길 수 있는 단기 코스이다. 랜드마크 외에도 공연까지 감상할 수 있는 일정이다.

 **Day 1**

09:00 바츨라프 광장 일대
- 다비드 체르니의 '거꾸로 매달린 바츨라프 기마상'이 있는 루체르나 궁전
- 중앙 우체국 내부 아르누보 벽화
- 무하 박물관, 인드르지슈스카 탑 전망대

⬇ 인드르지슈스카 탑에서 도보 4분

11:00 공화국 광장과 구시가지 광장 일대
- 시민 회관, 화약탑, 기념품 가게가 가득한 첼레트나 거리를 지나 구시가지 광장으로 이동
- 구시가지 광장에서 구시청사 탑, 천문 시계, 광장 주변 둘러보기
- 광장 인근에 자리한 하벨 시장 방문

⬇ 도보 5분

13:30 점심 식사

🍴 **카트르 레스토랑** Katr Restaurant p.167
　　추천 메뉴: 타르타르, 스테이크

⬇ 도보 1분

14:00 유대인 지구
체코에서 가장 큰 구유대인 묘지와 연금술사 박물관 방문
⬇ 도보 8분

연금술사 박물관

17:00 레트나 공원
블타바강과 강 위에 놓여진 다리를 제대로 볼 수 있는 뷰 포인트
⬇ 공원 내 하나브스티 파빌온(Hanavský pavilion)에서 도보 10분

18:30 루돌피눔
네오 르네상스 양식을 대표하는 건축물
⬇ 도보 1분

18:45 저녁 식사

🍴 **마리나** Marina p.168
　　추천 메뉴: 피자, 파스타, 스테이크

⬇ 도보 8분

19:30 구시가지 광장·바츨라프 광장 야경 보기

캄파섬

Day 2

09:00 말로스트란스케 광장 일대
발트슈테인 정원, 말로스트란스케 광장, 승리의 성모마리아 성당 둘러보기

⬇ 승리의 성모 마리아 성당에서 도보 20분(오르막길) / 도보 5분 + 등산 열차 5분

10:30 페트르진 전망대
프라하시가 내려다보이는 페트르진 타워 오르기(리프트 탑승도 가능)

⬇ 도보 15분

12:30 흐라드차니 일대와 점심 식사
- 스트라호프 수도원 : 영화 〈아마데우스〉의 배경이 되었던 수도원
- 로레타 성당 : 매시마다 27개의 종이 연주하는 성당의 종소리

🍽 **스트라호프 수도원 양조장** Klášterní pivovar Strahov p.170
추천 메뉴 : 립, 굴라쉬, 스비치코바, 양조장 맥주

⬇ 도보 10분

14:20 프라하성 관람
성 비투스 대성당, 구왕궁, 성 이르지 성당, 황금소로, 달리보르카 탑 둘러보기
성 비투스 대성당에서 무하의 스테인드글라스를 찾아보자.

⬇ 도보 13분

17:20 마네수브 다리 일대
- 마네수브 다리 아래 백조 서식지를 지나면 나오는 카프카 박물관
- 카프카 박물관에서 캄파섬을 지나 존 레논 벽으로 이동

⬇ 도보 5분

18:30 저녁 식사

🍽 **포크스** Pork's p.168
추천 메뉴 : 콜레뇨

⬇ 도보 5분

19:30 카를교 · 카를교 야경
성 얀 네포무츠키 성인 청동상에서 소원 빌기

09:00 메트로 C선 훌레쇼비체 역
- 버스 112번 10분

09:10 프라하 동물원
- 2017년 전세계 동물원 어워즈에서 5위에 선정된 동물원
- 동물원과 마주하고 있는 트로야성도 함께 방문
  트로야성의 말굽형 계단은 바로크 양식의 걸작으로 손꼽힌다.
- 버스 10분 + 메트로 12분

14:00 메트로 C선 비셰흐라드 역
- 비셰흐라드 역에서 로툰다까지 도보 12분

14:15 비셰흐라드 성당 · 묘지 · 전망대
- 성당 내부 아름다운 아르누보 벽화 감상
- 드보르자크, 무하, 스메타나 묘지 찾기
- 성벽을 따라 블타바강과 프라하성 전망 즐기기
- 도보 20분

16:15 댄싱 빌딩
타임이 선정한 최고의 디자인 건물
- 도보 10분

16:30 국립 극장 일대
- 체코 예술의 상징인 국립 극장
- 역사 있는 카페 루브르나 핫하게 떠오르는 북유럽 스타일의 카페 스메타나Q에서 커피 한잔하기
- 카페 루브르에서 도보 14분 / 카페 스메타나Q에서 도보 18분

18:00 저녁 식사 · 기념품 사기
테스코, 바츨라프 거리, 나프르지코페 거리에서 기념품 사기

🍴 타쿠미 프라하 Takumi Praha p.165
추천 메뉴 : 소금 라멘, 간장 라멘, 된장 라멘

20:00 공연 보기
마리오네트 인형극, 블랙 라이트, 재즈 바, 클래식 공연 등 선택해서 보기

프라하 낭만 여행 6일 코스

프라하 3일 코스에 근교 여행지를 추가하는 일정으로, 프라하와 근교를 적절히 섞어서 여행하면 된다. 첫날은 시차로 인해 눈이 빨리 떠지는 만큼 아침에 이동을 해야 하는 근교 여행을 먼저 하는 것이 좋다.

Tip 근교 여행 일정에 소개된 버스 시간은 임의의 버스 시간이기 때문에 버스 시간에 따라 순서에만 맞춰서 여행하면 된다. 버스 티켓은 편도보다 왕복으로 끊는 것이 좋다.

카를로비 바리 체코 최대의 온천 도시

08:30 **프라하 플로렌츠 버스 터미널 출발**

10:40 **카를로비 바리 도착**
카를로비 바리 터미널에 도착하기 한 정거장 전인 트르쥐니체(Tržnice)에서 하차
⬇ 도보 12분

10:50 **사도바 콜로나다 · 믈린스카 콜로나다**
트르지니 콜라나다 · 브리지델니 콜로나다
• 전용 온천컵을 들고 다니며 거리 곳곳의 온천수 마시기
• 브리지델니 콜로나다 안에서 파는 '오플라트키 와플' 맛보기
⬇ 브리지델니 콜로나다에서 도보 4분

12:30 **점심 식사**

> 🍽 **피쩨리아 페트르** Pizzeria Petr p.205
> 추천 메뉴 : 피자, 파스타

⬇ 도보 12분

13:30 **다이애나 탑**
다이애나 탑에서 카를로비 바리 전경 감상
⬇ 등산 열차 5분 + 도보 3분

14:20 **그란트 호텔 푸프(그랜드 호텔 펍)**
영화 〈그랜드 부다페스트 호텔〉의 배경이 된 호텔
⬇ 도보 20분

14:50 **성 페트르와 성 파블 성당**
양파 모양의 돔이 여행자의 시선을 사로잡는 성당
⬇ 도보 15분

15:20 **얀 베헤로프카 박물관**
베헤로프카에 대해서 자세히 알 수 있는 박물관
⬇ 도보 4분

16:00   카를로비 바리 버스 터미널 (16:20분 프라하행)
18:15   프라하 도착
19:00   저녁 식사

> 🍽 브레도브스키 드부르 Bredovský Dvůr p.163
> 추천 메뉴 : 콜레뇨, 굴라쉬, 스비치코바

Day 2

프라하

09:00   **프라하성 관람**
- 성 비투스 대성당, 구왕궁, 성 이르지 성당, 황금소로, 달리보르카탑 둘러보기
- 정오에 열리는 근위 교대식 보기

⬇ 프라하성 내 위치

12:30   **점심 식사**

> 🍽 로브코비츠 궁전 레스토랑 & 카페
> Lobkowicz Palace Restaurant & Café p.170
> 추천 메뉴 : 굴라쉬, 슈니첼

⬇ 도보 3분

13:30   **흐라드차니 일대**
- 스트라호프 수도원 : 영화 〈아마데우스〉의 배경이 되었던 수도원
- 로레타 성당 : 매시마다 27개의 종이 연주하는 성당의 종소리

⬇ 도보 15분 (오르막길)

15:30   **페트르진 전망대**
프라하시 전체가 내려다보이는 페트르진 타워 오르기 (리프트 탑승도 가능)

⬇ 도보 20분

16:30   **카를교 일대**
페트르진 언덕에서 승리의 성모 마리아 성당으로 내려와 존 레논 벽, 캄파섬을 지나 카를교로 이동
구시가지 교탑은 카를교와 프라하성이 한눈에 보이는 뷰 포인트이다.

⬇ 구시가지(카를교탑)에서 도보 5분

18:20   **저녁 식사**

> 🍽 코즐로브나 아프로포스점 Kozlovna Apropos p.167
> 추천 메뉴 : 립아이 스테이크, 돼지고기 스테이크

19:30   **야경 보기**
해가 지는 시간에 따라 저녁 식사와 야경 보기의 순서를 바꾸는 것이 좋다. 야경은 해가 지기 전 석양부터 보도록 하자.

Day 3 — 프라하

09:00 바츨라프 광장 일대
- 인드르지슈스카 탑 전망대를 시작으로 무하 박물관을 지나 바츨라프 광장으로 이동
- 바츨라프 광장에서 하벨 시장을 거쳐 구시가지 광장으로 이동

⬇ 도보 3분

11:20 구시가지 광장
- 매시간 정각에 울리는 천문 시계 관람, 천문 시계탑 오르기
- 광장 주변(틴 성당, 성 미쿨라셰 성당, 얀 후스 동상 등) 둘러보기

⬇ 도보 1분

13:00 점심 식사

🍽 **파스타 프레스카** Pasta Fresca p.166
　추천 메뉴 : 파스타, 타르타르

⬇ 도보 1분

14:00 유대인 지구
체코에서 가장 큰 구유대인 묘지와 연금술사 박물관 방문

⬇ 도보 10분

16:00 레트나 공원
블타바강을 가장 아름답게 바라볼 수 있는 곳

⬇ 공원 내 하나브스티 파빌온(Hanavský pavilion)에서 도보 10분

17:00 루돌피눔
네오 르네상스 양식을 대표하는 건축물

⬇ 도보 5분

17:20 마네수브 다리
이곳에서 바라보는 카를교와 구시가지 교탑의 뷰가 예술!

⬇ 도보 10분

17:50 말로스트란스케 광장
성 미쿨라셰 성당과 트램을 예쁘게 사진에 담을 수 있는 곳

⬇ 도보 2분

18:10 저녁 식사

🍽 **우 말레호 그레나** U Malého Glena p.169
　추천 메뉴 : 벨벳 맥주, 수제 버거, 바비큐 립

20:00 공연 보기
마리오네트 인형극, 블랙 라이트, 재즈 바, 클래식 공연 등 선택해서 보기

루돌피눔

Day 4

플젠 필스너 우르켈의 본고장

09:00 🚌 프라하 플로렌츠 버스 터미널 출발
🚆 프라하 중앙역 출발
⬇ 버스 약 1시간 30분 소요 / 기차 약 1시간 40분 소요

10:30 플젠 도착
⬇ 도보 15분

10:45 공화국 광장
성 바르톨로메이 성당 첨탑에서 플젠 시내 내려다보기
⬇ 도보 12분

11:30 필스너 우르켈 맥주 공장
• 맥주 공장 내 레스토랑에서 필스너 우르켈 맥주와 함께 점심 식사
• 맥주 공장 투어에서 오크통 맥주 시음
맥주 공장에 도착하면 식사 전 투어를 먼저 예약한다.
⬇ 플젠 중앙역까지 도보 10분 / 플젠 버스 터미널까지 버스 28번 10분

15:00 플젠 출발

16:30 프라하 도착

17:00 비어 스파 비어랜드
프라하 최초의 5성급 맥주 스파에서 여행의 피로 풀기 (사전 예약 필수)

19:30 저녁 식사
🍽 타쿠미 프라하 Takumi Praha p.165 (비어 스파-글래머 비어 스파 이용 시)
추천 메뉴 : 소금 라멘, 간장 라멘, 된장 라멘
🍽 포크스 Pork's p.168 (비어 스파-비어 스파 샤토 이용 시)
추천 메뉴 : 콜레뇨

공화국 광장

스보르노스키 광장

체스키 크룸로프 마을 전체가 유네스코 세계 문화유산

08:00 🚌 프라하 나 크니제치 버스 터미널 출발
🚆 프라하 중앙역 출발
⬇ 버스 약 3시간 소요 / 기차 약 2시간 50분 소요(직행 08:02 출발)

10:55 **체스키 크룸로프 도착**
⬇ 버스 터미널에서 도보 10분 / 기차역에서 도보 25분

11:10 **스보르노스키 광장**
파스텔톤의 귀여운 건물들이 인상적인 광장
⬇ 도보 1분

12:00 **점심 식사**
🍽 파파스 리빙 레스토랑 Papa's Living Restaurant p.188
추천 메뉴 : 라자냐, 피자, 파스타

⬇ 도보 4분

13:00 **체스키 크룸로프성**
유럽에서 가장 아름다운 동화 마을의 성과 정원
⬇ 성탑에서 도보 4분

15:00 **에곤 실레 아트 센터**
에곤 실레의 작품과 유품이 전시된 곳
⬇ 버스 터미널까지 도보 10분 / 기차역까지 도보 25분

16:00 **체스키 크룸로프 출발**

19:00 **프라하 도착**

19:30 **저녁 식사**
🍽 루카 루 Luka lu p.168
추천 메뉴 : 체밥치치, 해물 요리

53

리에그로비 공원

Day 6

프라하

09:00 **메트로 C선 홀레쇼비체 역**
⬇ 버스 112번 10분

09:10 **프라하 동물원**
2017년 전 세계 동물원 어워즈에서 5위에 선정된 동물원과 트로야성 방문
점심은 미리 샌드위치나 도시락을 준비해 해결해도 좋다.
⬇ 버스 10분 + 메트로 12분

14:00 **메트로 C선 비셰흐라드 역**
⬇ 비셰흐라드 역에서 로툰다까지 도보 12분

14:15 **비셰흐라드 성당 · 묘지 · 전망대**
- 성당 내 아름다운 아르누보 벽화
- 드보르자크, 무하, 스메타나의 묘지
- 성벽을 따라 블타바강과 프라하성 조망

⬇ 도보 20분

16:15 **댄싱 빌딩**
타임이 선정한 최고의 디자인 건물
⬇ 도보 10분

16:30 **국립 극장**
체코를 위한, 체코 예술인을 위한, 체코 예술의 상징인 국립 극장
⬇ 트램 9번 10분 (승차 Národní divadlo ➡ 하차 Husinecká) + 도보 11분

17:00 **리에그로비 공원 & 저녁 식사**
4~10월 맥주 가든이 오픈, 맥주와 함께 석양을 감상하며 저녁 식사하기
⬇ 도보 11분 + 트램 6분 (승차 Husinecká ➡ 하차 Náměstí Republiky)

19:00 **화약탑 · 시민 회관 · 공화국 광장**
기념품 및 마트 쇼핑 후 카페에서 커피와 디저트 즐기기

🍽 카페 임페리얼 / 카바르나 오베츠니 둠 p.164, p.162

카페 임페리얼

프라하 & 모라비아 여행 7일 코스

프라하와 체코 와인의 최대 생산지인 모라비아 지방을 짧은 시간 알차게 돌아보는 코스이다. 모라비아 지방은 5~10월 사이에 여행하기 가장 좋다. 브르노와 프라하 두 도시에 숙소를 잡고 근교 여행을 다녀오면 된다.

브르노 체코 제2의 도시

07:50 🚌 프라하 플로렌츠 버스 터미널 출발
🚆 프라하 중앙역 출발
기차는 노선에 따라 더 오래 걸릴 수 있으니 예매 전 시간 확인 필수, 버스는 도착지를 베네쇼바 터미널 호텔 그란드로 해야 이동이 편리함

10:20 브르노 도착

10:40 브르노 숙소 체크인 (짐 보관)

11:00 마사리코바 거리와 자유 광장
오전 11시에만 울리는 자유 광장의 천문 시계
기념품으로 나오는 4개의 유리구슬을 받아 보자.
⬇ 도보 3분

11:30 구시청사 탑과 양배추 시장
구시청사 탑에서 구시가지 전경 감상 후 양배추 시장에서 과일 사 먹기
⬇ 도보 1분

12:10 점심 식사
양배추 시장을 둘러싸고 있는 광장 주변 레스토랑을 이용하자.
⬇ 도보 5분

13:10 성 페트르와 성 파블 성당
11시에 12번 울리는 종과 네오고딕 양식의 탑이 인상적인 성당
⬇ 도보 3분

13:30 데니소비 공원
브르노 시민들의 휴식처
⬇ 도보 15분

14:20 슈필베르크성
유럽에서 가장 무서웠던 감옥으로 사용되었던 요새
⬇ 도보 12분 + 버스 93번(승차 Šilingrovo náměstí ➡ 하차 Tomanova) 12분 + 도보 4분

16:00 투겐트하트 빌라
체코의 현대 건축 중 유일하게 유네스코 세계 문화유산에 등재된 곳
⬇ 도보 6분 + 트램 5번(승차 Dětská nemocnice ➡ 하차 Mendlovo náměstí) 12분

18:00 저녁 식사
저녁 식사와 브르노 로컬 맥주 마시기

🍽 **스타로브르노 양조장** Pivovarská Starobrno p.225
추천 메뉴 : 맥주, 스테이크, 파스타

Day 2 올로모우츠 많은 문화재를 보유한 도시

08:30 🚌 브르노 베네쇼바 터미널 호텔 그란드 정류장
기차보다 버스이동이 빠르니 버스를 이용, 도착지는 올로모우츠 중앙역

09:35 올로모우츠 도착
⬇ 도보 1분

09:50 올로모우츠 중앙역 앞 버스 정류장
버스 11번(Zoo방향) 타고 '스바티 코페체크, 바질리카(Svatý Kopeček, bazilika)' 정류장에서 하차
⬇ 버스 18분 + 도보 5분

10:15 성스러운 언덕 위에 성모 마리아 성당
최고의 예술가들이 참여한 바로크 예술의 화려한 걸작
⬇ 도보 5분 + 버스 11번 18분

11:40 올로모우츠 중앙역
트램 2, 3, 4, 6번으로 환승. 성 바츨라프 대성당(U Dómu)에서 하차
⬇ 트램 3분 + 도보 4분

12:20 성 바츨라프 대성당
체코에서 두 번째로 높은 탑이 있는 성당
⬇ 도보 13분

호르니 광장

아리온 분수

12:50	**점심 식사**
	🍽 카페 오페라 Caffe Opera p.234
	추천 메뉴 : 피자

⬇ 호르니 광장 내 위치

14:00	**호르니 광장**
	올로모우츠의 중심이 되는 광장에서 분수와 석주, 시청사 구경

⬇ 도보 1분

15:30	**돌니 광장**
	넵튠 분수 구경

⬇ 도보 5분

15:50	**머큐리 분수 성 모리지츠 성당 정류장**
	Gallery Moritz 앞. 중앙역 방향으로 트램 2, 3, 4, 6번을 타고 중앙역 하차

⬇ 트램 11분

16:20	🚌 **스튜던트 에이전시 버스 정류장 ➡ 브르노**
	스튜던트 에이전시 버스 정류장은 올로모우츠 중앙역 앞에 있음

17:35	**브르노 베네쇼바 터미널 호텔 그란드로 도착**

18:00	**저녁 식사**

⬇ 도보 8분

🍽 페가스 Pegas p.225
추천 메뉴 : 스비치코바, 굴라쉬

페가스

Day 3

레드니체 & 미쿨로프 레드니체성 & 모라비아 와인의 본고장

08:36 🚆 **브르노 중앙역에서 포디빈 역까지 이동**
⬇ 기차 30분

09:20 **포디빈 역 앞 버스 정류장**
레드니체를 경유하는 발티체행 555번 버스 타고 레드니체 광장(Lednice Náměstí)에서 하차
⬇ 버스 10분

09:30 **레드니체성**
체코의 베르사유라고 불리는 레드니체성 내부 가이드 투어
⬇ 도보 5분

12:00 **점심 식사**

🍽 **카페 레스토랑 오닉스** Café Restaurant Onyx p.249
추천 메뉴: 포크 티본 스테이크, 스비치코바

⬇ 도보 4분

13:30 🚌 **레드니체 ➡ 미쿨로프**
레드니체 광장(Lednice Náměstí)에서 570번 버스를 타고, 미쿨로프 우 파르쿠(Mikulov u parku)에서 하차
⬇ 버스 52분

14:25 **미쿨로프 우 파르쿠 도착**
⬇ 미쿨로프 광장까지 도보 10분

14:40 **미쿨로프성 · 미쿨로프 광장 · 염소성 · 유대인 묘지**
⬇ 미쿨로프 광장에서 도보 20분

16:00 **성스러운 언덕 · 성 세바스티아나 예배당과 종탑**
⬇ 미쿨로프 광장까지 도보 20분

17:00 **미쿨로프 광장 주변**
와인 전문점이나 와인 비스트로에서 모라비아 하우스 와인 맛보기
⬇ 도보 10분

18:09 **미쿨로프 ➡ 샤크비체 역 ➡ 브르노 중앙역**
미쿨로프 우 파르쿠(Mikulov u parku)에서 540번 버스 타고 샤크비체 역(Šakvice, žel.st.) 하차 후, 기차 타고 브르노 중앙역으로 이동
⬇ 버스 36분 + 기차 20분 + 브르노 중앙역에서 도보 10분

19:15 **저녁 식사**

🍽 **쇼핑몰 갈레리에 바녜코브카** Galerie Vaňkovka **내 푸드코트** p.224

Day 4 — 프라하

- **09:00** 🚌 브르노 베네쇼바 터미널 호텔 그랜드 정류장
- **11:30** 프라하 플로렌츠 버스 터미널 도착
- **12:00** 호텔 체크인 (짐 보관)
- **12:30** 점심 식사
  - 🍴 **타쿠미 프라하** Takumi Praha p.165
    - 추천 메뉴 : 소금 라멘, 간장 라멘, 된장 라멘

  ⬇ 도보 3분

- **13:30** **공화국 광장과 구시가지 광장 일대**
  - 시민 회관, 화약탑에서 시작해서 첼레트나 거리를 지나 구시가지 광장으로 이동
  - 구시가지 광장 : 구시청탑, 천문 시계, 광장 주변 둘러보기
    우 프린스 호텔 루프탑 카페인 '테라사 우 프린스(Terasa U Prince)'에서 멋진 뷰를 바라보며 맥주나 커피를 한잔하는 것도 좋다.

  ⬇ 도보 5분

- **16:20** **유대인 지구**
  구유대인 묘지와 연금술사 박물관, 명품 거리 구경

  ⬇ 핀카스 시너고그에서 도보 1분

- **18:20** **저녁 식사**
  - 🍴 **카트르 레스토랑** Katr Restaurant p.167
    - 추천 메뉴 : 소고기·돼지고기·해산물 그릴, 스테이크, 샐러드

- **19:30** **공연 보기**
  마리오네트 인형극, 블랙 라이트, 재즈 바, 클래식 공연 등 선택해서 보기

구유대인 묘지

프라하

09:00 **바츨라프 광장 일대 & 하벨 시장**
바츨라프 박물관에서 시작해서 인드르지슈스카 탑 전망대, 무하 박물관을 둘러보고, 하벨 시장으로 이동

⬇ 하벨 시장에서 도보 5분

12:10 **점심 식사**

🍽 **코즐로브나 우 파우케르타점** Kozlovna U Paukerta p.167
　　추천 메뉴 : 비프 버거, 양념갈비

⬇ 도보 2분

13:10 **국립 극장**
체코 예술의 상징인 국립 극장

⬇ 도보 15분 + 등산 열차 5분

14:00 **페트르진 전망대**
프라하시 전체가 내려다보이는 페트르진 타워 오르기(리프트 탑승도 가능)

⬇ 도보 25분

16:00 **카를교 일대**
페트르진 언덕에서 승리의 성모 마리아 성당으로 내려와 존 레논 벽, 캄파섬을 지나 카를교로 이동

⬇ 구시가지 교탑(카를교탑)에서 도보 5분

17:50 **루돌피눔과 저녁 식사**
네오 르네상스 양식을 대표하는 루돌피눔을 둘러보고 근처에 위치한 마리나에서 저녁 식사

🍽 **마리나** Marina p.168
　　추천 메뉴 : 피자, 파스타, 스테이크

⬇ 도보 8분

19:00 **구시가지 광장 · 바츨라프 광장 야경 보기**

Day 6 프라하

09:00 말로스트란스케 광장과 흐라드차니 일대
- 발트슈테인 정원을 둘러보고, 말로스트란스케 광장으로 이동
- 말로스트란스케 광장에서 네루도바 거리를 지나 흐라드차니로 오르막길 오르기
- 흐라드차니 : 스트라호프 수도원, 로레타 성당

⬇ 로레타 성당에서 도보 5분

발트슈테인 정원

12:00 프라하성 정문 근위 교대식
정오에 진행되는 프라하성에서 놓칠 수 없는 이벤트

⬇ 도보 3분

12:30 점심 식사

🍽 **우 라부티** U Labutí p.170
추천 메뉴 : 스비치코바, 굴라쉬, 슈니첼

⬇ 도보 3분

13:30 프라하성 관람
성 비투스 대성당, 구왕궁, 성 이르지 성당, 황금소로, 달리보르카 탑 둘러보기

⬇ 프라하성 달리보르카 탑에서 도보 10분

16:30 왕실 정원(프라하성의 북정원)
봄에는 수천 송이의 튤립이 장관을 이루는 영국식 정원

⬇ 도보 10분

17:00 레트나 공원
블타바강과 강 위에 놓여진 다리를 제대로 볼 수 있는 뷰 포인트

⬇ 레트나 공원 내 레스토랑인 하나브스티 파빌온(Hanavský pavilion)에서 도보 10분

18:30 마네수브 다리
다리 아래 강변의 백조와 다리에서 보는 카를교와 구시가지 교탑의 뷰

⬇ 도보 10분

19:00 카를교 & 프라하성 야경

⬇ 도보 10분

20:00 저녁 식사

🍽 **코즐로브나 아프로포스점** Kozlovna Apropos p.167
추천 메뉴 : 립아이 스테이크, 굴라쉬, 콜레뇨

프라하성

Day 7 — 프라하

09:00 **메트로 C선 비셰흐라드 역**
⬇ 비셰흐라드 역에서 로툰다까지 도보 12분

09:15 **비셰흐라드 성당 · 묘지 · 전망대**
- 성당 내 아름다운 아르누보 벽화
- 드보르자크, 무하, 스메타나의 묘지
- 성벽을 따라 블타바강과 프라하성 조망

⬇ 도보 5분

11:00 **비셰흐라드 체코 큐비즘**
아파트 호데크, 빌라 조바조비츠, 3층 집 트로이돔

⬇ 도보 15분

11:30 **댄싱 빌딩**
타임이 선정한 최고의 디자인 건물

⬇ 도보 12분

12:00 **점심 식사 및 커피**

🍽 **카페 루브르** Café Louvre p.162
추천 메뉴 : 클럽샌드위치, 스비치코바, 굴라쉬

⬇ 메트로 8분(B선 나로드니 트르지다 역 승차 ➡ 플로렌츠 역에서 환승 ➡ C선 나드라지 홀레쇼비체 역 하차) + 112번 버스 9분(ZOO 하차)

14:30 **프라하 동물원**
2017년 전 세계 동물원 어워즈에서 5위에 선정된 동물원과 트로야성 방문

⬇ 112번 버스 8분(나드라지 홀레쇼비체 정류장 하차) + 메트로 5분(C선 프라하 중앙역 하차) + 도보 7분

18:00 **저녁 식사**

🍽 **페르디난드** Ferdinanda p.164
추천 메뉴 : 콜레뇨, 슈니첼

체코 전 지역 일주 12일 코스
(프라하 + 보헤미아 + 모라비아)

맥주가 유명한 보헤미아 지방과 와인이 유명한 모라비아 지방을 알차게 돌아보는 일정이다. 보헤미아 지방에서 맥주 공장을 방문하고, 모라비아 지방에서 와이너리를 방문해 보는 것도 색다른 여행이 될 것이다.

카를로비 바리 & 로케트 체코 최대의 온천 도시 & 로케트성

08:30 🚌 프라하 플로렌츠 버스 터미널 출발
⬇ 버스 2시간 10분

10:40 카를로비 바리 도착
트르쥐니체(Tržnice) 정류장에서 하차

11:00 숙소 체크인 (짐 보관)

11:40 🚌 카를로비 바리 중앙역 내 버스 터미널
⬇ 버스 약 27~35분

12:07 로케트 버스 정류장 도착
⬇ 도보 5분

12:20 점심 식사
🍽 피보바르 플로리안 Pivovar Florian
추천 메뉴 : 양조장 맥주, 소시지, 굴라쉬
위치 : 로케트 마을의 입구인 다리를 건너자마자 우측에 있는 노란 건물

⬇ 도보 3분

13:20 로케트성과 로케트 마을 둘러보기
체코에서 가장 오래된 석조 성과 영화 <007 카지노 로얄>의 배경이 된 마을
⬇ 도보 5분

14:50 로케트 출발
⬇ 버스 약 27~35분

15:17	**카를로비 바리 도착**
	⬇ 도보 5분
15:35	**얀 베헤로프카 박물관**
	베헤로프카에 대해서 자세히 알 수 있는 박물관
	⬇ 도보 12분
16:30	**성 페트르와 성 파블 성당**
	양파 모양의 지붕이 인상적인 러시아 정교 사원
	⬇ 도보 10분
17:00	**사도바 콜로나다 · 믈린스카 콜로나다** **트르지니 콜라나다 · 브리지델니 콜로나다**
	• 전용 온천 컵을 들고 다니며 온천수 마시기 • 브리지델니 콜로나다 안에서 파는 '오플라트키 와플' 맛보기
	⬇ 트르지니 콜로나다에서 도보 1분
19:00	**저녁 식사**
	🍽 **호텔 프로메나다 레스토랑** Hotel Promenada Restaurant p.205 추천 메뉴 : 립아이 스테이크

Day 2 — 카를로비 바리 & 플젠 온천 도시 & 필스너 우르켈의 본고장

09:00	**다이애나 탑 등산 열차**
	⬇ 등산 열차 5분
09:10	**다이애나 탑**
	한눈에 내려다보이는 카를로비 바리 전경
	⬇ 등산 열차 5분 + 도보 3분
09:40	**그란트 호텔 푸프 (그랜드 호텔 펍)**
	영화〈그랜드 부다페스트 호텔〉의 배경이 된 호텔
10:10	**숙소 체크아웃**

다이애나 탑 등산 열차

그란트 호텔 푸프

푸르크미스트르

10:30	카를로비 바리 버스 터미널 출발
12:10	플젠 버스 터미널 도착
12:30	숙소 체크인 (짐 보관)
12:50	필스너 우르켈 맥주 공장

- 도착 후 투어 예약하고, 필스너 우르켈 맥주와 함께 점심 식사
- 맥주 투어 : 오크통에서 효모가 살아있는 맥주 시음

⬇ 도보 8분

16:00	공화국 광장과 플젠 둘러보기

명소가 모여 있는 플젠의 중앙 광장

⬇ 공화국 광장에서 박물관 트램 정류장까지 도보 3분

17:30	필스너 박물관 앞 정류장

트램 13번을 타고 게네랄라 니슈키(Generála Lišky) 정류장 하차, 17분 소요

⬇ 도보 4분

란고

18:00	푸르크미스트르 Purkmistr

체코 맥주 온천의 원조

⬇ 도보 4분 + 13번 트램 21분(Anglické nábřeží에서 하차) + 도보 5분

20:00	저녁 식사

🍽 우 살츠만누 U Salzmannů p.196
추천 메뉴 : 비프 스테이크, 콜레뇨

하벨 시장

무하 박물관

Day 3 — 프라하

08:30	**숙소 체크아웃**
09:00	**플젠 버스 터미널 출발**
10:00	**프라하 즐리친 버스 터미널 도착**
10:30	**숙소 체크인 (짐 보관)**
11:00	**바츨라프 광장 일대 관광 후 점심 식사** 인드르지슈스카 탑, 무하 박물관, 바츨라프 광장, 하벨 시장 둘러보기

🍽 **카페 루브르** Café Louvre p.162
추천 메뉴 : 클럽샌드위치, 스비치코바

⬇ 트램 16분

14:30	**프라하성 관람** 성 비투스 대성당, 구왕궁, 황금소로 등 둘러보기 성 비투스 대성당에서 무하의 스테인드글라스를 찾아보자.

⬇ 도보 20분

17:00	**페트르진 전망대** 프라하시 전체가 내려다보이는 페트르진 타워 오르기 (리프트 탑승도 가능)

⬇ 도보 20분

18:00	**저녁 식사**

🍽 **루카 루** Luka lu p.168
추천 메뉴 : 체밥치치, 오징어구이

⬇ 카를교까지 도보 10분

19:30	**카를교 야경**

체스키 크룸로프 마을 전체가 유네스코 세계 문화유산

08:00	🚌 프라하 나 크니제치 버스 터미널
	🚆 프라하 중앙역
	프라하 중앙역에서 체스키 크룸로프행 기차는 08:02에 출발한다.
10:55	체스키 크룸로프 도착
	⬇ 버스 터미널에서 도보 10분 / 기차역에서 도보 25분
11:10	스보르노스키 광장
	파스텔톤의 귀여운 건물들이 감싸고 있는 광장
	⬇ 도보 4분
12:00	점심 식사
	🍽 파파스 리빙 레스토랑 Papa's Living Restaurant p.188
	추천 메뉴 : 라자냐, 피자
	⬇ 도보 4분
13:00	체스키 크룸로프성
	⬇ 성탑에서 도보 4분
15:00	에곤 실레 아트 센터
	에곤 실레의 작품과 유품이 전시된 곳
	⬇ 버스 터미널까지 도보 10분
	기차역까지 도보 25분
16:00	체스키 크룸로프 출발
19:00	프라하 도착
19:30	저녁 식사
	🍽 타쿠미 프라하 Takumi Praha p.165
	추천 메뉴 : 소금 라멘, 간장 라멘, 된장 라멘

프라하

09:00 **공화국 광장과 구시가지 광장 일대**
- 시민 회관, 화약탑을 지나 첼레트나 거리로 이동해서 구시가지 광장 도착
- 구시가지 광장 : 구시청사 탑, 천문 시계탑, 광장 주변 둘러보기

  첼레트나 거리의 기념품 가게에서 기념품을 사도 좋다.

⬇ 도보 5분

12:00 **점심 식사**

🍴 **파스타 프레스카** Pasta Fresca p.166
추천 메뉴 : 구운 새우, 타르타르, 파스타

⬇ 도보 5분

13:00 **유대인 지구 · 루돌피눔**
구유대인 묘지와 연금술사 박물관 방문 후 명품 거리 구경

⬇ 도보 12분

연금술사 박물관

구유대인 묘지

15:00 **마네수브 다리**
마네수브 다리 아래 강변에서 백조 만나기

⬇ 도보 5분

15:20 **발트슈테인 정원**
종유석 모양의 괴이한 벽이 있는 프랑스식 정원

⬇ 메트로 15분(A선 말로스트란카 역 승차 ➡ 무제움 역에서 C선 환승 ➡ C선 비셰흐라드 역 하차) + 도보 12분

16:00 **비셰흐라드 성당 · 묘지 · 전망대**
- 성당 내 아름다운 아르누보 벽화
- 드보르자크, 무하, 스메타나의 묘지
- 성벽을 따라 블타바강과 프라하성 조망

⬇ 도보 20분

18:00 **댄싱 빌딩**
타임이 선정한 최고의 디자인 건물

⬇ 도보 10분

18:15 **국립 극장**
체코 예술의 상징인 국립 극장

⬇ 도보 2분

18:30 **저녁 식사**

🍴 **코즈로브나 우 파우케리타점** Kozlovna U Paukerta p.167
추천 메뉴 : 콜레뇨, 양념갈비

20:00 **공연 보기**
마리오네트 인형극, 블랙 라이트, 재즈 바, 클래식 공연 등을 선택해서 보기

쿠트나호라 화려한 역사를 간직한 도시

09:20 🚉 **프라하 중앙역 출발**
쿠트나호라 중앙역에서 경유
⬇ 기차 51분

10:15 **쿠트나호라 세들레츠 역 도착**
⬇ 도보 5분

10:30 **해골 성당**
4만 명의 유골로 장식된 해골 성당
⬇ 쿠트나호라 세들리츠 역에서 기차 3분. 쿠트나호라 메스토 역에서 하차하여 도보 8분.

11:30 **팔라츠키 광장**
⬇ 도보 8분

12:00 **성 바르보르 성당**
보헤미아 고딕 양식의 전형을 볼 수 있는 성당
한국어로 된 안내서가 있다.
⬇ 도보 8분

12:30 **점심 식사**
🍽 **다치츠키** Dačický p.215
추천 메뉴 : 사슴구이, 슈니첼
⬇ 도보 3분

13:30 **흐라덱 은광 박물관**
지하 광산 체험
⬇ 도보 5분

15:00 **쿠트나호라 마을**
이탈리안 궁정과 마을 둘러보기
⬇ 팔라츠케호 광장에서 도보 8분

16:20 🚉 **쿠트나호라 메스토 역**
쿠트나호라 메스토 역에서 쿠트나호라 중앙역까지 이동한 후, 중앙역에서 프라하행으로 환승.
⬇ 기차 55분 + 도보 10분

18:30 **프라하 도착 및 저녁 식사**
🍽 **후사** Potrefená Husa p.165
추천 메뉴 : 파스타, 샐러드, 콜레뇨

19:30 **구시가지 광장 야경**

브르노 체코 제2의 도시

- **07:50** 🚌 프라하 플로렌츠 버스 터미널 출발
  🚆 프라하 중앙역 출발
  기차는 노선에 따라 더 오래 걸릴 수 있으니 예매 전 시간 확인 필수, 버스는 도착지를 베네쇼바 터미널 호텔 그란드로 해야 이동에 편리함.

- **10:20** 브르노 도착
- **10:40** 브르노 숙소 체크인 (짐 보관)
- **11:40** 슈필베르크성
  유럽에서도 가장 무서웠던 감옥으로 사용되었던 요새
  ⬇ 도보 14분 + 트램 4번(승차 Obilní trh ➡ 하차 Náměstí Svobody) 5분 + 도보 2분

- **13:00** 점심 식사
  🍽 페가스 Pegas p.225
  추천 메뉴 : 스비치코바, 굴라쉬

- **14:00** 마사리코바 거리와 자유 광장
  오전 11시에만 울리는 자유 광장의 천문 시계
  기념품으로 나오는 4개의 유리구슬을 받아 보자.
  ⬇ 도보 2분

자유 광장

- **14:30** 구시청사 탑과 양배추 시장
  구시청사 탑에서 구시가지 전경 감상하고, 양배추 시장에서 과일 사 먹기
  ⬇ 도보 3분

- **15:10** 성 페트르와 성 파블 성당
  11시가 되면 12번 울리는 종과 네오고딕 양식의 탑이 인상적인 성당
  ⬇ 도보 3분

구시청사 탑

성 페트르와 성 파블 성당

15:30 **데니소비 공원**
브르노 시민들의 휴식처

⬇ 도보 4분 + 트램 5번(승차 Šilingrovo Náměst ➡ 하차 Dětská nemocnice)
8분 + 도보 9분

16:00 **투겐트하트 빌라**
체코의 현대 건축 중 유일하게 유네스코 세계 문화유산에 등재된 곳
1~2월엔 오전 시간에 방문하자.

⬇ 도보 6분 ➡ 트램 5번(승차 Dětská nemocnice ➡ 하차 Mendlovo náměstí) 12분

18:00 **저녁 식사**
저녁 식사와 브르노 로컬 맥주 마시기

🍽 **스타로브르노 양조장** Pivovarská Starobrno **p.225**
추천 메뉴 : 맥주, 스테이크, 파스타

Day 8

올로모우츠 많은 문화재를 보유한 도시

08:30 🚌 **브르노 베네쇼바 터미널 호텔 그랜드 정류장**
기차보다 버스이동이 빠르니 버스를 이용, 도착지는 올로모우츠 중앙역

09:35 **올로모우츠 도착**

⬇ 도보 1분

09:50 **올로모우츠 중앙역 앞 버스 정류장**
버스 11번(Zoo 방향) 타고 '스바티 코페체크, 바질리카(Svatý Kopeček, bazilika)' 정류장에서 하차

⬇ 버스 18분 + 도보 5분

10:15 **성스러운 언덕 위에 성모 마리아 성당**
최고의 예술가들이 참여한 바로크 예술의 화려한 걸작

⬇ 도보 5분 + 버스 11번 18분(올로모우츠 중앙역 하차)

11:40 **올로모우츠 중앙역**

⬇ 트램 7분(1번 Okresní soud 또는 3, 4, 7번 Náměstí Hrdinů에서 하차) + 도보 1분

12:00 **점심 식사**

🍽 **카페 뉴 원** Cafe New One **p.234**
추천 메뉴 : 파스타, 스테이크, 카페라테

⬇ 도보 3분

13:30	**호르니 광장**
	올로모우츠의 중심이 되는 광장에서 분수와 석주, 시청사 구경
	⬇ 도보 2분

시청사

14:30	**돌니 광장과 넵튠 분수**
	⬇ 도보 15분

15:40	**성 바츨라프 대성당**
	체코에서 두 번째로 높은 탑을 자랑하는 성
	⬇ 도보 4분 + 트램 4분(트램 2, 3, 4, 6번 U Dómu에서 승차 ➡ 올로모우츠 중앙역 하차)

16:20	🚌 **스튜던트 에이전시 버스 정류장 ➡ 브르노**
	스튜던트 에이전시 버스 정류장은 올로모우츠 중앙역 앞에 있음

17:35	**브르노 베네쇼바 터미널 호텔 그란드로 도착**
	⬇ 도보 10분

18:00	**자유 시간 및 저녁 식사**
	🍴 쇼핑몰 갈레리에 바네코브카 Galerie Vaňkovka 내 푸드코트 p.224

Day 9

크로메르지시 영화 <아마데우스>의 촬영지

09:00	🚌 브르노 베네쇼바 터미널 호텔 그란드 정류장
10:00	크로메르지시 버스 터미널 도착
	⬇ 도보 12분
10:20	**벨케 광장**
	크로메르지시를 대표하는 광장
	⬇ 도보 11분

11:00	**플라워 가든**
	세계적으로 중요한 정원 사례로 손꼽히는 곳
	⬇ 도보 11분

12:00	**점심 식사**
	🍽 **피쩨리아 달 콘테** Pizzerie dal Conte p.239
	추천 메뉴 : 피자, 파니니
	⬇ 도보 6분

13:00	**대주교의 성과 성탑**
	크로메르지시 발전의 중심
	⬇ 도보 2분

15:00	**대주교의 성 정원**
	여러 나라의 희귀한 나무를 볼 수 있는 영국식 정원
	⬇ 도보 2분

16:00	**크로메르지시 마을**
	⬇ 벨케 광장에서 도보 12분

17:10	🚌 **크로메르지시 버스 터미널 ➡ 브르노 베네쇼바 터미널 호텔 그란드**
	⬇ 버스 1시간 + 도보 10분

18:20	**저녁 식사 및 자유 시간**
	🍽 **히말라야 레스토랑** Himalaya Restaurant
	추천 메뉴 : 치킨커리, 새우커리
	위치 : 브르노 역 맞은편 KFC 옆에 위치

레드니체 & 발티체 모라비아 와인의 본고장

08:36 🚆 브르노 중앙역 ➡ 포디빈 역

09:20 🚌 포디빈 역 앞 버스 정류장
포디빈 역 앞 정류장에서 레드니체 경유하는 발티체행 555번 버스를 타고 레드니체 광장(Lednice Náměstí)에서 하차
⬇ 버스 10분

09:30 숙소 체크인 (짐 보관)

09:40 레드니체성
체코의 베르사유라고 불리는 레드니체성 내부 가이드 투어
정원 한 바퀴를 도는 데 1시간 이상 소요된다. 마차나 보트로 이동도 가능하다.
⬇ 도보 5분

12:40 점심 식사
> 🍴 카페 레스토랑 오닉스 Café Restaurant Onyx p.249
> 추천 메뉴 : 비프 스테이크, 슈니첼

⬇ 도보 5분

13:30 레드니체 ➡ 발티체
레드니체 광장에서 555번 버스타고 발티체(Valtice) 하차 / 16분 소요
⬇ 도보 15분

14:00 발티체성
지하 와인 살롱 방문 : 올해의 베스트 100에 선정된 와인 보관
⬇ 도보 15분

발티체성

16:15 발티체 ➡ 레드니체
555번 버스 타고 레드니체로 이동하여 레드니체 둘러보기
⬇ 레드니체 광장에서 도보 3분

18:00 저녁 식사와 함께 모라비아 하우스 와인 마시기
> 🍴 우 틀루스티쉬 U Tlustých p.249
> 추천 메뉴 : 스비치코바, 스테이크

레드니체성

미쿨로프 광장 디트리히슈타인 가문의 무덤

미쿨로프 동유럽 최대의 와인 산지

09:30 🚌 **레드니체 ➡ 미쿨로프**
레드니체 광장을 출발하여 미쿨로프 우 파르쿠(Mikulov u parku) 하차

10:30 **숙소 체크인 (짐 보관)**
⬇ 미쿨로프 광장에서 도보 25분

10:55 **성스러운 언덕 · 성 셰바스티아나 예배당과 종탑**
모라비아 지방의 순례자 길
⬇ 도보 25분

12:30 **점심 식사**
🍽 **소이카 & 스폴** Sojka & spol. **p.245**
추천 메뉴 : 유기농 버거, 스테이크

⬇ 도보 3분

13:30 **미쿨로프성**
동유럽에서 가장 큰 오크통이 있는 와인 셀러가 있는 성
⬇ 도보 10분

15:30 **염소성 · 유대인 묘지**
미쿨로프 전망을 바라볼 수 있는 염소성과 모라비아에서 가장 큰 유대인 묘지
⬇ 도보 10분

16:30 **디트리히슈타인 가문의 묘지와 미쿨로프 마을 둘러보기**
⬇ 미쿨로프 광장에서 도보 4분

19:00 **저녁 식사와 함께 미쿨로프 하우스 와인 마시기**
🍽 **호텔 탄츠베르크 마르첼 이나차크** Hotel Tanzberg Marcel Ihnačák **p.245**
추천 메뉴 : 파스타, 스테이크, 유대인 메뉴

Day 12

즈노이모 와인과 다양한 문화가 공존하는 도시

07:30 🚌 **미쿨로프 우 파르쿠 ➡ 미쿨로프 나 모라베 역**
버스 105, 174, 540번 타고 미쿨로프 나 모라베(Mikulov na Moravě) 역 하차, 약 5분 / 또는 미쿨로프 센터에서 미쿨로프 나 모라베(Mikulov na Moravě) 역까지 도보 15분

08:00 🚆 **미쿨로프 나 모라베 역 ➡ 즈노이모 역**
기차로 약 55분 소요, 즈노이모 역에 도착하여 로커에 짐 보관
⬇ 도보 10분

09:20 **늑대 탑 · 마사리코보 광장**
마사리코보 광장 : 즈노이모를 대표하는 광장
⬇ 도보 1분

10:00 **구시청사 탑**
즈노이모가 한눈에 내려다보이는 구시청사 탑 오르기
⬇ 도보 6분

10:30 **즈노이모성**
디에강 협곡과 즈노이모 댐의 절경 감상
⬇ 도보 5분

즈노이모성

마사리코보 광장

11:30 **성 미쿨라셰 성당 · 즈노이모 둘러보기**
즈노이모의 수호성인이 모셔진 성당

13:00 **점심 식사 · 집 찾기**

🍽 **투스토** Tusto p.255
추천 메뉴 : 파스타, 립, 스테이크, 맥주

⬇ 도보 12분

14:00 🚆 **즈노이모 역 ➡ 프라하 중앙역**
즈노이모 역에서 프라하 중앙역까지 기차로 약 3시간 5분 소요

17:30 **숙소 체크인**

18:00 **저녁 식사 및 휴식**

🍽 **포크스** Pork's p.168
추천 메뉴 : 콜레뇨

투스토

77

지역 여행

프라하
- 신시가지
- 구시가지
- 유대인 지구
- 말라스트라나
- 프라하성과 흐라드차니
- 비셰흐라드
- 프라하 기타 지역

✈ 프라하로 이동하기

팬데믹으로 한동안 운항되지 않았던 인천-프라하 직항 노선이 2023년 3월부터 대한항공 주4회(월·수·금·토) 노선으로 운항을 재개했다. 팬데믹 전 공동 운항하던 체코항공은 파산 신청을 하면서 대부분의 노선 운항이 어려운 상황이다. 그래서 인천에서 프라하까지의 직항 노선은 대한항공 노선이 유일하다.

우리나라에서 프라하로 들어가는 방법은 직항 외에도 경유 항공편이 있는데 가장 추천할 만한 경유 노선은 튀르키예 이스탄불 공항에서 환승하는 터키항공과 폴란드 바르샤바에서 환승하는 LOT항공이다.

우리나라에서 프라하에 갈 때뿐만 아니라 유럽 다른 도시에서 프라하로 이동할 때 저가 항공을 이용하는 경우도 많다. 유럽 주요 도시와 프라하 간의 노선을 운항하는 저가 항공사는 이지젯과 브엘링, 위즈에어 등이 있다. 저가 항공 스케줄은 전 세계 항공 검색 사이트인 '스카이스캐너' 홈페이지 또는 앱을 통해 검색할 수 있다.

이지젯 www.easyjet.com
브엘링 www.vueling.com
스카이스캐너 www.skyscanner.co.kr

▶ **프라하 바츨라프 하벨 국제공항** Letiště Václava Havla Praha

프라하 바츨라프 하벨 국제공항은 프라하 시내에서 서쪽으로 약 17km 떨어진 곳에 위치해 있다. 1, 2, 3터미널이 있지만 대부분의 항공편은 1터미널과 2터미널로만 인아웃이 진행되고 있다. 국제공항이지만 우리나라의 지방 공항 크기 정도로 규모가 작아서 도착과 출발 모두 로비 1층을 사용한다.

1터미널 체코 입출국 시 입출국 심사가 필요한 항공편(2019년 3월부터 유럽 최초로 대한민국 여권 소지자는 자동 출입국이 가능하다.)
2터미널 체코 입출국 시 입출국 심사가 필요하지 않은 EU 국가 저가 항공편(단, 영국과 아일랜드에서 입출국하는 저가 항공은 입출국 심사가 필요하므로 1터미널을 사용한다.)

시내로 이동하기

프라하로 들어가는 방법은 다양하다. 어느 교통수단이 가장 편리하다고 꼽을 수 없을 정도로, 기차, 버스, 항공편 모두 프라하로 들어갈 때 쉽게 이용할 수 있는 교통수단이다.

버스
AAA 택시

AE 버스

▶ 119 버스 + Metro

1터미널과 2터미널 앞(도착, Arrival hall) 버스 정류장(Bus centrum)에서 119번 버스를 타고 종점인 메트로 A선 나드라지 벨레슬라빈(Nádraží Veleslavín) 역에서 환승해서 프라하 시내로 들어올 수 있다. 바츨라프 하벨 공항에서 프라하 시내까지 PID Lítačka 앱, 티켓 발매기(카드 가능), 교통 티켓 판매 창구에서 40kč로 구입 가능하다.

홈페이지(프라하 교통국) www.dpp.cz

▶ 택시

1터미널과 2터미널 앞(도착, Arrival hall)에서 AAA Radio Taxi를 이용하는 게 좋다. 보통 1km당 28kč 정도이고, 기본요금은 40kč부터 시작해 시내까지 750~800kč(약 35~40유로)면 들어올 수 있다. 만약 생각보다 택시 비용이 많이 나왔을 경우 영수증을 요구하자. 또는 언어와 택시 사기가 걱정된다면 미리 도착지를 찍고 등록된 카드로 정해진 택시비가 자동 결제되는 우버 택시를 이용하는 것도 좋다. 우버 택시는 기사분과 대화 및 결제를 따로 이야기하지 않아도 되니 언어 장벽이 있는 여행자들에게는 권할 만하다. 단, 2터미널 이용 시 픽업장소를 1층으로 해야 한다.

홈페이지(AAA 택시) www.aaataxi.cz / 우버 택시는 스마트폰에 앱 설치 후 이용(한국에서 미리 설치할 수 있으며, 공항 내에서는 무료 와이파이를 사용할 수 있다.)

▶ Airport Express(AE 버스)

1터미널과 2터미널 앞(출발, Departure hall) 버스 정류장(Bus centrum)에서 프라하 중앙역[Hlavní Nádraží-약자(hl.n.)]까지 운행한다. 도착 정류장은 Metro C선 프라하 중앙역과 연결된다. 티켓은 교통 티켓 판매 창구 또는 기사에게 구입하면 된다. 요금은 60kč이다.

홈페이지 www.pragueairport.co.uk/airport-express-bus

❥ Prague Minibus

인원이 많아서 택시 이용이 어렵다면 최대 8인까지 이용할 수 있는 미니버스를 선택하는 것도 방법이다. 공항에서 프라하 시내 호텔까지 편하게 이용할 수 있다.

요금 1~3인 600kč / 4~8인 800kč
홈페이지 www.minibusprague.eu

❥ 렌터카

Hertz
전화 225 345 000 홈페이지 www.hertz.cz
Avis
전화 235 362 420 홈페이지 www.avis.cz
Europcar
전화 232 232 000 홈페이지 www.europcar.cz
Sixt
전화 222 324 995 홈페이지 www.sixt.cz
Budget
전화 220 113 253 홈페이지 www.budget.cz

🚆 프라하 시내 교통

프라하 시내의 대중교통에는 지하철, 트램, 버스가 있고, 한 장의 공용 티켓으로 대부분의 교통수단을 이용할 수 있다. 티켓의 종류는 1회권부터 1일권, 3일권, 30일권 등 다양하고, 모든 티켓이 환승 가능하다. 티켓은 트램 정류장이나 지하철에 있는 자동판매기, 타박(Tabac, 담배·신문 가게), 지하철 창구, 그리고 앱을 통해서 구입 가능하다.

홈페이지(프라하 교통국) www.dpp.cz   어플리케이션 PID Lítačka

▶ 지하철 Metro [메트로]

프라하에는 총 3개의 메트로 노선이 있다. A선(녹색), B선(노란색), C선(빨간색)으로 되어 있으며 관광지와의 연결도 어렵지 않아서 트램과 함께 여행할 때 쉽게 이용할 수 있다.
우리나라처럼 지하철이 정차했을 때 자동으로 문이 열리는 게 아니라 출입문 가운데 버튼을 눌러야 문이 열린다. 그러므로 지하철이 도착했거나 내릴 역이 가까워지면 잊지 말고 버튼을 누르자.

운행 시간 05:00~24:00 (배차 간격: 평일 출퇴근 시간 2~3분, 그 외의 시간과 주말 5~10분)

▶ 트램 Tramvaj [트람바이]

프라하에서 트램은 가장 쉽게 이용할 수 있는 교통수단이자 트램을 타는 것 자체가 관광 상품이 될 정도로 명물이기도 하다. 트램 정류장마다 해당 번호의 노선이 트램의 진행 방향대로 잘 나와 있어서 자신이 가고자 하는 목적지를 확인하고 트램 노선만 정확히 안다면 트램을 이용하는 것은 그리 어렵지 않다.

운행 시간 04:30~24:00 (배차 간격: 출퇴근 시간 8분, 평일 그 외의 시간 10분, 주말 10~15분) / 심야 트램(51~59번) 24:00~04:30 (배차 간격 30분)

▶ 버스 Autobus [아우토부스]

프라하의 버스는 프라하 외곽으로 운행하기 때문에 프라하 시내만 관광할 경우에는 특별히 버스를 탈 일이 없다. 공항에서 프라하 시내까지 들어오는 119번 버스와 홀로쇼비체에서 프라하 동물원과 트로야성까지 이어주는 200번 버스가 프라하를 찾은 여행자들이 많이 이용하는 노선이다.

운행 시간 04:30~24:00 (배차 간격: 출퇴근 시간 5~10분, 그 외의 시간은 버스 노선에 따라 10~30분) / 심야 버스(501~513번, 601~607번) 24:00~04:30
체코 기차·버스 검색 및 예약 idos.idnes.cz

▶ 장거리 버스 Dálkový Autobus [달코비 아우토부스]

체코에서의 여행 중 기차보다 빠르고 쉽게 이용하는 교통수단이 바로 장거리 버스인데, 카를로비 바리나 체스키 크룸로프행의 경우 미리 예약을 하는 것이 좋다. 홈페이지에서 검색하면 출발지 버스 터미널과 버스 시간을 미리 확인할 수 있다. 장거리 버스 터미널 중 가장 큰 플로렌츠 버스 터미널에서 대부분의 장거리 버스가 출발하며, 체스키 크룸로프행은 안델 역에 있는 나 크니제치 버스 터미널에서 주로 출발한다.

체코 기차 · 버스 검색 및 예약 idos.idnes.cz

▶ 기차 Vlak [블라크]

체코에서의 기차는 체코 여행을 할 때보다 다른 나라와의 이동에서 주로 이용한다. 대부분의 기차는 프라하 중앙역으로 들어오며 노선에 따라서 홀레쇼비체 역으로 들어오고 나가는 경우도 있으니 프라하 중앙역이 아니더라도 당황하지 말자. 홀레쇼비체 역도 프라하 시내에 있으며 메트로와의 연결도 쉽다.

체코 기차 · 버스 검색 및 예약 idos.idnes.cz

 교통 티켓의 이해

프라하 시내를 다니는 지하철, 트램, 버스 등 대부분의 교통 수단을 한 장으로 된 공통 티켓으로 모두 이용할 수 있다. 1회권부터 1일권, 3일권, 5일권 등이 있고, 모든 티켓이 환승 가능하다.

홈페이지 www.dpp.cz

티켓	학생·성인(15세 이상)	어린이(0~14세)*
Short-Term (30분) 30분 동안 사용할 수 있는 교통 티켓이다.	30kč	무료
Basic (90분) 90분 동안 사용할 수 있는 교통 티켓이다.	40kč	무료
1day (24시간) 24시간 동안 사용할 수 있는 교통 티켓이다.	120kč	무료
3day (72시간) 72시간 동안 사용할 수 있는 교통 티켓이다.	330kč	-

*6세 이하의 어린이는 10세 이상의 보호자와 동반해야 한다.
*6~14세의 어린이는 사진이 있는 ID 카드, 여권 등 나이 확인에 필요한 증명서를 가지고 있어야 한다. 무료 승차는 15세 생일 전날까지 인정되고 15세 생일부터 성인 요금으로 인정된다.

티켓 끊기

프라하에서 교통 티켓 끊기는 그리 어려운 일은 아니다. 가장 쉬운 방법은 현금 없이도 구입 가능한 앱에서 발권하는 방법이다. 그 밖에도 티켓 발매기와 티켓 창구 그리고 타박(Tabák)이라고 하는 담배 가게에서 쉽게 티켓을 끊을 수 있다.

앱 발권 PID Lítačka

PID Lítačka 앱에서 발권 가능한 티켓으로 해당 앱에서 원하는 티켓을 선택해서 사용 가능하다. 티켓을 선택한 후 수량과 사용타입 결제방식을 선택한 뒤 사용할 수 있다. 교통에 승차한 뒤 티켓이 활성화 되었는지 꼭 확인하자. 티켓을 발권했다 하더라도 활성화가 되지 않으면 무임승차로 간주한다.

티켓 발매기

티켓 발매기는 동전과 신용 카드로 이용 가능하다. 먼저 원하는 티켓을 선택하고 해당하는 티켓 가격의 왼쪽에 있는 원형 버튼을 누르면 티켓 가격이 나온다. 그리고 동전을 넣으면 티켓이 나온다. 만약 어린이 티켓이나 캐리어 티켓을 끊어야 할 경우에는 오른쪽에 있는 연두색 ZVÝHODNĚNÁ Discount 버튼을 누른 후 해당 금액을 누르면 된다.

티켓 창구 & 타박(Tabák)

메트로(Metro)에서 티켓 발매기를 이용하지 않을 경우는 오픈되어 있는 창구를 찾아야 한다. 대부분 창구는 티켓 발매기 옆에 있으니 쉽게 찾을 수 있다. 타박은 버스 정거장이나 트램 정거장이 있는 곳에 건물 안 또는 가판으로 되어 있는 담배와 신문을 판매하는 곳이다.

트램 내 티켓 발매기

미리 티켓을 사지 못하고 트램을 탔다면 트램 내에서 바로 티켓을 발권할 수 있다. 단, 카드 전용이라서 현금은 사용할 수 없다. 트램 내 발권된 티켓은 펀칭할 필요가 없다.

티켓 사용하기

티켓은 미리 구매해도 상관은 없지만 일단 메트로나 트램이나 버스를 이용하면 무조건 펀칭을 해야 한다. 지하철을 타기 전 입구에 노란색 티켓팅 하는 기계가 있고 버스와 트램은 내부에 장착되어 있다. 만약 티켓이 있어도 펀칭을 하지 않았을 경우는 무임승차이니 꼭 펀칭하는 것을 잊지 말도록 하자. 펀칭을 하면 펀칭하는 날짜와 시간, 펀칭한 역 이름이 찍히니 시간 확인을 잘해서 티켓을 구입해야 한다.

Tip 무임승차 하지 말기

유럽에서 무임승차를 하고 자랑처럼 이야기하는 여행객을 만나기도 하는데, 무임승차 후 걸려서 벌금을 내는 경우도 많다. 티켓팅은 승객의 양심에 맡기지만 불시에 티켓 검사를 하기 때문에, 운이 좋으면 하루 종일 대중교통을 이용해도 안 걸릴 수가 있고, 반대로 대중교통을 이용할 때마다 검사를 당하는 경우도 있다.
이러한 제도는 체코에서뿐만 아니라 유럽 대부분의 도시에서 행하는 제도이므로, 운을 믿으며 무임승차하지 말고 당당하게 티켓을 끊어 대중교통을 이용하도록 하자. 무임승차를 스스로 자랑처럼 말하는 여행객들 때문에 훗날 여행하는 여행객들이 피해를 본다는 사실을 한 번이라도 생각한다면 책임 있는 여행을 해야 할 것이다. 유럽에서 '무임승차=한국'이라는 꼬리표에서 탈출해, 질 높은 여행 문화를 만들어 갔으면 좋겠다.

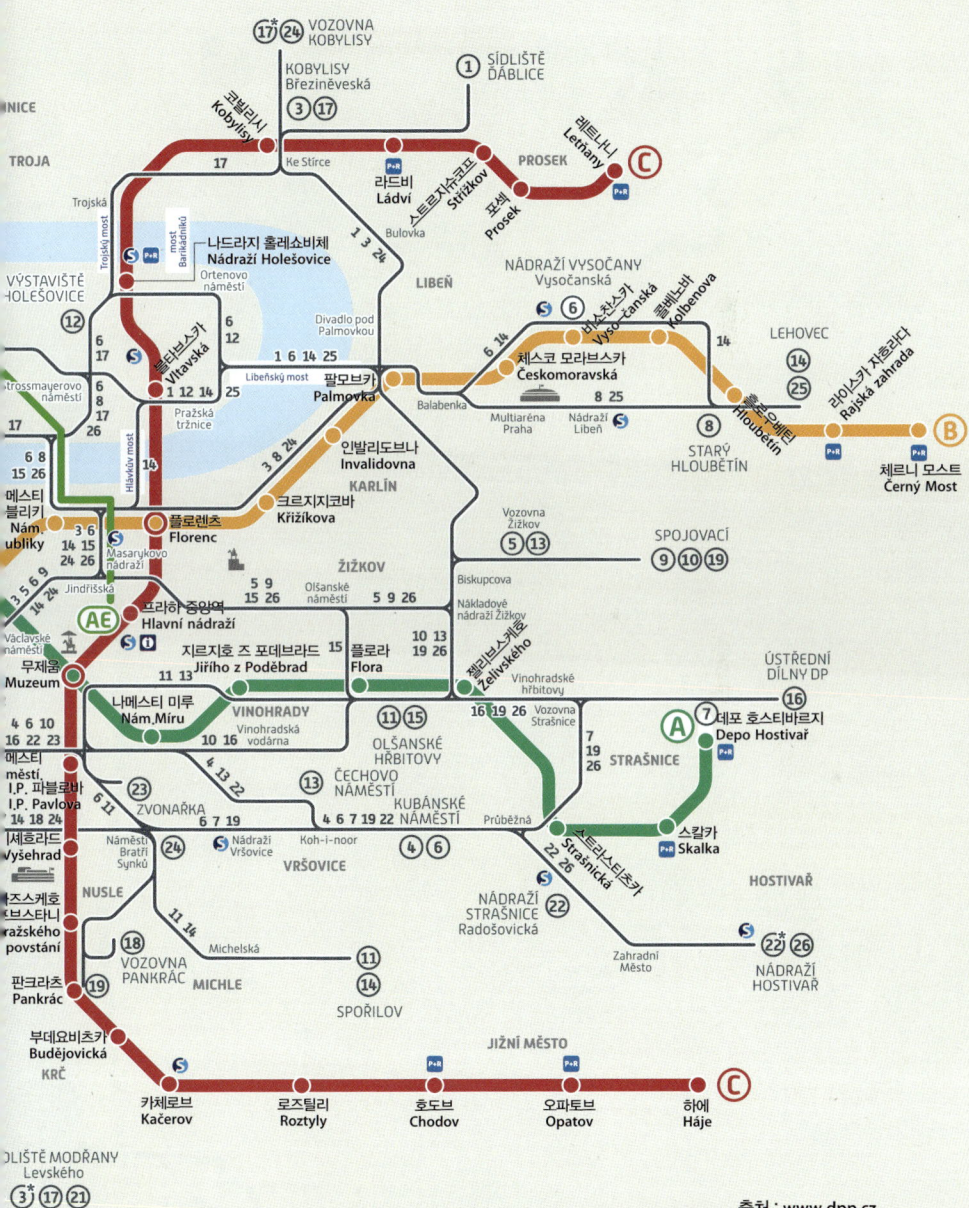

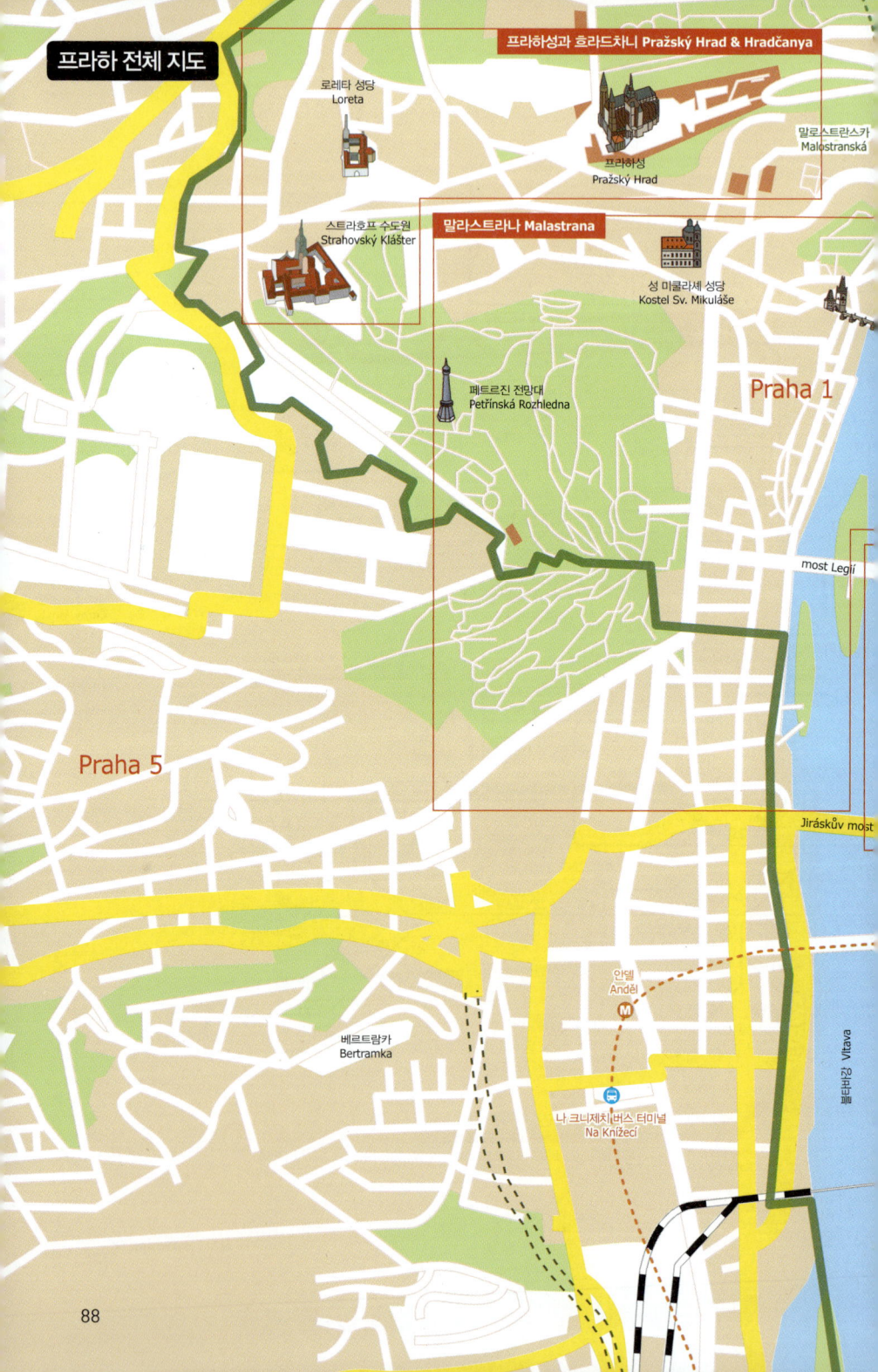

신시가지
Nové Město (New Town)

프라하

프라하에서 가장 번화한 상업 지구

프라하는 12세기에 중부 유럽 최대 도시의 하나로 성장한 곳이다. 구시가지가 포화 상태가 되자 14세기에 카를 4세(Karl IV)의 명으로 유럽에서 최초로 도시 계획에 의거해 새로운 시가지가 형성되었다. 마시장, 우시장 등 가축 시장과 건초 시장이 있던 이 지역은 19세기에 들어서는 현재와 같이 아르누보 양식의 건물들이 들어서며 프라하에서 가장 번화한 상업 지구가 되었다. 현재는 프라하에서 가장 번화한 상업 지구로 여행사와 호텔, 레스토랑, 쇼핑센터들이 모여 있으며 대형 마켓도 쉽게 찾을 수 있다.

신시가지에서 놓치지 말아야 할 것!

① 시민 회관, 무하 박물관, 중앙 우체국 등에서 아르누보화 감상
② 팔라디움, 나프르지코페 거리, 바츨라프 광장에서 쇼핑
③ 100년이 넘는 역사를 지닌 카페 방문
(카페 루브르, 카페 임페리얼, 카바르나 오베츠니 둠)

신시가지 추천 코스

신시가지는 프라하에서 가장 번화한 상업 지구이다. 국립 박물관을 등지고 바츨라프 광장 오른편에는 시민 회관과 화약탑, 나프르지코페 거리 등이 있고, 왼편에는 국립 극장과 댄싱 빌딩 등이 있다. 바츨라프 광장에서 국립 극장으로 가는 길에 있는 다비드 체르니의 작품도 놓치지 말자.

도보 3분

시민 회관·화약탑·나프르지코페 거리
예술과 쇼핑을 함께 즐기는 번화가

인드르지슈스카 탑
신시가지를 내려다볼 수 있는 탑

도보 2분

도보 2분

바츨라프 광장·국립 박물관
프라하에서 가장 번화한 젊음과 쇼핑의 거리

무하 박물관
아르누보를 대표하는 무하의 작품을 전시해 놓은 곳

도보 10분

도보 8분

국립 극장
체코의 작품만 무대에 오르는 체코 예술의 자존심

댄싱 빌딩
1996년 타임이 선정한 최고의 디자인 작품

바츨라프 광장 Václavské Náměstí (Wenceslas Square)

신시가지를 대표하는 긴 대로의 광장

구시가지 광장과 함께 프라하를 대표하는 광장 중 하나인 바츨라프 광장은 체코 국립 박물관에서부터 무스테크 광장까지 이어지는 길이 750m, 너비 약 60m에 달하는 긴 대로이다. 국립 박물관 앞에는 체코인들이 수호 성인으로 여기는 성 바츨라프의 기마상이 서 있으며 여기서 바츨라프 광장의 명칭이 유래되었다. 기마상 앞쪽에는 1968년 '프라하의 봄'이 좌절된 후 1969년 소련군의 침공에 맞서 분신 자살한 학생 '얀 팔라크'의 기념비가 자리하고 있다. 얀 팔라크가 숨진 장소는 국립 박물관 앞 분수 근처의 바닥에 십자가로 표시되어 있기도 하다.

1968년 체코인들의 자유·인권·민주를 향한 외침인 '프라하의 봄'이 이 광장에서 시작되었으나 구소련의 탱크에 무참히 짓밟혔다. 체코인들의 자유에 대한 이런 열망들이 바탕이 되어 1989년 11월

극작가이자 인권 운동가였던 하벨(Václav Havel)은 반체제 연합인 '시민 포럼'을 조직해 공산 독재 체제를 무너뜨렸으며, 피 한 방울 흘리지 않고 체코슬로바키아의 민주화 시민 혁명을 이룩하였다. 시민 혁명이 성공한 뒤, 체코의 대통령이 된 하벨은 한 연설에서 "우리는 평화적으로 혁명을 이뤘다. 이는 벨벳 혁명이다."라고 말하였는데, 여기서 '벨벳 혁명'이란 말이 비롯되었다.

현재 바츨라프 광장의 양 대로에는 호텔과 레스토랑, 서점, 여행사, 쇼핑센터들이 늘어서 있다.

위치 ❶ Metro A, B선 무스테크(Můstek) 역에서 하차. ❷ Metro A, C선 무제움(Muzeum) 역에서 하차.

얀팔라크가 숨진 장소

국립 박물관 Národní Muzeum (National Museum)

체코 최대 규모를 자랑하는 박물관

네오 르네상스풍의 건물로 체코에서는 최대 규모를 자랑하는 박물관이다. 19세기 말 신시가지의 재건과 함께 지어진 건물로 외부 못지않게 화려한 내부는 영화 〈미션 임파서블〉의 배경이 되었을 정도로 화려한 대리석 장식을 자랑한다. 체코슬로바키아 100주년 기념일인 2018년 10월 28일 대대적인 보수 공사를 마치고 새롭게 문을 열었다. 내부는 구역별로 선사관, 역사관, 광물관, 동물관으로 나뉜다. 박물관 옥상 큐폴라는 바츨라프 광장을 내려다볼 수 있어 국립 박물관에서 가장 인기 있는 장소이다.

주소 Václavské náměstí 68, 115 79 Praha 1 전화 224 497 511 위치 Metro A, C선 무제움(Muzeum) 역에서 하차. 시간 10:00~18:00 요금 [박물관+큐폴라] 성인 250kč, 15~18세 청소년 및 고등학교·대학교 학생증 소지자 및 60세 이상 150kč, 15세 이하 무료, 프라하 카드 사용 가능 / [박물관+큐폴라+상설 전시] 성인 350kč, 15~18세 청소년 및 고등학교·대학교 학생증 소지자 및 60세 이상 220kč, 15세 이하 무료, 프라하 카드 사용 가능 / [상설 전시] 성인 200kč, 15~18세 청소년 및 고등학교·대학교 학생증 소지자 및 60세 이상 120kč, 15세 이하 무료 홈페이지 nm.cz

프라하 국립 오페라 극장 Státní Opera Praha (State Opera Praha)

체코에서 가장 많은 음악가와 오페라 가수를 배출하는 국립 오페라 극장

프라하 중앙역과 국립 박물관 사이에 네오 로코코 양식으로 지어진 프라하 국립 오페라 극장은 1888년 바그너의 작품 〈뉘른베르그의 마스터 징거(Die Meistersinger von Nürnberg)〉를 시작으로 문을 열었다. 그 후 예술성 높은 공연으로 극장을 세계적인 수준으로 끌어올렸으며 체코 안에서 뛰어난 음악가와 오페라 가수들을 배출하고 있다. 제2차 세계 대전 후 극장은 국가에 귀속되었고, 1992년 공식적으로 국립 오페라 극장으로 지정되었다. 8, 9월에는 베르  디 페스티벌이 열리며 오페라가 주로 무대에 오르지만 때로는 발레 공연이 열리기도 한다. 국립 극장이 체코만을 위한 작품을 무대에 올린다면, 국립 오페라 극장은 세계의 유명 작품을 무대에 올리고 있다.

주소 Wilsonova 4, Praha 1 전화 224 227 266 위치 ❶ C선 프라하 중앙역(Praha hlavní nádraží)에서 하차. ❷ Metro A, C선 무제움(Muzeum) 역 하차, 도보 5분. 시간 (티켓 오피스) 월~금 10:00~17:30, 토~일 10:00~12:00, 13:00~17:30 / 공연 시작 1시간 전에도 오픈 요금 가이드 투어 (체코어) 성인 160kč, 학생 90kč / (영어) 성인 260kč, 학생 160kč 홈페이지 www.opera.cz

나프르지코페 거리 Na Příkopě

프라하에서 가장 번화한 젊음과 쇼핑의 거리

체코어로 '수로 위에'라는 뜻의 '나프르지코페'는 말 그대로 수로를 메워 만든 거리이다. 바츨라프 광장 끝부터 화약탑까지 이어지는 이 거리는 프라하의 샹젤리제 거리라고 할 수 있을 정도로 많은 쇼핑센터와 영화관, 카페, 레스토랑, 은행, 여행사 등이 양쪽으로 자리 잡고 있으며 신시가지와 구시가지를 연결하는 거리로 관광객의 발길이 끊이지 않는다.

<u>위치</u> Metro A, B선 무스테크(Můstek) 역과 B선 나메스티 레푸블리키(Náměstí Republiky) 역 사이를 잇는 약 500m 길이의 거리.

무하 박물관 Alfons Mucha muzeum (Alfons Mucha Museum)

아르누보를 대표하는 체코의 화가, 알폰스 무하의 작품을 전시해 놓은 곳

알폰스 무하는 체코에서 태어나 파리에서 성공을 거둔 뒤 다시 고향인 체코로 돌아와 고국에서 작품 활동을 하다 생을 마감했다. 무하 미술관은 총 3개의 구역으로 나누어져 있는데 무하가 그린 포스터 작품들과 활동 사진, 작업 스케치 등을 전시한 구역을 지나면 마지막으로 무하의 작품을 비디오로 보여 주는 동영상 룸이 있다.

<u>주소</u> Panska 7, Praha 1 <u>전화</u> 221 451 333 <u>위치</u> ❶ Metro A, B선 무스테크(Můstek) 역에서 하차, 도보 3분. ❷ Tram 3, 5, 6, 9, 14, 24번 인드르지슈스카(Jindřišská)에서 도보 3분 / 카우니츠키 궁전(Kounický palác) 내에 위치. <u>시간</u> 10:00~18:00 <u>요금</u> 성인 350kč, 학생 280kč / 내부 사진 촬영 불가 <u>홈페이지</u> www.mucha.cz

알폰스 무하 Alfons Mucha

1860년 7월 24일 체코에서 태어난 무하는 1879년 빈에서 무대 배경을 제작하는 곳에서 그림을 그렸다. 3년 뒤인 1881년 작업장에 불이 나 회사가 문을 닫게 되자 다시 고향으로 돌아와 프리랜서로 장식 예술과 초상화를 그리다 그의 작품에 감명받은 백작의 후원으로 뮌헨 미술원에서 정식으로 미술을 배우게 되었다. 1887년 프랑스 파리에서 미술 공부를 하면서 잡지와 광고의 포스터와 삽화를 그리기 시작하였는데, 1894년 르네상스 극장(Theatre de la Renaissance)에서 여배우 '사라 베르나르'를 알리기 위한 포스터가 유명해지면서 크게 성공하는 계기가 되었다. 이때부터 무하는 광고, 포스터와 보석, 벽지, 카펫 등을 디자인하게 되는데 이 스타일이 지금의 무하를 있게 한 아르누보를 대표하는 양식이다. 꽃으로 장식된 아름다운 여인들의 회화는 상업적으로도 큰 성공을 거두었으며, 지금도 많은 사람들이 카피하고 있다. 1906~1910년까지 잠시 미국에 머물다 체코로 돌아와 체코슬로바키아의 화폐와 우표를 디자인하고 슬라브 민족의 역사를 큰 화폭에 담은 연작 <슬라브 서사시>를 1928년에 프라하에 기증하기도 했다. 프라하 최고의 관광지인 프라하성 내 성 비투스 대성당의 스테인드글라스 중 하나를 그리기도 하였는데, 무하가 그린 스테인드글라스는 다른 작품과 달리 모자이크식이 아닌, 그림으로 그린 작품으로 유명하다. 제2차 세계 대전이 터지자 독일에서 체포되어 수감 도중 폐렴에 걸려 풀려났지만 1939년 7월 14일 프라하에서 생을 마감하였다. 무하의 묘는 체코의 유명 인사나 예술가들만이 묻힐 수 있다는 비셰흐라드 묘지공원에 안치되어 있다. 무하의 인생 역작이자 총 20점의 시리즈로 되어 있는 <슬라브 서사시>는 남모라비아의 모라브스키 크룸로프에 자리하고 있는 모라브스키 크룸로프 성에서 2026년 12월 31일까지 전시된다.(매주 월요일 휴관)

★ 프라하 중앙 우체국 둘러보기

무하 박물관을 관람했다면 박물관 근처 프라하 중앙 우체국에 들러 보자. 우체국 내부에는 무하의 작품처럼 아르누보화가 아름답게 그려져 있다. 단, 우체국 내부에서 사진 촬영은 금지. 엽서를 사서 우편을 보내는 것도 좋다.

인드르지슈스카 탑 Jindřišská Věž (Henry's Tower)

신시가지의 자부심이었던 탑

마주하고 있는 '스바티 인드르지쉬 아 스바타 쿤후타(Svatý Jindřich a svatá Kunhuta) 성당'이 세워졌을 당시 높이 46m의 종탑이 있었지만, 종의 무게를 견딜 만큼 견고하지 못해 바츨라프 4세 때 분리된 종탑을 따로 세우기로 하였다. 하지만 공사 중 후스 전쟁이 벌어져 공사가 중단되었다. 이후 블라디슬라브 2세에 의해 공사가 재개되면서 인드르지슈스카 탑은 신시가지의 자부심이란 말이 생길 정도로 유명해졌다. 이후 수 세기 동안 풍화와 폭격에 의해 많은 역경을 겪고 탑의 사용이 미비해지면서 서서히 잊혀 갔다. 1990년 후반 인드르지슈스카 탑은 장기 임대되었고, 내부에 철근 콘크리트 구조물이 들어섰다. 그리고 엘리베이터, 에어컨, 조명 등이 설치되면서 전망대, 레스토랑, 카페, 전시관, 화장실 등이 탑 안에 자리하게 됐다. 가장 높은 층인 전망대에선 프라하 신시가지를 한눈에 내려다볼 수 있다.

주소 Jindřišská 909/14, 110 00 Nové Město 전화 224 232 429 위치 ❶ Metro A, B선 무스테크(Můstek) 역에서 하차, 도보 5분. ❷ Tram 3, 5, 6, 9, 14, 24번 인드르지슈스카(Jindřišská)에서 하차, 도보 1분. 시간 10:00~18:00 (레스토랑은 24:00까지) 요금 성인 190kč, 학생 110kč 홈페이지 www.jindrisskavez.cz

화약탑 Prašná Brána (Powder Tower)

신시가지와 구시가지를 구분하는 지표이자 왕도의 시작점

1475년 구시가지 교탑(카를교탑)을 모델로 만들어진 화약탑은 구시가지로 이어지는 13개의 성문 중 하나였기 때문에 프라하 시내에는 이와 비슷한 건물들이 많다. 화약탑은 아르누보 양식의 시민 회관과 나란히 서 있으며 체코 왕들의 대관식을 위한 노정이었던 '왕의 길'인 첼레트나 거리의 시작점이다. 17세기 초 연금술사들의 연구실 겸 화약을 저장하던 곳으로 쓰이면서 지금의 '화약탑'이란 이름을 얻었다. 18세기 중반 프러시아 전쟁 때 심하게 파괴되었지만 1876년 지금의 모습으로 재건되었다.

주소 Na Příkopě, 110 00 Praha 1 **전화** 724 063 723 **위치** Metro B선 나메스티 레푸블리키(Náměstí Republiky) 역에서 도보 1분. **시간** 1~3월, 10~11월 10:00~18:00 / 4~5월, 9월 10:00~19:00 / 6~8월 09:00~21:00 / 12월 10:00~20:00 **요금** 성인 190kč, 학생 130kč **홈페이지** www.pis.cz

시민 회관 Obecní Dům (Municipal House)

'프라하의 봄' 음악 축제의 시작을 알리고 체코의 유명 예술가들의 작품을 엿볼 수 있는 곳

매년 5월이면 스메타나의 곡인 〈나의 조국〉이 시민 회관 스메타나 홀에서 연주되면서 '프라하의 봄' 음악 축제가 성대하게 시작된다. 이 건물은 19세기와 20세기의 혼합 아르누보 양식으로, 외관은 카를 슈필아르(Karla Špilara)의 〈프라하의 경배〉라는 반원형의 모자이크가 그 화려함을 빛내고, 내부는 카페와 레스토랑 등이 건축 초기 모습 그대로 영업 중이다. 원래는 왕들이 살았던 왕궁이었지만 왕들은 프라하 성으로 돌아가고 17세기 후반 대화재로 인해 무너지게 되었다. 하지만 1903년 체코를 대표하는 예술가들이 대거 참여하여 1912년 건물을 다시 지었고, 이후 이곳에서 1918년 체코슬로바키아 민주 공화국이 선포되기도 했다. 체코를 대표하는 아르누보 양식의 건물답게 시민 회관의 얼굴인 1,300석의 스메타나 홀과 그 밖의 작은 홀들을 알폰스 무하의 그

림과 함께 멋진 예술 작품들이 꾸미고 있다. 내부는 투어를 통해 둘러볼 수 있다.

주소 Náměstí Republiky 5, 111 21 Praha 1 **전화** 222 002 101 **위치** Metro B선 나메스티 레푸블리키(Náměstí Republiky) 역에서 도보 1분. **시간** 10:00 ~19:00 **요금** 투어 성인 290kč, 학생 240kč **포토 티켓** 55kč **홈페이지** www.obecnidum.cz

국립 극장 Národní divadlo (National Theatre)

체코의 작품만 무대에 오르는 체코 예술의 상징

햇살을 받으면 황금빛 돔 지붕이 눈부시게 반짝이는 네오 르네상스 양식의 건축물이다. 독일의 지배를 받아 체코어 대신 독일어 사용을 강요받았던 때 체코인들이 자신들을 위한 극장을 지으려고 자금을 모았다. 체코어로 '체코인을 위한 무대를'이란 슬로건 아래 스메타나 및 유명 예술인들이 앞장서서 기부 활동을 벌여 시작된 공사는 마침내 1881년 완공되었으나 화재로 불타고 말았다. 또다시 기부 운동을 벌인 결과 1883년 재건에 성공하고 첫 공연은 스메타나의 작품 <리부셰>가 무대에 올려졌다. 극장 설계부터 인테리어 등 극장을 세우는 데 필요한 모든 것들에 체코 예술가들의 땀과 혼이 깃든 건축물이어서 지금도 이곳에선 체코의 작품만 무대에 오른다. 체코 국립 극장은 체코 예술의 자존심이자 상징이라고 할 수 있다.

주소 Narodni 2, Praha 1 전화 114 901 448 위치 Tram 2, 9, 18, 22, 23번 나로드니 디바들로(Národní divadlo)에서 하차. 시간(티켓 오피스) 10:00~18:00 (극장을 마주보고 섰을 때 왼쪽 건물의 1층에 있다. 공연 시작 45분 전에는 국립 극장 입구의 로비에서도 티켓을 구매할 수 있다.) 요금 공연 오페라 50~1,000kč, 발레 30~1,000kč / 투어(영어) 성인 260kč, 학생 160kč 홈페이지 www.narodni-divadlo.cz

드보르자크 박물관 Antonína Dvořáka Muzeum (Antonín Dvořák Museum)

체코의 음악가 안토니오 드보르자크의 유품을 전시한 곳

드보르자크 박물관은 프라하에서 가장 아름다운 바로크 양식의 건물 중 하나로, 1717~1720년 킬리안 딘첸호퍼(K.I.Diezenhlfer)에 의해서 지어졌다. 원래는 미흐나 백작의 별장이었으나 1961년 드보르자크 탄생 120주년을 축하하는 기념관으로 재탄생했다. 이곳에는 체코의 음악가 안토닌 드보르자크(Antonína Dvořáka)가 생전에 연주했던 피아노와 바이올린 등의 악기와 악보들이 1층과 2층에 전시되어 있다. 드보르자크의 작품이 오디오를 통해서 흘러나와 건물 내부에 앉아서 연주를 감상하기도 좋다.

주소 Ke Karlovu 20, 120 00 Praha 2 전화 224 918 013 위치 Metro C선 I.P. 파블로바(I.P.Pavlova) 역에서 카테린스카(Kateřinská) 거리로 가다가 왼쪽으로 첫 번째 골목, 역에서 도보로 10분. 시간 화~일 10:00~13:30, 14:00~17:00 / 공휴일은 오픈 시간이 상이하므로 홈페이지 참고. 휴무 매주 월요일, 12월 24~26일, 1월 1일 요금 성인 50kč, 학생 30kč 홈페이지 www.nm.cz

댕싱 빌딩 Tančící Dům (Dancing House)

1996년 타임이 선정한 최고의 디자인 작품

1994~1996년 건축가 프랑크게리(F.O.gehry)와 프라하 기술 대학의 블라디미르 밀루닉(V.Milunic) 교수가 공동 설계한 네덜란드 보험 회사의 건물이다. 미국의 전설적인 페어 댄서인 진저 로저스와 프레드 아스테어가 춤추는 모습을 표현했던 디자인으로 건물의 이름을 'Ginger and Fred'라 지었는데, 대부분의 프라하 사람들은 댕싱 빌딩이라고 부른다. 1996년 타임(Time)이 선정한 최고의 디자인 작품이기도 하다. 주변의 바로크, 고딕, 아르누보풍의 건물들 사이에 지어진 현대적인 아방가르드 건물임에도 불구하고 자연스럽게 조화를 이루는 모습이 댕싱 빌딩의 매력이기도 하다. 블타바강이 내려다보이는 스카이라운지에는 프라하에서도 손꼽히는 고급 레스토랑이 자리 잡고 있으며, 이곳에서 파노라마로 펼쳐지는 프라하의 풍경이 매우 아름답다.

주소 Rašínovo nábřeží 80, Nové Město, Praha 2 **위치** ❶ Metro B선 카를로보 나메스티(Karlovo náměstí) 역에서 지라스쿠브 다리(Jiráskův most) 방향으로 도보 5분. ❷ Bus 176번 지라스쿠브 모스트(Jiráskův most) 하차. ❸ Tram 5, 17번 지라스코보 나메스티(Jiráskovo náměstí)에서 하차.

안토닌 드보르자크 Antonín Dvořák

1841년 프라하 교외에 있는 넬라호제베스에서 태어난 드보르자크는 17살에 프라하 오르간 학교에서 2년간 수업을 받았다. 졸업 후에는 레스토랑과 호텔 등에서 비올라를 연주하다가 1862년 프라하 가설 극장(현재의 국립 극장)에서 비올라 연주를 시작했다. 1866년 가설 극장의 지휘자였던 스메타나의 영향을 받아 음악가로서 체코의 민족 문화를 일으키는 데 사명감을 갖게 되었다. 그 후 교회의 오르가니스트를 거쳐 오스트리아 정부의 장학금을 얻기 위해 작품을 제출하던 중 심사 위원의 눈에 띄어 작품을 출판하게 되었다. 이로써 많은 연주자들이 그의 실내악이나 관현악곡을 연주하게 되면서 유럽에 이름이 알려졌다. 1878년부터는 직접 작곡한 곡으로 지휘를 시작해 또 한 번 이름을 알리게 되었고, 1891년 프라하 음악원의 교수로 초빙된 후 영국 캠브리지 대학의 명예박사 학위를 받았다. 그 후 미국 뉴욕의 내셔널 음악원 원장을 지내고, 그 무렵 교향곡 9번 〈신세계로부터(From the New World)〉를 작곡했다. 1895년 프라하로 다시 돌아와 작곡과 교수직에 전념하며 프라하 음악원의 원장이 되고 오스트리아 상원 의원에 임명되는 등 음악가로서 최고의 영예를 누렸다. 1904년 심장병으로 세상을 떠났으며 그의 묘는 비셰흐라드에서 찾을 수 있다. 주요 작품으로는 교향곡 9번 〈신세계로부터〉, 현악 4중주 〈아메리카〉, 무곡 〈슬라브 무곡〉 등이 있다.

구시가지
Staré Město (Old Town)

프라하

프라하 관광의 중심

구시가지는 프라하에서 가장 오래된 지역으로 화약탑에서 구시가지 교탑까지 이어지는 지역이다. 첼레트나 거리부터 프라하성까지 이어지는 거리는 왕의 길이라고도 불린다. 구시가지 안으로는 트램과 지하철, 버스가 다니지 않으니 도보로 이동해야 한다. 도보로 10분이면 주위를 모두 돌아볼 수 있다. 프라하성, 카를교와 함께 프라하를 대표하는 천문 시계와 얀 후스 동상이 있는 구시가지 광장은 프라하 관광의 중심이기도 하다.

구시가지에서 놓치지 말아야 할 것!

❶ 매시마다 울리는 천문 시계
❷ 구시가지 광장이 내려다보이는 구시청사 탑 오르기
❸ 카를교에서 소원 빌기
❹ 구시가지 교탑 주변에서 보는 카를교와 프라하성의 야경

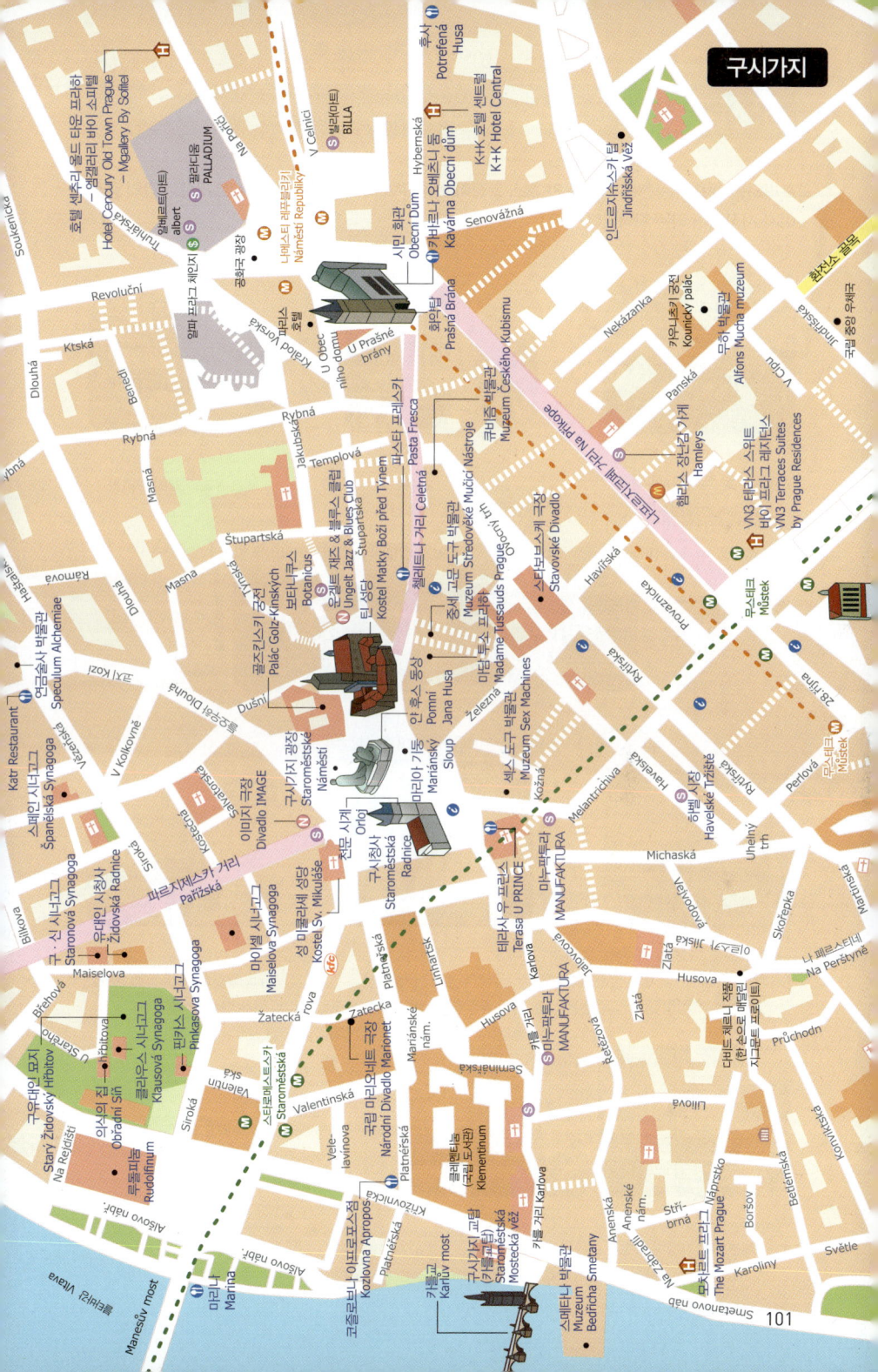

구시가지 추천 코스

프라하를 대표하는 천문 시계와 얀 후스 동상이 있는 구시가지 광장이 있으며, 프라하 관광의 중심이자 시작점이 되는 지역이다.

하벨 시장
기념품, 꽃, 과일, 채소 등을
판매하는 노천 시장

도보 1분

스타보브스케 극장
모차르트의 지휘 아래
〈돈 지오반니〉가 초연된 곳

도보 3분

큐비즘 박물관
체코 큐비즘의 최초 건물

도보 1분

중세 고문 도구 박물관·마담 투소 프라하
첼레트나 거리에 위치한 이색 박물관

도보 1분

구시가지 광장
다양한 건축물을 한곳에서 볼 수 있는
체코를 대표하는 곳

도보 1분

섹스 도구 박물관
과거의 성 기구들이
전시되어 있는 곳

도보 10분

스메타나 박물관
체코 출신 음악가 스메타나를
기념하기 위한 곳

도보 1분

구시가지 교탑·카를교
체코에서 가장 처음으로 만들어진 석조 다리와
카를교를 내려다볼 수 있는 교탑

구시가지 광장 Staroměstské Náměstí (Old Town Square)

다양한 건물 양식을 볼 수 있는 체코를 대표하는 광장

체코의 역사를 간직한 구시가지 광장은 1437년 종교 개혁자 얀 후스의 추종자들이 처형되었던 장소이자 30년 전쟁 때인 1621년 발트슈테인 장군에게 프로테스탄트였던 27명의 귀족들이 참수를 당했던 장소이다. 틴 성당과 마주하고 있는 천문 시계탑 아래 바닥엔 그때 당시 처형당한 귀족들의 머리가 놓여졌던 자리에 십자가 표시와 함께 적힌 1621년이라는 숫자가 그때의 슬픈 역사를 말하고 있다. 1948년에는 공산당의 수장이었던 고트발트가 8만 명이 모인 프라하 시민들에게 체코슬로바키아 민주 공화국의 몰락을 선언했다. 1968년 '프라하의 봄' 당시 소련군의 탱크가 이곳 구시가지 광장 안까지 들어왔으며, 1989년 '벨벳 혁명'이 선포된 곳도 바로 구시가지 광장이다. 광장을 둘러싸고 있는 건물들의 양식을 보면 로마네스크, 고딕, 르네상스, 바로크, 로코코, 아르누보 양식 등을 모두 찾아볼 수 있어 유럽의 건축 박물관이라고도 불린다. 구시가지 광장과 잘 어울리도록 관광객을 위한 마차도 항상 대기 중이다. 프라하에서 이벤트와 행사가 가장 많이 열리는 곳으로, 겨울에는 체코에서 가장 큰 크리스마스 시장이 열리고 대형 트리가 제작된다.

위치 ❶ Metro A선 스타로메스트스카(Staroměstská) 역에서 하차, 구시가지 광장에 있는 양파 모양 지붕의 성 미쿨라셰 성당이 보이는 방향으로 직진, 역에서 도보 5분. ❷ Metro B선 나메스티 레푸블리키(Náměstí Republiky) 역에서 하차한 후 화약탑을 지나 첼레트나(Cletná) 거리로 직진, 역에서 10분.

★ 구시가지 광장 주변의 노천카페

구시가지 광장 주변으로 펼쳐져 있는 노천카페는 구시가지 광장의 명소이기는 하지만 가격이 매우 비싼 편이다. 보통 레스토랑 가격의 3배 정도 차이가 난다. 금전적인 여유가 있다면 멋스러운 분위기에 젖어 추억을 남기는 데에 좋은 장소지만 주머니 사정을 걱정해야 하는 여행자들이 아무 생각 없이 앉았다가는 예상치 못한 지출이 생길 수 있음을 유념하자.

틴 성당 (틴 앞의 성모 마리아 성당) Kostel Matky Boží před Týnem (Church of Our Lady Before Týn)

아담과 이브라는 이름의 두 첨탑이 인상적인 성당

1365년에 건립되기 시작해 17세기까지 다양한 건축 양식을 거치면서 지금의 모습인 고딕 양식이 되었다. 하지만 황금빛으로 반짝이는 고딕 양식의 외관과는 다르게 성당 내부는 바로크 양식으로 되어 있어 분위기가 어두운 편이다. 프라하성의 성 비투스 대성당과 함께 프라하를 대표하는 틴 성당은 15~16세기까지 후스파의 본거지로 이용되기도 했다. 높이 80m의 두 개의 첨탑은 아담과 이브의 탑으로 외형상 똑같아 보이지만 자세히 보면 크기가 조금 다르다. 두 첨탑 사이엔 보헤미아 왕의 조각상과 후스파를 상징하는 금으로 만들어진 성배가 있었으나, 30년 전쟁 후 가톨릭이 정권을 잡으면서 왕의 조각상을 녹여 성모 마리아의 초상으로, 성배는 후광으로 제작했다. 성당 내부에는 루돌프 2세 밑에서 일했던 덴마크의 천문학자 티코브라헤(TychoBrahé)가 잠들어 있다. 현재 관광객들에게는 완전 개방은 하지 않으며, 미사 시간 전후로만 개방하고 있다.

주소 Celetná 5, Staroměstské náměstí, 110 00 Praha 1 전화 602 306 186 시간 화~토 10:00~13:00, 15:00~17:00, 일 10:30~12:00 / 미사 토요일 13:00, 일요일 11:30, 21:00 홈페이지 www.tyn.cz

★ 구시가지 광장에서 틴 성당 입구 찾기

프라하 구시가지에서도 가장 눈에 잘 띄는 틴 성당이지만 광장에서 성당의 입구를 찾기가 쉽지 않다. 성당 입구를 찾아 성당 주변을 돌고 또 도는 관광객들도 어렵지 않게 볼 수 있다. 그럼 과연 성당 입구는 어디에 있을까? 구시가지 광장에서 성당을 마주하고 서면 성당 앞 두 개의 건물에 노천카페와 레스토랑이 자리 잡고 있다. 그중 왼쪽에 있는 건물이 프라하 구시가지 광장에서 가장 오래된 건물인 틴 학교로, 물론 지금은 학교가 아닌 레스토랑과 상점이 자리하고 있다. 틴 학교 아래 있는 레스토랑을 자세히 둘러보면 레스토랑 사이로 아주 좁다란 길이 보이는데 그 길로 들어가면 성당 입구가 있다. 얼핏 레스토랑 입구 같아 보여서 놓치는 경우가 많다.

얀 후스 동상 Pomní Jana Husa

종교 개혁자 얀 후스의 기념비

구시가지 광장에서도 한눈에 들어오는 얀 후스 동상은 1915년 얀 후스의 사망 500주년을 추모하기 위해 만든 기념비이다. 15세기 종교 개혁자인 얀 후스는 가톨릭의 타락을 앞장서서 알리다 로마에서 화형당하고 그 뒤로 그의 추종자들 역시 처형되었다. 얀 후스 동상은 세계인들에게 프라하를 대표하는 상징물로 많이 알려져 있는데, 잠시 앉아서 편하게 쉴 수 있는 벤치가 동상 주변을 두르고 있어 하나의 보호막처럼 느껴진다.

얀 후스 Jana Husa

보헤미아 후시네츠에서 1369~1373년 사이에 태어났을 것이라 추측되고 있지만, 그가 성직 수임을 받은 해로부터 거슬러 올라가 보면 1372년에 태어난 것으로 추정되고 있다. 1348년 동유럽에 최초로 설립된 프라하 대학에서 1393년 학사에 해당하는 학위를 받고, 1396년 인문학 마스터 학위를 받음으로서 1400년에 교수가 되었으며 신부로도 활동하게 된다. 1402년 대학 총장이 되면서 교황과 교회 지도자들의 타락과 부패에 앞장서서 대항하며 개혁을 주장하다가 1411년 요한 23세에 의해서 교회에서 파문당했다. 종교 개혁자인 루터나 칼뱅보다 더 앞선 종교 개혁이었지만, 얀 후스는 이단자로 몰려 1415년 콘스탄츠 공의회에 의해서 화형당했다. 얀 후스가 화형당한 뒤 그의 정신을 따랐던 추종자들이 후스파를 결성하였지만 그들 역시 가톨릭에 의해 처형되었다.

마리아 기둥 Mariánský Sloup (Marian colum)

2020년 재건된 구시가지 광장의 옛 상징

1648년 스웨덴 제국의 습격으로부터 프라하를 지켜 준 신에게 감사하는 의미로 1650년 구시가지 광장에 세워진 마리아 기둥은 로마, 뮌헨, 빈에 이어 유럽에서 네 번째로 오래된 마리아 기둥이자 보헤미아 최초의 바로크 기둥이었다. 하지만 30년 전쟁에서 합스부르크 군주의 패배가 가까워지자 체코슬로바키아는 독립을 선언했고, 합스부르크와 가톨릭의 억압을 상징하는 것으로 여겨졌던 마리아 기둥은 1918년 파괴되었다. 그 후 광장에는 마리아 기둥이 있던 자리에 표식만 남아 있었다. 1990년 마리아

기둥 복원 민간 협회가 설립되어 기둥의 재건을 추진했으나 여러 번 거부되었고 2020년 1월 드디어 프라하 시의회에서 승인되었다. 2020년 8월 15일 기존의 성모 마리아 기둥을 재현하면서 최종 완공되었다.

구시청사 Staroměstská Radnice (Town Hall of Old)

구시가지 광장에서 가장 많은 관광객들이 모이는 곳

1338년 룩셈부르크의 왕이었던 얀이 시의회 설립에 동의한 후 건축되기 시작하여 여러 차례 확장 공사를 통해 지금의 복합 양식의 건물이 되었다. 검은 바탕 위에 흰색 모르타르를 칠해 흰색 칠을 벗겨내는 스그라피토 기법이 눈에 띄는 르네상스 양식의 건물부터 고딕 양식의 천문 시계탑으로 이어지는 구조가 색다른데, 밖에서 볼 땐 모두 다른 건물 같아 보이지만 안에서는 하나로 연결되어 있다.

1층에 여행 인포메이션과 화장실 등이 있으며, 예전에 입구로 쓰였던 입구 홀 안에는 프라하 건립 전설을 이야기하는 모자이크화가 화려하게 장식되어 있다. 2층에는 결혼식장으로 사용되는 예배당이 있고, 이 예배당은 프라하성 내의 성 비투스 성당을 건축했던 페터 파를러(Peter Parler)가 설계했다. 예배당 한쪽으로는 시계탑 내부를 관람할 수 있다. 3층에는 시계탑에 올라갈 수 있는 매표소와 함께 로켓이 발사되는 듯한 모양의 엘리베이터가 있고, 4층에는 그림을 감상할 수 있는 갤러리가 있다.

성 미쿨라셰 성당을 마주하고 있는 분홍색 건물의 한쪽 벽면에는 파괴된 흔적이 남아 있는데, 제2차 세계 대전 당시 독일 나치군에 의해 무너진 것을 다시 복구하지 않고, 아픈 역사의 흔적 그대로 남겨둔 것이다. 구시가지 광장 방향으로 탑의 바닥을 보면 모자이크로 남겨진 27개의 십자가와 함께 1621이란 숫자가 적혀 있는데, 그것은 종교 전쟁 중 1621년 발트슈테인 황제군에게 구시가지 광장에서 참수형을 당한 프로테스탄트 귀족들을 기리기 위함이다.

주소 Staroměstské náměstí 1/3, 110 00 Praha 1 **전화** 775 400 052 **시간** 탑 1~3월 (월) 11:00~20:00, (화~일) 10:00~20:00, 4~12월 (월) 11:00~21:00, (화~일) 09:00~21:00 ※ 종료 40분 전까지 입장 가능 / **시청사** 1~3월 (월) 11:00~19:00, (화~일) 10:00~19:00, 4~12월 (월) 11:00~19:00, (화~일) 09:00~19:00 ※ 종료 20분 전까지 입장 가능 **요금** 탑+시청사 성인 300kč, 학생 200kč, 가족 600kč ※ 오픈 1시간 동안은 입장료 50% 할인 / 탑 리프트 성인 100kč, 65세 이상 50kč, 5세 미만 어린이와 동반자 무료 **홈페이지** www.praguecitytourism.cz

천문 시계 Orloj (Astronomical Clock)

매 정시마다 관광객들에게 특별한 볼거리를 제공

구시청사 건물 중 가장 중요한 건축물인 천문 시계 앞에 매 정각 1분도 채 되지 않는 시간 동안의 시계 울림을 보기 위해 전 세계인이 모여 든다. 시계가 정각 (09:00~21:00)을 알리면 오른쪽에 매달린 해골이 줄을 잡아당기면서 반대편 손으로 잡고 있는 모래시계를 뒤집는 동시에 두 개의 문이 열린다. 각각 6명씩 12사도들이 줄줄이 지나가고 황금 닭이 한 번 울고 나면 시계의 울림이 끝난다. 천문 시계는 1490년 하누슈(Hanus)라는 이름의 거장 시계공에 의해 제작되었는데, 당시 시의회 의원들은 그 시계공이 다른 곳에서 똑같은 시계를 만들 것을 걱정하여 그의 눈을 멀게 했다고 한다. 그 뒤 시계공은 복수를 하기 위해 시계에 손을 집어넣어 시계를 멈추게 했다는 설이 전해진다. 그 이후로 시계는 여러 차례에 걸쳐 수리되었고, 지금은 전동 장치에 의해 움직이고 있다.

주소 Staromestské Náměstí 1/3, 110 00 Praha 1 **전화** 724 508 584 **홈페이지** www.pis.cz

★ 천문 시계를 바라볼 땐 가방을 꼭 붙잡고!

백화점이나 놀이공원에 가면 쉽게 볼 수 있는 이 움직이는 시계는 어쩌면 기대했던 것보다 허무하게 보일 수도 있다. 하지만 그런 천문 시계를 보기 위해 왜 그렇게 많은 사람들이 모여드는 것일까? 이 천문 시계가 약 500년 전에 만들어졌다는 것을 생각하면 정말 대단한 기술이다. 그렇기 때문에 하루에 13번 울리는 천문 시계를 보기 위해 매시간 전 세계 관광객들이 몰려들고 있는 것이다. 모든 이의 시선이 시계탑을 향하는 틈을 타 소매치기가 빈번하게 일어나는 곳이기도 하니, 시계를 보거나 사진을 찍을 때도 이곳에선 가방을 꼭 움켜잡고, 내 물건이 남의 물건이 되지 않도록 조심 또 조심해야 한다.

성 미쿨라셰(니콜라스) 성당 Kostel Sv. Mikuláše (Church of St. Nicholas)

옥색의 양파 모양 지붕을 하고 있는 바로크 양식의 성당

말로스트란스케 광장에 있는 성 미쿨라셰 성당과 이름이 같은 성당이 구시가지 광장에도 있다. 흰색 옷을 입고 옥색의 양파 모양 지붕을 한 바로크 양식의 성당이다. 12세기부터 있었고, 14세기에 틴 성당이 들어서기 전까지 구시가지를 대표하는 화합의 장소였다. 1735년 킬리안 이그나즈 디엔첸호퍼 (Kilián Ignác Dientzenhofer)의 설계로 지금의 모습으로 다시 태어났으며 곳곳엔 안토닌 브라운 (Antonína Brauna)의 바로크 양식의 조각 작품들로 장식되어 있다. 하지만 1781년 황제였던 요세프 2세(Josef II)가 활동을 제대로 하지 않는 수도원의 폐쇄를 명령하자 성당은 점차 황폐해되었다.

그러다가 제1차 세계 대전 당시 이곳은 프라하 주둔군의 부대로 쓰이게 되었다. 당시 주둔군의 대령이 예술가들을 차출하여 황폐해 가던 곳곳을 정비시켰는데, 그때 천장 돔엔 코스마스 다미안 아삼 (Kosmas Damián Asam)이 성 미쿨라셰(Sv.

Mikuláše)와 성 베네딕트(Sv.Benedikt)의 생애를 프레스코화로 그려 넣었다. 전쟁 이후에는 후스파 교회로 양도되어 지금도 후스파 교회로 사용되고 있으며 매일 밤 성당에선 오르간 연주회가 열린다.

주소 Staroměstské Náměstí, 110 01 Praha 1 전화 224 190 991 시간 월~토 10:00~16:00, 일 12:00~16:00 / 미사 수 12:00~12:30, 일 10:00~ 11:00 홈페이지 www.svmikulas.cz

성 미쿨라셰(니콜라스) Sv. Mikuláše(St. Nicholas)

어린이들의 수호 성인인 성 미쿨라셰는 270년 소아시아 지방(현재의 터키) 리키아의 파타라시에서 태어났으며 우리가 잘 알고 있는 산타클로스의 원래 이름이다. 후에 대주교가 되었던 미쿨라셰는 자신의 재산으로 불우한 이웃들을 몰래 도와가며 남에게 선행을 베풀고 어린아이들과도 친하게 지냈다는 점에서 지금의 산타클로스 이야기의 모티브가 되었다. 310년 성 미쿨라셰가 죽은 뒤 그가 죽은 날을 기념하고자 12월 6일 '성 미쿨라셰 데이'가 생겨나고, 그날은 그가 생전에 그랬던 것처럼 어린이들에게 선물을 주는 행사를 만들었다. 16세기에 신구 개혁으로 인해 '성 미쿨라셰 데이'는 유럽 지역에서 사라지지만 네덜란드에서는 이 날을 계속 유지했고, 그들이 미국으로 건너가면서 미국 전체로 이야기가 확산되어 '성 미쿨라셰'라는 이름이 '산타클로스'로 불려지게 되었다. 또한 기독교에서는 이날이 아기 예수 탄생일과 비슷했으면 좋겠다는 바람으로 12월 24일로 날짜를 바꾸었다고 한다. 그래서 현재 12월 24일 어린이에게 선물을 하는 날이 생겨나게 된 것이다. 12월 6일 체코는 법정 공휴일은 아니지만 '성 미쿨라셰 데이'라 하여 3명이서 짝을 이루어 성 미쿨라셰와 천사와 악마 복장을 하고 아이들에게 초콜릿을 나눠주는 행사를 하고 있다. 이 행사는 12월 5일 저녁부터 시작해서 6일까지 계속된다.

골즈킨스키 궁전 (국립 미술관) Palác Golz-Kinských (Goltz-Kinsky Palace)

체코의 로코코 양식을 대표하는 건물

1755년부터 1765년까지 약 10년간 골즈킨스키 백작의 궁전이었던 곳으로 체코의 로코코 양식을 대표하는 건물이다. 장밋빛의 예쁜 분홍색 외관이 구시가지 광장에서도 한눈에 시선을 사로잡는다. 1760~1765년 플란티스카 플라트제라(Františka Platzera)가 조각한 작품이 지붕 위에 올려졌고, 1948년 체코 공산주의의 지도자였던 클레멘트 고트발트(Klement Gottwald)가 이곳 발코니에서 체코의 공산당 통치를 국민들을 향해 선언하면서 공산화가 시작되었다. 현재는 전시가 열리지 않고 있다.

주소 Staroměstské náměstí 12, 110 00 Praha 1 **전화** 224 810 758 **홈페이지** www.ngprague.cz/palac-kinskych

섹스 도구 박물관 Muzeum Sex Machines (Sex Machines Museum)

과거의 성 기구들이 전시되어 있는 곳

이름에서도 알 수 있듯이 이곳은 섹스 도구만을 전시하는 박물관이다. 현재의 도구들보다 과거의 도구들이 더 많이 전시되어 있으며 사진이나 그림을 통해 도구의 사용 방법을 알려 준다. 전시물은 2층에서부터 볼 수 있으며, 1층 비디오 룸에선 코믹과 에로가 결합된 영상물이 상영된다.

주소 Melantrichova 18, Praha 1 **전화** 227 186 260 **위치** 구시가지 광장의 천문시계탑을 등지고 보이는 노천 레스토랑 사이의 작은 아치문을 지나자마자 보인다. 천문 시계탑에서 도보 1분. **시간** 10:00~23:00 **요금** 성인 300kč, 학생 200kč, 단체(10명 이상) 200kč **홈페이지** www.sexmachinesmuseum.com

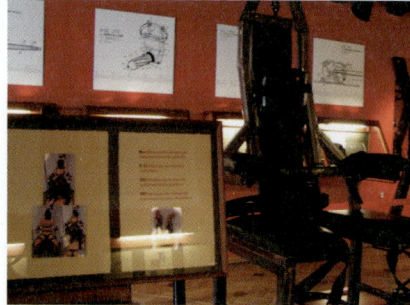

중세 고문 도구 박물관 Muzeum Středověké Mučicí Nástroje (Medieval Torture Instruments Museum)

중세 시대의 고문 기구들을 전시

화약탑에서 구시가지 광장으로 이어지는 첼레트나 거리에 위치한 중세 고문 도구 박물관이다. 중세 시대부터 사용된 고문 기구들과 고문하는 모습이 그려진 그림들이 전시되어 있다. 사람의 몸을 늘이고, 매달고, 철심이 가득 박힌 의자에 앉히는 등 정말 상상만 해도 잔인한 고문 도구들이 전시 중이다. 형벌에 따른 갖가지 고문 방법과 도구들이 이야기 또는 그림으로도 전시되어 있는데, 그 것을 보고 있으면 중세 시대에 태어나지 않은 것만으로도 감사할 따름이다.

주소 Celetná 12, Praha 1 전화 224 282 483 위치 구시가지 광장에서 화약탑 방향으로 도보 1분. 시간 10:00~ 20:00 요금 성인160kč, 학생 100kč 홈페이지 www.museumtortury.cz

★주의사항

잔인하고 끔찍한 고문 도구들이 어떻게 사용되는지 그림으로 설명이 되어 있다. 어린이, 노약자, 임산부는 웬만하면 들어가지 말자.

마담 투소 프라하 Madame Tussauds Prague

체코의 역사적 인물을 전시하고 있는 밀랍 인형 박물관

체코의 역사적인 인물과 유명인을 밀랍 인형으로 만들어 전시던 왁스 박물관이 2019년 '마담 투소 프라하'로 새롭게 재탄생했다. 중세 시대 체코의 유명 인물들, 역사적으로 중요한 학자와 예술인들, 인기 있는 스포츠 스타와 배우, 가수들까지 정교하게 만들어진 인형으로 만나볼 수 있다. 밀랍 인형 전시에서는 최고로 인정받는 마담 투소를 프라하에서 만날 수 있는 장소이다.

주소 Celetná 6, 110 00, Praha 1 전화 224 215 585 위치 구시가지 광장에서 화약탑으로 이어지는 첼레트나 거리 스와로브스키 맞은편. 시간 10:00~20:00 요금 성인 290kč, 학생·어린이 200kč, 가족 750kč 홈페이지 madametussaudsprague.cz

큐비즘 박물관 Muzeum Českého Kubismu (Museum Czech Cubism)

현대 양식을 대표하고 있는 체코 큐비즘의 최초 건물

화약탑을 지나면 첼레트나 거리의 시작이다. 구시가지 방면으로 왼쪽으로 첫 번째 길인 오보그니트르흐 거리와 만나는 곳에 위치해있는 '검은 성모 마리아의 집(Dum U Cerne Matky Bozi)'이 바로 큐비즘 박물관의 건물이다. 1912년 재건축을 하면서 옛 건물에 있던 검은 성모 마리아상이 그대로 건물 외관에 놓아지면서 큐비즘과는 전혀 어울리지 않는 '검은 성모 마리아의 집'이란 이름을 갖게 됐다. 외관에서부터 건물 밖의 가로등과 1층의 기념품 가게, 2층의 카페, 건물 내부의 모든 것이 입체적인 디자인으로, 체코 큐비즘의 최초 양식이자 현대 양식을 대표하고 있다. 3~5층이 국립 미술관 소속의 큐비즘 박물관으로, 입체에 관한 장식 예술, 회화, 조각 등이 전시되어 있다.

주소 Dům U Černé Matky, Ovocný trh 19, Praha 1 **전화** 224 211 746 **위치** ❶ Metro B선 나메스티 레푸블리키(Náměstí Republiky) 역에서 도보 5분. ❷ Tram 5, 8, 14번 나메스티 레푸블리키(Náměstí Republiky)에서 하차. ❸ 화약탑을 지나 구시가지 광장 방향으로 2분. **시간** 화 13:00~20:00, 수~일요일 10:00~18:00 **휴무** 매주 월요일, 12월 24~25일 **요금** 성인 150kč, 학생 80kč **홈페이지** www.czkubismus.cz/en

스타보브스케(에스타트) 극장 Stavovské Divadlo (Theatre of the Estates)

모차르트의 지휘 아래 오페라 〈돈 지오반니〉가 초연된 곳

프라하에서 가장 오래된 신고전주의 양식의 우아함을 뽐내고 있는 스타보브스케 극장은 1783년 프란티셰크 안토닌 노스티츠-리에네츠크(František Antonín Nostic-Rieneck) 백작에 의해 세워진 후 1787년 10월 29일 모차르트의 지휘 아래 오페라 〈돈 지오반니〉가 초연된 곳이다. 1834년 공연된 코미디 뮤지컬이었던 〈피들로바츠카〉에서 '나의 고향은 어디인가?'라는 곡은 1918년 체코의 국가로 지정되었다. 또한 1984년에는 밀로스 포먼 감독의 영화 〈아마데우스〉의 배경이 되기도 했다. 내부 관람은 투어 또는 공연 관람 시에만 가능하다. 투어 시간은 매월 다르고 그마저도 많지 않기 때문에 홈페이지를 통해 꼭 스케줄 확인 뒤 예약하는 걸 잊지 말자. 공연 프로그램도 홈페이지에서 확인할 수 있다.

주소 Ovocný trh 1, 110 00 Praha 1 **전화** 224 901 448 **위치** Metro A, B선 무스테크(Můstek) 역에서 하차 후 나프르지코페(Na Příkopě) 거리의 맥도날드 맞은편 골목을 지나면 막다른 지점에 보이는 녹색 건물, 역에서 도보 5분. **요금 투어**(영어) 성인 260kč, 학생 160kč **홈페이지** www.narodni-divadlo.cz

하벨 시장 Havelské Tržiště

즐거움이 있는 노천 시장

프라하의 구시가지와 신시가지를 잇는 곳에 위치한 하벨 시장은 기념품과 꽃, 과일, 채소 등이 가득해, 관광객이라면 누구나 한 번쯤 가 보고 싶어 하는 노천 시장이다. 하지만 일반적으로 우리가 생각하는 노천 시장과는 조금 차이가 있다. 말이 노천 시장일 뿐 온통 관광객들로 넘쳐나는 야외 선물 가게라고 보면 된다. 박수를 치면 '깔깔깔~' 소리를 내며 발버둥을 치는 마녀 인형은 하벨 시장의 명물이기도 하다. 아쉽게도 팬데믹을 거치면서 예전과 비교도 할 수 없을 만큼 쇠퇴한 모습이다. 프라하를 대표하던 노천 시장이었던 만큼 빠른 시간 안에 예전의 활기찬 모습을 되찾기를 많은 사람들이 바라고 있다.

위치 Metro A, B선 무스테크(Můstek) 역에서 바츨라프 광장을 등지고 이어지는 거리로, 구시가지 방향으로 가다 보면 하벨 시장이 나온다. 무스테크(Můstek) 역에서 도보 3분.

스메타나 박물관 Muzeum Bedřicha Smetany (Bedřich Smetana Museum)

체코 출신 음악가 스메타나를 기념하기 위한 곳

체코 출신 음악가인 스메나타를 기념하기 위한 곳이다. 박물관 앞 작은 광장에는 1984년에 세워진 스메타나 동상이 위엄 있게 앉아 있으며 박물관 입구에 들어서면 티켓 판매를 비롯해 스메타나와 관련된 CD 및 기념품을 함께 판매하고 있다. 이곳을 지나 2층으로 올라가면 스메타나 기념관이 있다. 생전에 스메타나가 연주했던 피아노와 직접 작곡했던 악보, 편지, 문서와 스메타나의 유품 등 스메타나의 역사가 잘 정리되어 있다. 지휘대에 올라가 지휘봉으로 앞에 놓여진 오케스트라 배열의 악보대를 누르면 스메타나의 음악을 선택해서 들을 수 있는 재미있는 음악 시설이 설치되어 있다.

주소 Novotného lávka 1, 110 00 Praha 1 **전화** 221 082 288 **위치** 구시가지 교탑을 등지고 오른쪽 건물을 통과하자마자 오른편으로 카를교와 프라하성을 바라볼 수 있는 강변 둑이 있다. 카페의 노천으로도 사용되고 있는 이곳에는 스메타나 동상이 있으며 동상 뒤에 스메타나 박물관으로 들어가는 입구가 있다. **시간** 10:00~17:00(공휴일은 오픈 시간이 상이하므로 홈페이지 참고) **휴무** 매주 화요일 **요금** 성인 50kč, 학생 30kč **홈페이지** www.nm.cz

베드르지흐 스메타나 | Bedřich Smetana

1824년 3월 2일 보헤미아의 리토미실에서 태어난 스메타나는 인본주의적인 가정 환경에서 자랐다. 아버지는 맥주 양조자이자 아마추어 바이올린 연주자이기도 했다. 그는 네 살부터 바이올린을 곧잘 연주했고, 집안에서 하는 하이든의 4중주곡 연주에서는 아버지를 대신하여 제2 바이올린의 파트를 맡기도 했으며, 여섯 살 때는 오베르의 〈포르티치의 벙어리 아가씨〉를 피아노용으로 편곡했다. 1835년 아버지가 맥주 양조장을 그만두고 블라니크 산기슭의 류즈코바 로티스에 정착하여 농장 경영을 시작하면서 스메타나는 중등 교육을 마친 후 1843년 피아노 공부를 하기 위해 프라하로 왔다. 아버지의 반대에도 불구하고 예술가가 되기로 마음먹은 스메타나는 레오폴드 툰(Leopold Thun) 백작가의 음악 교사가 되었고, 프라하의 유명 피아니스트였던 요세프 프로크슈(Josef Proksch)에게 재능을 인정받아 보수 없이 피아노와 작곡 이론을 배웠다.

그러면서 다른 백작가의 악장으로 일하게 되고 음악인들과의 교류도 활발해져 안정적인 생활을 꾸리면서 휴가를 이용해 여러 지방을 여행하면서부터 농민 음악에 흥미를 두었다. 당시 보헤미아(현재 체코슬로바키아)는 오스트리아의 통치하에 있었고, 이에 반항하여 혁명이 일어났지만 결국 실패하고 만다. 스메타나도 이 혁명에 참가하면서 애국적인 작품을 많이 작곡하였는데, 요주 인물로 지목되면서 1856년 5년간 스웨덴 에보리에 있으면서 작곡가, 지휘자, 피아니스트로 이름을 남겼고 1860년 오스트리아 정부의 탄압이 느슨해지자 프라하로 돌아와 민족 운동에 앞장서서 지휘자, 작곡가, 평론가로 활동하기 시작했다. 체코슬로바키아에서는 이에 따라 국민 문화 건설의 기운이 점차 높아져 프라하를 중심으로 민족 예술 부흥 운동이 시작되고 현재의 국립 극장의 전신인 가설 극장이 건립되었다. 그것을 기념하기 위해 만든 오페라인 〈팔려간 신부〉가 큰 성공을 거두면서 그는 세계적으로 알려지게 된다. 스메타나의 작품으로는 나라의 민족적 정서에서 소재를 얻은 〈팔려간 신부〉를 비롯하여 8개의 오페라와 교향시 〈나의 조국〉, 현악 4중주곡 〈나의 생활로부터〉와 그 밖에 많은 피아노곡과 성악곡을 남겼다. 말년에는 귓병으로 인해 귀머거리가 되었고, 설상가상으로 정신 착란증이 생겨 정신 병원에서 1884년 5월 12일 생을 마쳤다.

카를교 Karlův most (Charles Bridge)

구시가지

프라하의 유일한 보행자 전용 다리이자 체코에서 가장 처음 만들어진 석조 다리

구시가지와 말라스트라나를 이어주는, 체코에서는 가장 처음 만들어진 돌(석조)다리다. 블타바강 위에 세워진 다리 중 유일하게 보행자 전용 다리이면서 프라하성, 천문 시계와 함께 프라하를 대표하는 관광의 중심이다. 전체 길이는 약 520m, 폭은 약 10m이며 30개의 성상들이 좌우 난간에 각각 마주 보며 서 있다. 말라스트라나쪽과 구시가지쪽의 양 끝으로는 고딕 양식의 교탑이 각각 서 있다. 카를교 위의 성상들은 원본도 있지만 복제품도 마치 원본처럼 정교하게 만들어져 있으며 원본은 국립 박물관과 비셰흐라드 포대에 보관 중이다.

카를교 위에는 다양한 사람들이 모여드는데 초상화와 캐리커처를 그리는 화가들, 아기자기한 기념품을 파는 노점상, 거리의 음악가들이 발길을 멈추게 한다. 또한 얀 네포무츠키 성상 앞에서 소원을 빌면 소원이 이루어진다는 전설 때문에 얀 네포무츠키 성상 앞은 늘 소원을 비는 관광객들로 붐빈다.

위치 구시가지 광장에서 클레멘티눔(Klementinum, 국립 도서관) 방향으로 프라하성 가는 길, 구시가지 광장에서 도보 10분.

★카를교의 역사

블타바강에 처음 세워진 다리는 10세기경 나무로 만든 목조 다리였다. 하지만 12세기에 들어와 프라하에 대홍수가 나면서 블타바강의 물이 넘쳐 다리가 쓸려 나갔다. 12세기 중반에 만들어진 유디트교는 독일에 이어서 유럽에서 두 번째로 만들어진 돌다리였지만 200년 후인 1342년 겨울에 생긴 얼음 덩어리로 인해 다리가 무너졌다. 이후 1357년 카를 4세가 프라하성 내 성 비투스 대성당을 건축했던 건축가에게 이 다리의 건축을 맡겼고, 그는 겨울에 얼음으로 피해를 보지 않도록 다리 밑을 거대한 조각으로 받치고 달걀 노른자를 섞어서 돌과 돌 사이를 접착시키는 공법으로 매우 강하고 튼튼한 다리를 1407년에 완성하였다. 그 다리가 카를교이다.

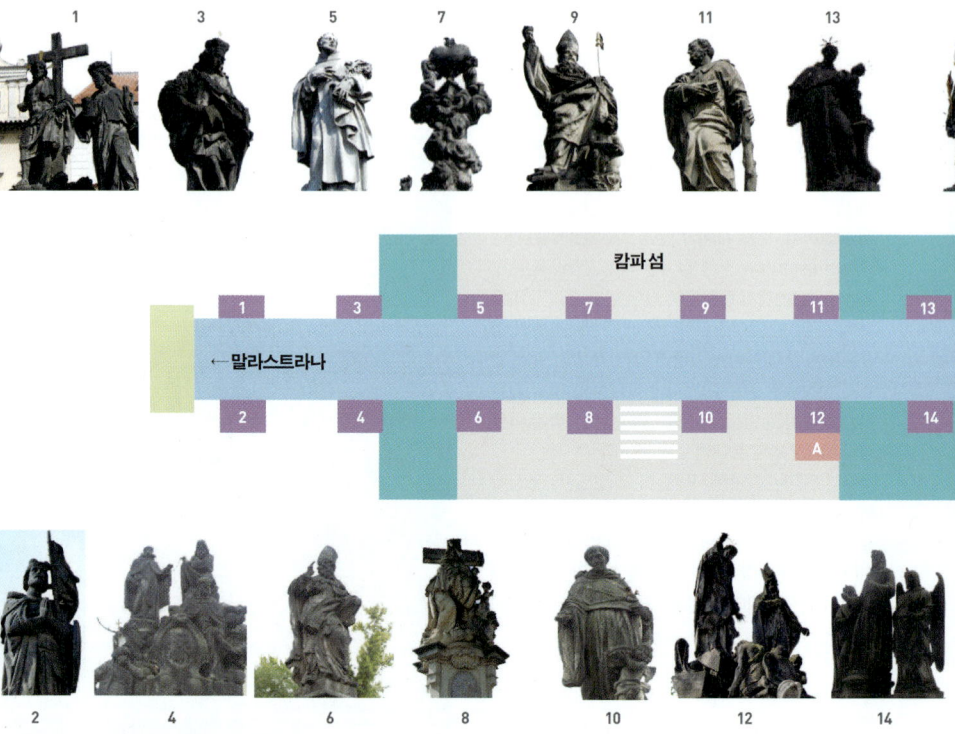

카를교 위의 석상

1 성 코스마스 Sv.Kosmas(=St.cosmos)와 성 다미안 Sv.Damián(=St.damian) (1709년)
2 성 바츨라프 Sv.Václav(=St.Wenceslas) (1857년)
3 성 비트 Sv.Vít(=St.Vitus) (1714년)
4 마트히의 성 얀(요한) Sv.Jana z Mathy(=St.John of Matha)과 발로이스의 성 펠리스, 성 이반 Sv.Felixe z Valois a Ivana(=Felix of Valois and Ivan) (1714년)
5 성 필립 베니치우스 Sv.Filip Benicius(=St.Philip Benizi) (1715년)
6 성 보이테흐 Sv.Vojtěch(=St.Adalbert) 복제품, 원본은 비셰흐라드 포대에서 보관 (1709년)
7 성 카예탄 Sv.Kajetán(=St.Cajetan) (1709년)
8 성 루이트가르다 Sv.Luitgarda(=St.Luitgarda)와 성 크리스트 Sv.Kristem(=St.Christ) (1710년)
9 성 아우구스틴 Sv.Augustin(=St.Augustine) 복제품, 원본은 비셰흐라드 포대에서 보관 (1708년)
10 토렌티나의 성 미쿨라셰 Sv.Mikuláš z Tolentina(=St.Nicholas of Tolentino) 복제품, 원본은 비셰흐라드 포대에서 보관 (1708년)
11 성 유다 타데아셰 Sv.Juda Tadeáš(=St.Jude Thaddeus) (1708년)
12 성 빈첸츠 페르라르스키 Sv.Vincenc Ferrarský(=St.Vincent Ferrer)와 성 프로코프 Sv.Prokop(=St.Prokop) (1712년)
  A. 브룬츠빅 Bruncvík 복제품, 원본은 국립 박물관에 보관 (1884년)
13 성 안토닌 파두안스키 Sv.Antonín Paduánský(=St.Anthony of Padua) (1707년)
14 성 프란티셰크 세라핀스키 Sv.František Serafínský(=St.Francis Seraph) (1855년)
15 성 얀 네포무츠키 Sv.Jan Nepomucký(=St.John of Nepomuk) (1683년)

16 성 루드밀라 Sv.Ludmila(=St.Ludmila) 복제품, 원본은 비셰흐라드 포대에서 보관

17 성 노르베르트 Sv.Norbert(=St.Norbert), 성 바츨라프 Sv.Václav(=St.Wenceslas), 성 지크문드 Sv.Zikmund(=St.Sigmund) (1853년)

18 성 프란티셰크 보르기아 Sv.František Borgia(=St.Francis Borgia) (1710년)

19 세례자 얀(요한) Sv.Jan Křtitel(=St.John the Baptist) (1857년)

20 성 크리슈토프 Sv.Kryštof(=St.Christopher) (1857년)

21 성 치릴 Sv.Cyril(=St.Cyril)과 성 메토데이 Sv.Metoděj(=St.Methodius) (1928~1938년)

22 성 프란티셰크 사베르츠키 Sv.František Xaverský(=St.Francis Xavier) (1711년)

23 성녀 안나 St.Anna(=St.Anne) 복제품, 원본은 비셰흐라드 포대에서 보관 (1707년)

24 성 요세프 Sv.Josef(=St.Joseph) (1854년)

25 예수 수난 십자가 - 칼바리에 Kalvárie(=Calvary) 히브리어로 "거룩, 거룩, 거룩한 주여"라는 메시지가 쓰여 있는 십자가상 (1861년)

26 피에타 Piety(=Piets') 복제품, 원본은 비셰흐라드 포대에서 보관 (1859년)

27 성 도미니크 Sv.Dominik(=St.Dominic), 판나 마리에 Panna Mare(=Virgin Mary), 성 토마쉬 아크빈스키 Sv.Tomáš Akvinský(=St.Tho,as Aquinas) 복제품, 원본은 비셰흐라드 포대에서 보관 (1708년)

28 성녀 바르보라 Sv.Barbora(=St.Barbara), 성녀 마르케타 Sv.Markéta(=St.Margaret), 성녀 알훼베타 Sv.Alžběta(=St.Elisabeth) (1707년)

29 성 베르나르드 Sv.Bernard(=St.Bernard) 복제품, 원본은 비셰흐라드 포대에서 보관 (1709년)

30 성 이보 Sv.Ivo(=St.Ivo) (1709년)

> **Tip** 카를교에서 소원을 빌어 보자!

카를교도 보았고, 성 얀 네포무츠키 성인의 이야기도 들었으니, 이제 우리도 소원을 빌어 보자.

❶ 소원을 빌 때 가장 처음 해야 할 일은 얀 네포무츠키 성인이 순교를 당했던 자리를 찾는 것이다. 카를교의 석상 17번과 19번 사이에 얀 네포무츠키 신부가 가슴에 십자가를 들고 머리 위로 별이 뜬 모습으로 누워 있는 부조물이 보일 것이다. 그 부조물 아래 바로 카를교 난간 위로 다섯개의 별이 십자가에서 반짝이는 걸 볼 수 있다. ❷ 왼손을 그 다섯 개의 별 위에 올려 놓고 오른쪽 다리 무릎 정도 되는 위치에 보면 동그란 버튼 같은 게 보이는데 그 위에 오른쪽 엄지손가락을 가져다 댄 후 오른발 위치의 바닥에 박혀 있는 동그란 버튼 위로 오른발을 올린다. 그

런 후 얀 네포무츠키 성인이 순교를 당한 블타바강을 바라보며 속으로 소원을 빌면 된다. ❸ 소원을 다 빌었으면 그대로 얀 네포무츠키 성상이 있는 곳으로 가야 한다. 소원을 다 빌 때까지 절대 말을 하면 안 되며 별을 만졌던 왼손은 아무것도 만지면 안 된다. 얀 네포무츠키 성상 앞까지 다 왔다면 성상을 바라보자. ❹ 성인의 동상 아래도 얀 네포무츠키 성인의 이야기를 담은 두 개의 동판이 있다. 사람들의 손이 타서 반짝이는 동판들 중 오른쪽 동판을 보면 카를교에서 순교를 당하는 얀 네포무츠키 신부의 모습을 찾을 수 있다(손가락만 하게 작은 모습). 얀 네포무츠키 신부의 별을 만졌던 왼손으로 동판을 만지면서 다시 한 번 소원을 빌자.

구시가지 교탑(카를교탑) Staroměstská Mostecká věž (Old Town Bridge Tower)

카를교를 한눈에 내려다볼 수 있는 교탑

1357년 카를 4세에 의해서 카를교와 함께 고딕 양식으로 세워졌다. 아치형의 문은 체코 왕의 승리를 상징적으로 의미하지만 옛날에는 격자무늬의 철문이 있어서 적의 침입을 막는 역할도 했으며 통행료를 받는 역할도 했다. 현재는 카를교를 내려다보고 프라하성을 바라보는 전망대로 오픈하고 있다.

주소 Karlův most, Staré Mesto, 110 00 praha 1 **전화** 224 220 569 **위치** 구시가지 광장에서 클레멘티눔(국립 박물관) 방향으로 프라하성 가는 길, 구시가지 광장에서 도보 15분. **시간** 1~3월, 10~11월 10:00~18:00 / 4~5월, 9월 10:00~19:00 / 6~8월 09:00~21:00 / 12월 10:00~20:00 **요금** 성인 190kč, 학생 130kč **홈페이지** www.pis.cz

① 성 비트 Sv. Vit (성 비투스 St. Vitus)
② 카를 4세 Kral IV (찰스 4세 Charles IV)
③ 바츨라프 4세 Václav IV (벤체슬라스 4세 wenceslas IV)
④ 성 보이테흐 Sv. Vojtěch (성 아달베르트 St. Adalbert)
⑤ 성 지크문트 Sv. Zikmund (성 시그문트 St. Sigmund)
⑥ 보헤미아의 문장들

설치 미술가 다비드 체르니 David Cerny

유럽에서도 손꼽히는 예술의 나라 중 하나인 체코는 음악, 미술, 건축, 문학 등 다양한 분야에서 손꼽히는 예술가들을 배출했다. 우리가 살면서 한 번은 들어봤을 체코를 대표하는 예술가들은 스메타나, 드보르자크, 무하, 카프카 등이 있지만 프라하에는 조금은 더 특별한 예술가가 존재한다. 아직도 전 세계를 무대로 왕성한 활동을 펼치고 있는 체코 출신 설치 미술가 겸 조각가 다비드 체르니(David Cerny)다. 다비드 체르니의 작품은 평범함은 찾을 수 없고 온갖 상상력을 동원하여 엉뚱하고 익살스럽다. 사회주의 속에 갇혀 지낼 수밖에 없던 체코인들에게 마치 '자유란 이런 것이다'를 보여 주듯, 프라하는 이 엉뚱한 악동 예술가에게 도시 전체를 그의 작품 전시실로 내어 주고 있다. 그중에서도 국립 박물관 앞 바츨라프 기마상을 본 따 말을 거꾸로 뒤집어 매달아 놓은 '거꾸로 매달려 있는 바츨라프 기마상'은 놓치지 말자. 이 작품은 자유주의로 바뀐 후 젊은이들의 달라진 모습을 보고 사회가 뒤집혔음을 풍자하고 있다.

다비드 체르니 작품 보기 www.davidcerny.cz

1. 바츨라프 광장 안 중앙 건물(Pasaz Rococo) 내부 – 거꾸로 매달린 바츨라프 기마상
2. 후소바(Husova) 거리 – 한 손으로 매달린 지그문트 프로이트(오스트리아 정신과 의사이자 철학자)
3. 캄파섬 캄파 박물관 옆 – 기어가는 아기들
4. 카프카 박물관 – 오줌 싸는 남자들
5. 나로드니 트르지다(Národní třída) 역 뒤편 – 카프카 얼굴
6. 타워 파크 프라하 – 기어가는 아기들

유대인 지구
Josefov

프라하

13세기 강제 이주된 유대인들이 모여 살던 곳

요세포프라고 불리는 프라하 유대인 지구는 프라하 구역의 하나로 레트나 공원과 구시가지 광장 사이에 자리 잡고 있다. 유대인들이 프라하에 자리를 잡기 시작한 것은 10세기부터였고, 13세기에 들어와 로마 제국이 유대인들을 모아서 유대인 거주 지역인 게토로 강제 이주시켰다. 바로 그때 강제 이주된 곳이 지금의 유대인 지구이다. 1850년 '유대인 도시'라는 뜻의 원래 이름인 '지도프 메스토(Židovské město)'에서 마리아 테레사의 아들이었던 '요세프 2세(Josef II)'의 이름을 따서 지금의 요세포프란 이름으로 바뀌게 되었다. 신성 로마 제국의 황제였던 요세프 2세에 의해 경계의 벽들이 허물어지게 된 것을 기념하려는 뜻이기도 하다.

위치 ❶ Metro A선 스타로메스트스카(Staroměstská) 역에서 하차, 도보 5분. ❷ 구시가지 광장에서 파르지제스카(Pařížská) 거리를 따라 5분, 유대교 회당(시너고그)이 몰려 있는 곳.

유대인 지구에서 놓치지 말아야 할 것!

❶ 파르지제스카 거리에서 명품 쇼핑
❷ 13세기 유대인들의 흔적 찾아보기
❸ 마리오네트 인형극 관람

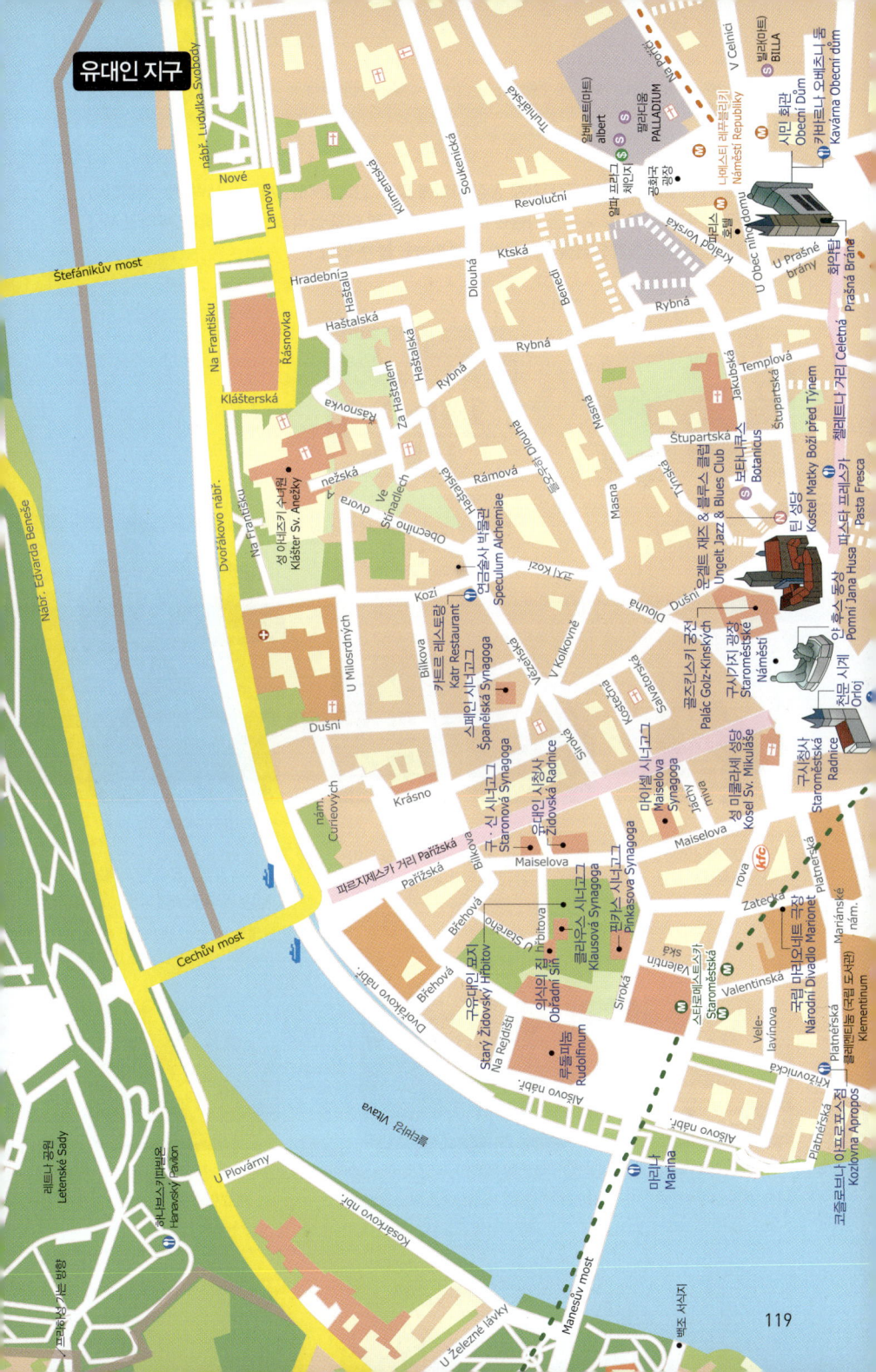

유대인 지구 추천 코스

유대인 지구는 레트나 공원과 구시가지 광장 사이에 있다. 간혹 유대인 지구는 생략하는 사람들이 있는데, 구시가지에서 도보로 이동 가능한 위치에 있으니 한 번쯤 들러 보는 것도 좋다. 유대인 지구에서는 6개의 시너고그와 연금술사 박물관, 루돌피눔을 볼 수 있다.

연금술사 박물관
연금술사들이
묘약을 만들던 곳

도보 1분

스페인 시너고그
건물 옆 카프카 동상에서 기념
촬영은 필수!

도보 4분

마이셀 시너고그
유대교 회당이자
금은 세공품 박물관

도보 3분

클라우스 시너고그 · 의식의 집
클라우스 시너고그를 둘러싼 높은 벽이
인상적인 곳

도보 1분

**유대인 시청사 ·
구 · 신 시너고그**
거꾸로 가는 시청사 탑 시계의
시간을 확인해 보자.

도보 2분

핀카스 시너고그 · 구유대인 묘지
강제 수용소에 수감되었다가 희생당한 이들을 기리는 슬픈 역사의 장소

도보 2분

루돌피눔
체코 민족주의의 상징

유대교 회당 synagoga (Synagogue)

프라하 유대인 지구의 살아 있는 흔적

유대인 지구에서 현재 남아 있는 시너고그는 유료 입장을 해야 하는데 원하는 곳만 따로 볼 수는 없다. 입장료는 패키지로 묶여 있어서 저렴한 편이 아닌 만큼 잘 선택한 후 티켓을 구매해야 한다. 다른 곳보다 이해하기 힘든 부분이 많으니 이곳에 가보고자 한다면 사전에 정보를 많이 찾아보는 것이 좋다.

시간 2023년 1월 1일~3월 24일, 10월 29일~12월 31일 09:00~16:30 / 3월 26일~10월 27일 09:00~18:00 / 12월 24일 09:00~14:00 / 2024년 1월 1일 11:00~16:30 휴무 매주 토요일과 유대교 휴일 요금 티켓1(마이셀 시너고그, 스페인 시너고그, 핀카스 시너고그, 구유대인 묘지, 클라우스 시너고그, 의식의 집) 성인 400kč, 학생 300kč / 티켓2(구·신 시너고그) 성인 220kč, 학생 150kč / 티켓3(티켓1+티켓2) 성인 550kč, 학생 400kč / 로버트 구트만 갤러리 전시가 있을 시 티켓1과 티켓3에는 전시 포함. 티켓2는 갤러리 요금 불포함. 티켓 판매처는 핀카스 시너고그와 클라우스 시너고그 앞에 있다. 홈페이지 www.jewishmuseum.cz

마이셀 시너고그(유대 박물관) Maiselova Synagoga (Maisel Synagogue)

마이셀 시너고그는 1590~1592년에 걸쳐 유대인 지구의 사제를 맡고 있던 모르데하이 마이셀(Mordechajem Maiselem)에 의해 지어졌다. 1689년의 대화재로 인해 소실되고 바로크 양식으로 재건되었지만 그 후 1893년부터 1905년에 걸쳐 네오고딕 양식으로 재건되었다. 내부는 르네상스 양식으로 본당과 2층의 여성용 갤러리 등이 남아 있다. 현재는 유대 박물관의 전시회장 및 금속, 은세공, 종교상의 직물 등의 보관 장소로 사용되고 있다.

주소 Narodni 2, Praha 1 전화 222 749 464 위치 Tram 6, 9, 18, 21, 22, 53, 57, 58, 59번 나로드니 디바들로(Národní divadlo)에서 하차.

핀카스 시너고그 Pinkasova Synagoga (Pinkas Synagogue)

1535년 '우·에르브'로 불리는 자택과 구유대인 공동묘지 사이에 지어졌으며, 구·신 시너고그에 이어서 두 번째로 오래된 유대교 회당이다. 이 건물은 테레진(Terezin) 강제 수용소에 수감되었다가 학살당한 모든 유대계 체코슬로바키아 시민을 위한 기념관으로 사용되고 있다. 당시 돌아오지 못한 77,297명의 이름이 교회당 벽에 새겨져 있다. 하지만 1968년 지하수로 인한 습기로 벽의 글씨가 지워져 폐쇄하고 방수 작업을 하던 중 우물의 일부와 의식용 목욕통이 발견되었다. 복원 작업이 끝난 것은 1990년 이후였고, 1992~1996년까지 4년에 걸쳐 77,297명의 이름을 다시 써넣고 일반인에게 공개했다. 핀카스 시너고그 2층에는 1942~1944년 강제 수용되었던 테레진에서 수용되었던 어린이들이 그린 그림이 전시되고 있다. 테레진 강제 수용소의 포로 중에는 1만 명이 넘는 15세 미만의 아이들이 있었고, 동쪽으로 보내진 8천 명 중 전쟁에서 살아남은 사람은 불과 242명이다.

주소 Narodni 2, Praha 1 전화 222 749 211 위치 Tram 6, 9, 18, 21, 22, 53, 57, 58, 59번 나로드니 디바들로(Národní divadlo)에서 하차.

스페인 시너고그 Španělská Synagoga (Spanish Synagogue)

스페인 시너고그는 프라하에서 가장 낡은 유대교 회당(기원의 집으로서도 사용되고 있던 구유대인 학교)이 있던 장소에 1868년 건축가 '이그나츠 울르만(Ignác Ullmann)'의 무어 양식(중동 지방의 건축과 실내 장식에 기초를 둔 양식)을 도입한 설계로 지어졌다. 스테인드글라스나 선명한 내장은 건축가 '안토닌 바움(Antonína Bauma)'과 '베드르지흐 뮌츠베르그(Bedřicha Münzbergera)'의 설계로 1893년에 완성되었다. 벽과 천장은 화려한 아라베스크 문양과 금장식이 되어 있고, 외관이 스페인의 알함브라 궁전과 닮았다고 해서 회당 이름이 스페인 시너고그라고 한다. 전쟁 중에는 나치가 체코의 유대인으로부터 몰수한 재산을 보관해 두는 장소로 사용됐다.

주소 Vězeňská 141/1, 110 01 Praha 1 전화 224 819 464

구유대인 묘지 Starý Židovský Hřbitov (Old Jewish Cemetery)

15세기 중반에 만들어져 1787년까지 유대인들이 매장되었던 묘지로, 구·신 시너고그와 함께 프라하 유대인 지구에 남아 있는 가장 중요한 기념물 중 하나이다. 유대인 지구의 벽이 무너지기 전까지 유대인들은 모두 이곳에 잠들 수밖에 없었기 때문에 묘지의 부지는 몇 번이나 확대되었다. 하지만 그 면적은 금세 다시 부족해져 흙을 겹쳐 쌓아 갔다. 지금 눈에 보이는 묘지 아래 몇 개의 매장된 층이 더 겹쳐 있다고 보면 된다. 가장 낡은 묘석은 1439년에 매장된 학자이며 시인이기도 한 '아비그도르 카라(Avigdor Kara)'의 묘석이다. 현재 묘석 1만 2천 개 가까이가 남아 있지만, 매장된 사망자 수는 이 숫자를 훨씬 더 웃돌고 있다. 입구는 핀카스 시너고그와 함께 사용되고 있다.

주소 Široká 3, 110 00 Praha 1

클라우스 시너고그 Klausová Synagoga (Klausen Synagogue)

구유대인 묘지 구석에 세워진 클라우스 시너고그는 원래 '쿠라우스트룸'이라고 하는 라틴어의 어원으로 '작은 건물'을 의미하는 독일어의 '쿠라우젠(Klausen)'에서 유래하고 있다. 1573년 이곳에 유대인 지구의 사제 모르데하이 마이셀(Mordechajem Maiselem)이 건설한 3채의 낮은 건물이 있었지만, 1689년 대화재 이후 새롭게 건축을 시작했다. 이후 1694년에 완성되어 19세기까지 계속 재건되면서 지금의 모습을 갖추게 되었다. 프라하의 장의 협회에서 사용하기도 했다. 유대 교회당의 본당에 공개된 〈유대의 관습과 전통(전편)〉이라고 하는 상설전은 유대 교회당과 유대교 축제의 의의를 설명하고, 유대 회당의 갤러리에서 열리는 상설전은 출산, 할례, 바르 미츠바(소년의 성인식) 축하, 결혼식, 이혼 등에 관련되는 습관과 유대인 가족의 일상생활을 소개하고 있다.

주소 U Starého hřbitova 1, 110 00 Praha 1 전화 221 711 511

의식의 집 Obřadní Síň (Ceremonial Hall)

구유대인 묘지의 장례 의식과 함께 시체를 두는 곳으로 사용되었으며, 1906~1908년에 로마네스크 양식을 모방해 지어졌다. 프라하 장의 협회에서 사용하던 의식의 집은 현재 전시회장으로 사용되고 있으며 게토에 있어서의 병과 의학, 죽음, 보헤미아 유대인 묘지, 프라하 유대인 묘지, 프라하 장의 협회의 활동 등을 소개하고 있다. 의식의 집 위치는 구유대인 묘지 출구를 등지고 왼쪽에 있는 건물이다.

구 · 신 시너고그 Staronová Synagoga (Old·New Synagogue)

13세기 중반에 초기 고딕 양식으로 지어진 유럽에서 가장 오래된 시너고그이다. 구 · 신 시너고그는 원래 '신' 또는 '대' 유대교 회당으로 불리고 있었지만 16세기에 프라하에 몇 개의 유대교 회당이 더 만들어졌기 때문에 앞에 '구'라는 접두어를 붙여 구 · 신 유대교 회당으로 불리게 됐다. 전체가 6개의 단락으로 지어진 아치형 천장의 격간과 각 격간에 걸치는 5개의 대들보가 중앙에 있으며 2개의 팔각형 기둥과 함께 훌륭한 아치형 천장을 이루고 있다. 1389년에 일어난 반유대인 폭동으로 살해된 유대인들의 혈흔을 남겨 두기 위해 예배당 내부는 건축되었을 당시 모습 그대로 보존 중이다. 현재도 프라하의 유대인들이 중심지로 삼고 예배를 드리는 유대 교회당 중 하나다.

주소 Červená 2, 110 00 Praha 1 홈페이지 www.synagogue.cz

유대인 시청사 Židovská Radnice (Jewish Town Hall)

시곗바늘이 반대로 돌아가는 시계가 있는 곳

1580년에 르네상스 양식으로 지은 건물이지만 개축을 거듭하면서 18세기에 들어와 로코코 양식으로 다시 지어진 건물이다. 유대인 지구에서 건물에 탑이 있는 경우는 매우 드문 일인데, 17세기에 스웨덴이 프라하를 침공했을 때 도와준 보답으로 왕의 허락하에 건물에 탑을 올릴 수 있게 됐다. 탑 주변에는 4개의 시계가 있는데, 그중 히브리어로 된 시계는 히브리어를 오른쪽에서 왼쪽으로 읽는 것처럼 시곗바늘도 반대로 돌아가고 있다. 이 건물은 유대인이 행정 업무를 수행했다는 것을 알려 주는 상징적인 곳이 되었고, 현재도 유대교의 화합과 사회적인 집회 장소로 이용된다.

주소 Maiselova 18, 110 00 Praha 1

연금술사 박물관 Speculum Alchemiae

프라하에서 발견된 연금술사의 연구실

19세기 유대인 지구 복구 당시 발견하지 못한 연금술 실험실이 2002년 프라하 대홍수 때 우연히 발견되었다. 당시 납을 금으로 바꾸기 위한 도구들과 미라가 된 악어가 천장에 매달려 있었는데, 연금술사는 이것을 '용'이라고 불렀다고 한다. 이 건물은 프라하에서 두 번째로 오래된 집이며, 당시 유럽 비즈니스 루트에 경유했던 장소로 상인들은 이곳에서 이국적인 상품과 정보를 끊임없이 교류했다. 이곳은 15세기에 연금술사가 만든 묘약을 판매한 최초의 약국이라는 기록이 남아 있고, 16세기 루돌프 2세 황제에 의해 연금술 실험실을 세우고 당시에 가장 유명하다는 연금술사들을 이곳에 초대했다. 집 아래에 있는 3개의 지하 통로는 프라하성, 구시가지 광장과 실험실을 연결하고 있다고 한다.

16세기 연금술사들이 기록한 비밀 연구법을 토대로 영원한 생명과 젊음을 보장하는 젊음의 묘약, 허

브 추출물로 만든 자연 비아그라인 사랑의 묘약, 기억력과 집중력에 좋은 기억의 묘약 등을 판매하고 있다. 이러한 묘약은 어떠한 화학 성분도 포함되지 않은 100% 순수 천연 제품으로 만들었으며, 구입도 가능하다.

주소 Haštalská 1, 110 00 Staré Město 전화 773 645 234 위치 구시가지 광장에서 도보 5분. 시간 10:00~18:00 (투어로만 가능하며 투어는 30분마다 진행) 요금 성인 200kč, 학생 150kč 홈페이지 www.alchemiae.cz

루돌피눔 Rudolfinum

체코의 네오 르네상스 양식의 대표 건축물

체코의 최대 금융사인 체코 저축 은행은 1873년 창립 50주년을 맞아 '예술가의 집(Dům Umělců)'을 짓기로 하고, 오스트리아와 체코에서 활동 중인 건축가 8명에게 디자인 공모를 하였다. 이때 독일 드레스덴의 오페라 하우스를 설계했던 유명 건축가인 '고트프리트 젬퍼(Gottfried Semper)'의 추천으로 프라하 공대 건축과 교수로 있던 '요세프 지트카(Josef Zítka)'와 '요세프 슐츠(Josefa Schulze)'의 설계 디자인이 선정되었다. 하나의 건물 안에 콘서트홀과 미술관이 함께 있는 설계안으로, 1876~1884년에 걸쳐 완공된 유럽 최초의 아트 센터이다. 루돌피눔은 1884년 개관 당시 오스트리아-헝가리의 지배 아래 있었기 때문에 합스부르크가의 루돌프 왕자(Princi Rudolfovi)의 이름을 그대로 따와 루돌피눔이란 이름을 갖게 되었다.

제1차 세계 대전 이후 아트 센터였던 루돌피눔은 1919~1939년 20년 동안 체코의 국회 의사당으로 개조되어 사용되다가 제2차 세계 대전이 끝난 후 국회 의사당이 증권 거래소로 이전하면서 다시 아트 센터로 돌아왔다. 국회 의사당으로 쓰였던 건물을 다시 콘서트홀로 복구하고 당시 분장실이었던 곳을 작은 콘서트홀로 만들면서 2개의 홀을 가지게 되었다. 메인 홀은 드보르자크 홀, 작은 홀은 체코의 바이올리니스트의 이름을 따 수크 홀이라 이름을 붙이게 됐다. 루돌피눔은 신시가지에 있는 국립 극장과 함께 체코의 네오 르네상스 양식의 대표 건축물로, 그 웅장함이 체코 민족주의의 상징이 되었으며 블타바 강변에서도 가장 인상적인 지표가 되었다. 현재는 체코 예술의 자존심인 체코 필하모닉이 상주해 있고, 드보르자크 홀은 매년 5월에 열리는 음악 축제 '프라하의 봄'에서 시민 회관의 스메타나 홀과 더불어 메인 연주 홀로 사용된다. 루돌피눔의 정면 파사드에는 체코, 오스트리아, 독일의 음악가와 미술가의 조각상들이 장식되어 있고, 콘서트홀 입구는 사자상이, 미술관 입구는 스핑크스상이 자리 잡고 있다.

주소 Alšovo nábřeží 12, Praha 1 **전화** 227 059 205 **위치** ❶ Metro A선 스타로메스트스카(Staroměstská) 역에서 루돌피눔(Rudolfinum) 방향, 역에서 도보 3분. ❷ Tram 17, 18, 53번 스타로메스트스카(Staroměstská)에서 하차. ❸ Bus 133번 스타로메스트스카 또는 장식 미술관 하차. **시간(티켓 오피스)** 월~금 10:00~18:00 (공연 시간 1시간 전에도 오픈) **홈페이지** www.rudolfinum.cz

말라스트라나 (소지구)
Malastrana (Little Quarter)

프라하

18세기 귀족들의 궁전이 많이 남아 있는 곳

구시가지에 이어서 두 번째로 역사가 오래된 말라스트라나 지역은 블타바강과 프라하성 사이에 자리 잡고 있다. 8세기에는 주로 시장이 서던 자리로 13세기에 들어와 고딕 양식의 건물들이 들어서는 도시 개발이 시작됐다. 16세기 말에는 대화재로 사라졌던 말라스트라나에 르네상스 양식의 건물이 지어지다가 18세기에 들어와서는 귀족들에 의해서 화려한 바로크 양식의 궁전들이 많이 생겨났다. 현재 그 건물들은 대부분 정부 부처와 각국의 대사관으로 사용되고 있다. 오래된 옛 건물도 많이 남아 있어, 소박하지만 아름다운 정취를 더한다.

말라스트라나에서 놓치지 말아야 할 것!

1. 평화를 갈구하는 마음으로 그려진 존 레논 벽
2. 프라하를 한눈에 내려다볼 수 있는 페트르진 전망대
3. 마네수브 다리 아래에서 백조 구경하기

말라스트라나 추천 코스

구시가지에서 프라하성까지 도보로 이동한다면 반드시 거치게 되는 곳. 화려한 유럽의 옛 모습을 보고 싶다면 시간을 내어 말라스트라나를 돌아보는 것을 추천한다.

네루도바 거리 · 말로스트란스케 광장 · 성 미쿨라셰 성당
성당을 배경으로 트램이 지나가는 풍경이 아름다운 거리

도보 5분

레덴부르 정원 입구에서 도보 1분
콜롭트라트 정원 입구에서 도보 2분
말라퓌르스텐베르 정원 입구에서 도보 10분

발트슈테인 정원
한 남자의 야심이 지은 정원

프라하성 아래 궁전 정원
이탈리아 르네상스 양식에 기초한 격조 있는 정원

도보 4분

도보 3분 도보 1분

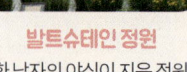  

카프카 박물관
카프카의 숨결이 느껴지는 곳

캄파섬
프라하의 베니스

존 레논 벽
평화를 향한 체코인들의 열망

도보 4분

트램 + 등산 열차 15분

페트르진 전망대 · 페트르진의 미로
프라하 시내를 한눈에 내려다볼 수 있는 곳

승리의 성모 마리아 성당
아기 예수상이 유명한 기도처

캄파섬 Kampa Island

프라하의 베니스로 불리는 작은 섬

프라하의 베니스라고 불리는 캄파섬은 카를교 아래 말라스트라나 지역에 붙어 있는 작은 섬이다. 악마라는 뜻을 지닌 체르토브카(Čertovka)란 이름의 수로가 캄파섬의 경계를 나타낸다. 캄파섬 내에는 호텔과 레스토랑이 있는 캄파 광장과 블타바강을 바라보며 휴식을 취할 수 있는 캄파 공원, 캄파섬의 역사를 알 수 있는 캄파 박물관 등이 있다.

위치 구시가지 교탑을 지나 카를교를 건너면서 말라스트라나 교탑을 지나기 전 왼쪽으로 처음 나오는 계단으로 내려가면 그곳이 캄파섬이다.

존 레논 벽 Zed' John Lennon (John Ono Lennon Wall)

평화를 갈구하는 마음으로 그려진 전 세계인의 낙서장

프라하 대수도원장 한쪽 벽면으로는 낙서와 그림들이 가득하게 그려진 곳이 있다. 1980년 '비틀즈'의 멤버였던 존 레논(John Lennon)이 암살당하던 때부터 자유와 평화를 열망하던 체코의 반공산주의자들이 자신들의 마음을 알아주는 듯한 비틀즈의 노래 가사와 하고 싶은 이야기를 그림과 낙서로 표현했던 것이 지금의 존 레논 벽이다. 1998년 새로 도색 작업을 했지만, 또다시 평화 구호와 더불어 세계인의 낙서장답게 온갖 언어로 된 낙서들로 가득해졌다. 지금은 평화를 갈구하는 마음보다는 관광객들이 하고 싶은 말을 글과 그림으로 표현하여 예전의 의미는 사라진 듯하다. 낙서 틈으로 존 레논의 흉상이 높은 곳에서 지켜보고 있으니 이를 찾아보는 것도 재미있다.

위치 ❶ 구시가지 교탑을 지나 카를교를 건넌다. 말로스트란스카 탑을 지나기 전 왼쪽에 처음 나오는 계단으로 내려가면 그곳이 캄파섬이다. 계단을 등지고 왼쪽에 보이는 건물을 시작으로 처음 나오는 골목과 두 번째 만나는 좁은 골목 중 하나로 들어가면 물레방아가 보이는데, 그 물레방아 앞에 작은 다리가 있다. 다리를 건너면 왼쪽은 프랑스 대사관이고, 오른쪽으로 프랑스 대사관과 마주하고 있는 곳이 존 레논 벽이다. ❷ 말라스트라나의 성 미쿨라셰 성당에서 카를교 방향으로 내려오다 왼쪽으로 보이는 라젠스카(Lázenská) 거리로 들어선다. 이후 갈림길이 나오는데, 왼쪽 길로 돌면 프랑스 대사관이 보이고, 그 정면으로 보이는 벽이 존 레논 벽이다.

Photo Spot

존 레논 벽은 온갖 색으로 낙서와 그림이 그려져 있기 때문에 벽을 배경으로 하고 인물 사진을 찍기에 좋은 곳이다.

승리의 성모 마리아 성당 (아기 예수 성당) Kostel Panny Marie Vítězné (Church of Our Lady Victorious)

밀랍으로 만들어진 프라하의 아기 예수상이 있는 곳

승리의 성모 마리아 성당이 세워지기 전 그 자리에는 트리니티 교회가 있었다. 루터파 소속이었던 트리니티 교회는 1613년 프라하에서 처음 바로크 양식으로 지어진 건물이었지만 백산 전쟁 후에 가톨릭에 인수된 후 재건되어 전투의 승리를 기념하는 승리의 성모 마리아 성당이 되었다.

성당 내부 오른쪽 대리석 제단에는 '프라하의 아기 예수' 밤비노 디 프라가(Bambino di Prague)라는 밀랍으로 만들어진 아기 예수상이 안치되어 있다. 이 아기 예수상 때문에 가톨릭에서는 기도처로 유명해졌다. 16세기 스페인에서 옮겨져 프라하에 정착하게 된 이 아기 예수상은 약 60cm 크기로 목조각에 밀랍이 씌워져 있다. 3살 아이의 모습이며 머리 위에는 아주 큰 보석으로 장식된 왕관이 씌워져 있고 대관식용 외투를 걸치고 있는데 이 외투는 일 년에 여러 차례 갈아입힌다고 한다. 왼손은 십자가가 달린 지구의를 들고 있고 오른손은 축복을 내리는 듯 위로 들고 있다. 아기 예수상이 세워진 제단을 지나 조금 더 안쪽으로 들어가면 아기 예수가 입는 옷들과 사진을 전시한 박물관이 있는데 이곳에 전시된 옷들은 개인이나 기관들로부터 기증받은 것들이다. 전시되고 있는 것 외에도 아기 예수가 갖고 있는 외투는 총 200여 벌이 넘는다고 한다.

주소 Karmelitská 385/9, 118 00 Praha 1 **전화** 257 533 646 **위치** ❶ Tram 12, 20, 22, 23번 승리의 성모 마리아 성당 앞 하차. 말로스트란스케 광장에서 안델(Anděl) 역 방향으로 한 정거장. ❷ 성 미쿨라셰 성당에서 안델(Anděl) 역 방향으로 도보 3분. **시간** 성당 월~토 08:30~19:00, 일 08:30~20:00 / 아기 예수 박물관 월~토 09:30~17:00, 일 13:00~18:00 **홈페이지** www.pragjesu.info

성 미쿨라셰(니콜라스) 성당 Kostel sv. Mikuláše (Church of St. Nicholas)

모차르트가 연주했던 오르간이 보관되어 있는 성당

프라하에서 가장 아름다운 바로크 양식의 건물로 손꼽히며 1787년 모차르트가 이곳에서 오르간 연주를 하였다. 1791년 모차르트가 생을 마감하고 3일 뒤에 이곳에서 가장 먼저 장례 미사가 진행되었다. 지금도 모차르트가 연주한 오르간이 성당 안에 보관되어 있다. 성 미쿨라셰 성당은 13세기 후반에 고딕 양식으로 지어졌다가 16세기의 대화재로 무너진 후 18세기가 되어서야 화려한 모습을 한 바로크 양식의 성당으로 재탄생되었다. 내부의 성당 입구 상단에는 1746년에 제작된 오르간이 있고 중앙 제단에는 성당의 이름에서 알 수 있듯이 성 미쿨라셰의 동상이 제단 가운데에 우뚝 세워져 있으며 거대한 천장의 돔에는 1753년~1754년 프란츠팔코(F.X.Palko)에 의해서 그려진 '성 삼위일체'가 바로크 예술의 진수를 보여 주고 있다. 중앙 홀 왼편엔 이곳 성당에서 가장 화려함을 자랑하는 1765년에 세워진 설교단이 있다. 설교단 근처에 2층으로 올라

가는 계단이 있고 계단을 오르면 모차르트가 연주했던 오르간과 바로 눈앞에서 펼쳐지는 성당의 천장 프레스코화를 가까운 높이에서 감상할 수 있다.

주소 Malostranské Náměstí, 118 00 Praha 1 전화 257 533 646 위치 ❶ Tram 12, 20, 22, 23번을 타고 말로스트란스케 광장(Malostranské Náměstí)에서 하차. ❷ 카를교에서 말라스트라나 교탑을 지나 직진하면 보이는 바로크 양식의 성당, 카를교에서 도보 5분. 시간 3~10월 09:00~17:00, 11~2월 09:00~16:00 휴무 12월 24일 요금 일반 100kč, 학생 60kč 홈페이지 www.stnicholas.cz

★사람얼굴 모양의 부조물

성 미쿨라셰 성당에서 성 삼위일체 기둥을 바라보고 왼편에 건물을 따라 앞쪽으로 보이는 주차장을 보면 독특한 부조물들이 보인다. 그 부조물들은 마치 사람의 얼굴을 하고 있는 듯한데 처음부터 끝까지 모두 다른 표정의 얼굴을 하고 있다. 이는 구시가지 광장에서 종교 전쟁 중 발트슈테인 황제군에게 참수형을 당한 프로테스탄트 귀족들을 기념하기 위한 기념비라고 한다. 가슴 아픈 역사를 담고 있는 부조물이라고 하겠다.

말로스트란스케 광장 Malostranské Náměstí (Little Quarter Square)

말라스트라나를 대표하는 광장

말로스트란스케 광장은 성 미쿨라셰 성당을 사이에 두고 둘로 나눠진 광장을 말한다. 성 미쿨라셰 성당 앞쪽엔 1715년 전염병이었던 페스트가 끝난 것을 기념하는 성 삼위일체 기둥이 세워졌고, 주변엔 왕족과 귀족들이 거주했던 궁전과 대사관들이 자리하고 있다. 반대편 광장엔 트램이 서는 정거장이 있고, 12월에는 작은 크리스마스 시장이 선다.

위치 ❶ Tram 12, 20, 22, 23번을 타고 말로스트란스케 광장(Malostranské Náměstí)에서 하차. ❷ 카를교에서 말라스트라나 교탑을 지나 직진하면 바로크 양식의 성 미쿨라셰 성당이 보인다. 카를교에서 도보 5분.

네루도바 거리 Nerudova

문패 대신 그림이나 조각으로 주소를 표시한 건물들이 보존된 거리

말로스트란스케 광장에서 프라하성으로 올라가는 거리가 네루도바 거리이다. 이 거리는 대사관과 기념품 가게, 레스토랑이 밀집되어 있는데, 카를교를 넘어 프라하성으로 가기 위해 많은 관광객이 찾는 곳 중 하나다.

네루도바 거리가 유명해진 것은 그림이나 조각으로 만든 문패 때문이다. 숫자로 주소를 쓰기 시작하기 전 18세기 초반까지 번지수를 구별하기 위해 건물마다 자신들의 문패를 그림 또는 조각으로 주소 대신 만들었는데, 그 문패들이 아직도 건물마다 잘 보존되어 있기 때문이다. 표시해 놓은 위치도 제각각인 이 문장들은 네루도바 거리뿐만 아니라 프라하 곳곳에 아직 많이 남아 있다. 하지만 네루도바 거리처럼 집중적으로 몰려 있지 않다. 네루도바 거리의 이름은 얀 네루다(두 개의 황금 태양집-47번지)라는 작가가 이 거리에 살았다는 이유로 그의 이름을 따서 네루도바 거리라고 불리게 되었다.

위치 말로스트란스케 광장에서 프라하성으로 올라가는 거리.

★ 프라하성으로 올라가는 계단길

대부분의 사람들은 말로스트란스케 광장에서 프라하성으로 네루도바 거리를 통해서 올라가지만 그 길 뒤편으로 프라하성으로 올라가는 또 다른 계단이 있다. 계단이 그리 짧은 것은 아니지만 한적한 분위기를 원한다면 이 길을 이용해 보자. 오르막이 싫다면 프라하성을 보고 내려올 때 이용하는 것도 좋겠다.

위치 프라하성으로 올라갈 때 말라스트라나 성 미쿨라셰 성당 앞 성 삼위일체 기둥 사거리에서 주차장을 등에 지고 앞에 보이는 성길인 자메츠카(Zámecká)로 들어서면 길이 끝나는 지점 오른쪽에 성으로 올라가는 계단이 있다. / **프라하성에서 내려올 때** 프라하성 남정원(Zahrada na Valech) 정문 바로 오른쪽으로 내려가는 계단이 있다.

★ 드라마 〈프라하의 연인〉 속 전도연의 집

말로스트란스케 광장에서 프라하성으로 올라가는 방향인 네루도바 거리 코너에 계단길이 보이는데 이 계단이 드라마 〈프라하의 연인〉에서 주인공 전도연이 살았던 집 앞 계단이다. 계단 중간쯤에 있는 하늘색 집이 전도연이 살았던 집이다.

카프카 박물관 Franz Kafka Muzeum (Franz Kafka Museum)

세계적인 작가 카프카의 원본 작품을 전시한 곳

카프카 박물관에서는 카프카의 필체가 남은 글과 낙서와 그림을 볼 수 있는데, 지금은 카프카를 표현하는 그림의 원본도 전시되어 있다. 독특한 음향이 박물관 전체에 울려 퍼지면서 괴기스럽게 느껴지기도 하는데, 이는 다른 박물관과 차별된 카프카 박물관의 특징이기도 하다. 그의 가족들의 모습과 그가 머물던 장소들까지 카프카 박물관에서 만나볼 수 있다.

주소 Cihelná 2b, 110 00 Praha 1 전화 257 535 507 위치 ❶ Metro A선 말로스트란스카(Malostranská) 역에서 내려 에스컬레이터를 타고 올라온 후, 왼쪽 출입구로 나와 역을 등지고 첫 번째 신호등에서 계속 직진하면 세 갈래 길이 나온다. 중간 길인 치헬나(Cihelná) 거리로 가다 보면 왼쪽으로 카프카 뮤지엄이 나온다. ❷ Tram 12, 18, 20, 22, 23, 57번을 타고 말로스트란스카(Malostranská) 역 앞에서 내려 역을 등지고 보이는 사거리에서 직진하면 세 갈래 길이 나오는데 중간 길인 치헬나(Cihelná) 거리로 가다 보면 왼쪽으로 카프카 뮤지엄이 나온다. ❸ 카를교를 건너서 말라스트라나 교탑을 지나기 바로 전 오른쪽에 길이 있는데 길을 따라 블타바 강변 쪽으로 올라가다 보면 치헬나(Cihelná) 길이 나오고 그 길로 계속 직진하다 보면 오른쪽으로 카프카 뮤지엄이 나온다. 시간 10:00~18:00 요금 성인 300kč, 학생 220kč 홈페이지 www.kafkamuseum.cz

★ 레스토랑으로 가는 신호등과 셰익스피어 서점

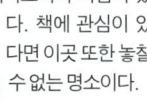

카프카 뮤지엄 앞 광장에서 블타바강 쪽으로 등지고 나오면 치헬나(Cihelná) 거리가 나온다. 거리 왼쪽으로 보면 독특한 신호등을 만나게 되는데, 바로 건물과 건물 사이의 비좁은 공간으로 내려가야 하는 레스토랑 입구다. 한 사람이 겨우 지나갈 공간에 나오는 사람과 들어가는 사람이 마주설 일이 없도록 신호등을 달아서 녹색불이 들어올 때 지나갈 수 있도록 한 곳이다. 레스토랑으로 들어가는 계단이지만 정식 입구는 안쪽에 또 있기 때문에 레스토랑에 가지 않더라도 신호등 체험을 해보는 것도 재미있다. 그 옆으로는 셰익스피어 서점이 있다. 책에 관심이 있다면 이곳 또한 놓칠 수 없는 명소이다.

프란츠 카프카 Franz Kafka

1883년 7월 3일 유대인 부모의 장남으로 프라하에서 태어났다. 장사를 했던 부모님 덕분에 부유하게 자랐던 카프카는 6세가 되던 해 독일어 학교에 입학해 독어에도 능통했고, 대학은 아버지의 뜻에 따라 프라하 법대에 입학했다. 독일 문학을 공부하던 중 지금의 카프카를 있게 해 준 친구 막스 브로트를 만난다. 20살이 되던 해부터 신문을 쓰기 시작하여 졸업 후 1908년 보험 회사에 취직한 뒤에도 글을 쓰면서 잡지와 책을 집필하였으나 1917년 결핵 진단을 받는다. 1922년 보험 회사에서 퇴직한 후 오스트리아 빈의 근교인 키얼링 요양소에서 요양 중 1924년 6월 3일 그의 나이 41세로 짧은 생을 마감했다. 그는 자신이 쓴 모든 작품을 없애줄 것을 유언으로 남겼지만 친구인 막스 브로트는 그가 남긴 작품을 출판하여 프란츠 카프카라는 이름을 체코뿐만 아니라 세계적으로 알렸다.

발트슈테인 정원 Valdštejnská Zahrada (Wallenstein Garden)

바로크 양식으로 지어진 궁전 내 프랑스식 정원

프라하성 밑으로 바로크 양식으로 지어진 궁전 내 정원이다. 3m나 되는 높은 벽으로 둘러싸인 이 정원은 1518년 보헤미아 귀족 가문에서 태어난 발트슈테인(Valdštejn) 장군의 궁전으로, 그는 당시 왕이었던 페르디난드 2세(Ferdinand II)의 측근이었다.

페르디난드 2세는 30년 종교 전쟁에서 프로테스탄트(M.루터, J.칼뱅 등의 종교 개혁의 결과로 로마 가톨릭에서 분리하여 성립된 그리스도교의 분파)를 없애기 위해 군대 총사령관으로 발트슈테인 장군을 내세우고 1621년 구시가지 광장에서 프로테스탄트였던 귀족들을 사형시켰는데, 이때 발트슈

테인은 더 나아가 왕의 자리까지 넘보게 되었다. 그 사실을 알아챈 왕은 1603년 발트슈테인 장군을 총사령관에서 직위를 박탈하였지만 다음 해인 1604년 다시 복권되었다. 이때 발트슈테인은 독자적으로 적들과 협상을 벌이고 많은 종교 개혁자들을 죽이면서 그들의 재산을 빼앗아 절대적인 부를 갖게 되었다. 그러면서 왕의 권위를 실추시키기 위해 성 아래에 부지를 사들이고 그곳에 23채에 해당하는 저택과 3개의 정원을 만들어 자신의 궁을 지었다. 하지만 결국 1634년 왕의 명령에 의해서 살해되고 말았다.

그의 삶은 독일 작가였던 실러의 3부작 희곡 〈발트슈테인〉으로 세상에 전해지기도 했다. 발트슈테인 정원은 프랑스식 정원으로 되어 있고 앞쪽 정원 살라테레나는 여름엔 연극이나 콘서트 등의 공연이 열리고 국가 행사 때도 사용되는데 후기 바로크 양식으로 지어졌다.

본관을 바라보고 왼쪽으로 포도처럼 주렁주렁 매달린 것처럼 보이는 종유석의 괴이한 벽은 찬물을 흘러내리게 해 여름철에 시원하게 해 주는 기능을 했는데 지금의 에어컨과 같다고 생각하면 된다. 벽을 찬찬히 살펴보면 숨은 동물의 모습이 보인다. 이 벽은 정원 외에 발트슈테인 궁전 내 방에도 있다.

주소 Valdštejnské Náměstí 4, Praha 1 전화 257 071 111 위치 ❶ Metro A선 말로스트란스카(Malostranská) 역에서 내려 에스컬레이터를 타고 올라와 왼쪽 출입구로 나가자마자 오른쪽으로 입구가 보인다. ❷ Tram 12, 18, 20, 22, 23, 57번을 타고 말로스트란스카(Malostranská)에서 내려 역 앞에서 역을 오른쪽에 두고 앞을 보면 입구가 보인다. ❸ 말로스트란스케 광장(트램 길)에서 토마셰스카(Tomášská) 거리를 지나면 발트슈테인 광장(Valdštejnské Náměstí)이 나온다. 온 길을 등지고 광장 오른쪽으로 발트슈테인 궁전으로 들어가는 입구가 보인다. 입구로 들어오면 작은 마당이 나오고 앞쪽으로 또 하나의 문이 있는데 그 문이 정원으로 들어가는 입구다. 시간 4~10월 (월~금) 07:00~19:00, (토~일) 09:00~19:00 휴무 11~3월

> **Tip 블타바강 백조 서식지**
>
> 말로스트란스카 역과 이어지는 마네수브 다리 아래 보트 선착장 주변으로 백조를 가까이서 만날 수 있는 서식지가 있다. 이곳에서 백조와 함께 블타바강과 카를교 그리고 구시가지 교탑이 어우러지는 모습은 프라하에서 놓치기 아쉬운 전경이다.

프라하성 아래 궁전 정원 Palácové Zahrady Pod Pražským Hradem (Palatial Gardens Below Prague Castle)

이탈리아 르네상스 모델에 기초한 테라스 형식의 숨겨진 정원

이곳은 프라하성 남쪽 정원 아래로 중세 때까지 가파른 비탈에 포도밭을 일구던 곳이다. 16세기에 접어들어 귀족들이 이곳에 궁전을 짓기 시작하면서 이탈리아 르네상스 모델에 기초한 격조 있는 테라스를 갖춘 정원으로 변모해 갔다. 18세기 바로크 양식의 분수와 동상이 다시 만들어지면서 여러 개였던 정원이 5개의 궁전 정원으로 서로 연결된 후 일반인들에게 공개되었다. 그 뒤 또 한 번 보수 공사를 하고, 입장료를 받기 시작했다.

주소 Valdštejnské Náměstí 3, 118 01 Praha 1 **전화** 257 010 401 **위치** 정원의 입구(매표소)는 레덴부르 정원(Ledenburská Zahrad), 콜롭트라트 정원(Kolowtratská Zahrad), 말라 팔피오브 정원(Mala Pálffyovská Zahrad) 등 총 세 군데에 있다.

다섯 개의 궁전 정원

1 레덴부르 궁전의 레덴부르 정원 Ledenburská Zahrad
2 팔피오브 궁전의 말라 팔피오브 정원 Mala Pálffyovská Zahrad 팔피오브의 작은 정원
3 팔피오브 궁전의 벨카 팔피오브 정원 Velká Pálffyovská Zahrad 팔피오브의 큰 정원
4 콜롭트라트 궁전의 콜롭트라트 정원 Kolowtratská Zahrad
5 퓌르스텐베르 궁전의 말라 퓌르스텐베르 정원 Mala Fürstenberská Zahrad 퓌르스텐베르 궁전의 작은 정원

❶ 레덴부르 정원(Ledenburská Zahrad) 입구: 말로스트란스케 광장(트램 길)에서 토마셰스카(Tomášská) 거리를 지나면 발트슈테인 광장(Valdštejnské Náměstí)이 나온다. 온 길을 뒤로하고 앞을 보면 레데부르 궁전(Ledenburský Palác) 입구가 보인다.

❷ 콜롭트라트 정원(Kolowtratská Zahrad) 입구: 메트로 A선 말로스트란카(Malostranská) 역에서 내려 에스컬레이터를 타고 올라와 오른쪽에 분수가 있는 정원을 통과하면 발트슈테인(Valdštejnská) 거리가 나온다. 거리를 따라 쭉 올라가면 폴란드 대사관이 나오고 대사관을 지나면 콜롭트라트 궁전(Kolowtratský Palác)을 지나자마자 오른쪽으로 문이 하나 있고 그 안으로 작은 정원이 있다. 정원 끝으로 가운데 계단이 보이는데 그 계단으로 올라가면 오른쪽으로 입구가 나온다.

❸ 말라 퓌르스텐베르 정원(Mala Fürstenberská Zahrad) 입구: 프라하성 남정원 후문 쪽에 있는 테라스에서 포도밭 사이로 보이는 전망대가 말라 퓌르스텐베르 정원(Mala Fürstenberská Zahrad)으로 들어가는 입구이다.

시간 4월, 10월 10:00~18:00 / 5~9월 10:00~19:00 **휴무** 11~3월 **요금** 성인 140kč, 학생 110kč **홈페이지** www.palacove-zahrady.cz

★ 비밀의 정원을 찾아서
이곳은 입장료가 있지만, 개인적으로 가장 추천하는 정원이다. 기존 정원의 양식과는 많이 다른 계단식 정원으로 네 가문의 정원이 하나의 정원으로 이어져 있기 때문에 색다른 재미를 준다. 정원 안으로 들어서기 전까지는 전혀 보이지 않는 곳이어서 직접 찾아 나서야만 볼 수 있는 비밀의 정원이다.

브르토보브스카 정원 Vrtbovská Zahrada

2019년 국제 정원 유산 협회에서 상을 받은 아름다운 역사 정원

18세기 초에 설립된 브르토보브스카 정원은 프랑스 스타일의 정원으로 희귀한 바로크 양식의 정원으로 알려졌으며 중요한 작품으로 간주되고 있다. 이탈리아와 프랑스의 바로크 양식이 체코의 바로크 양식을 만나 기존의 바로크 양식보다 독특하고 독창적인 방식으로 만들어졌다. 2019년 국제 정원상 심사에서 유럽에서 두 번째로 아름다운 정원으로 선정되기도 했다.

주소 Karmelitská 25, 118 00 Praha 1 전화 272 088 350 위치 레스토랑 우 말레호 그레나 바로 우측 건물 입구에 정원으로 들어가는 표시가 있다. 보통의 건물 입구처럼 보여서 지나치기 쉬우니 일단 우 말레호 그레나를 찾고 우측 건물 입구를 확인해 보자.

페트르진 전망대 Petřínská Rozhledna (Petřín Lookout Tower)

프라하 시내가 한눈에 들어오는 전망대

프라하 어느 곳에서나 보이는 페트르진 전망대는 1891년 국제 박람회 개최 기념으로 파리의 에펠탑을 모방해서 지은 탑이다. 총 높이는 약 60m이고 전망대에 오르면 프라하 시내가 한눈에 들어온다. 탑은 페트르진 언덕 제일 높은 곳에 세워졌으며 탑 아래로는 예쁜 정원과 페트르진 미로가 있다.

주소 Petřínské sady, 118 00 Praha 1 전화 257 315 212 위치 ❶ Tram 12, 20, 22, 23번 우예즈드(Újezd)에서 하차, 페트르진 언덕에서 탑까지 도보 이동 또는 등산 열차(Lanova draha)를 타고 언덕 위까지 이동할 수 있다. 등산 열차(Lanova draha)는 09:00~23:00까지 15~20분 간격으로 운행하며 10~15분 정도 소요된다. 첫 번째 정거장 네보지제크(Nebozizek)에서 내려 멋진 전망을 내려다보며 걸어 올라갈 수도 있고, 마지막 정거장인 두 번째 정거장까지 타고 가는 방법도 있다. / 프라하 교통 티켓 사용 가능, 티켓 사용 방법은 같다. ❷ 스트라호프 수도원에서 페트르진 탑이 보이는 방향 산책로를 따라 도보 20분. 시간 1~3월 10:00~18:00 / 4월, 5월 09:00~20:00 / 6~9월 09:00~21:00 / 10~12월 10:00~20:00 요금 성인 220kč, 학생 150kč, 리프트 150kč 홈페이지 www.pis.cz

페트르진의 미로 Bludiště na Petříně (Petřín Labyrinth)

말라스트라나

거울로 이루어진 신기한 미로의 방

1891년 국제 박람회 때 지어진 페트르진의 미로는 4개의 방으로 되어 있다. 거울로 이루어진 미로의 방과 '1648년 스웨덴군에 맞서 싸우는 카를교의 전투'라는 제목으로 프레스코화가 그려진 방, 왜곡된 모습으로 재미있는 내 자신이 비춰지는 거울의 방, 그리고 끝으로 어린이가 그린 프라하의 모습이 전시되어 있는 방이 있다. 크지는 않지만 아이로 되돌아간 듯 신기하고 즐거운 곳이다.

주소 Petřínské sady,118 00 Praha 1 **전화** 257 315 212 **위치** ❶ Tram 12, 20, 22, 23번 우에즈드(Újezd)에서 하차, 페트르진 언덕에서 탑까지 도보 이동 또는 등산 열차(Lanova draha)를 타고 언덕 위까지 이동할 수 있다. 페트르진 탑 아래 노란색 건물. ❷ 스트라호프 수도원에서 페트르진 탑이 보이는 방향으로 페트르진 탑 아래까지 오면 탑 아래에 있는 노란색 건물, 도보 20분. **시간** 10~3월 10:00~18:00, 4월 · 5월 · 9월 09:00~19:00, 6~8월 09:00~20:00 **요금** 성인 120kč, 학생 80kč **홈페이지** www.pis.cz

★페트르진 언덕의 사계절

사계절 늘 변함없는 모습을 보여 주는 일반적인 관광지와 달리 페트르진 언덕은 계절마다 새로운 모습을 보여 준다. 봄이 되면 언덕 위에 하얀 눈이 내린 듯 새하얀 체리 꽃으로 뒤덮이고, 여름이 되면 빨간 체리들로 붉은 물결을 이룬다. 가을이 되면 체리 나뭇잎에 단풍이 들고, 겨울이 되면 벌거벗은 언덕이 된다. 그래서 사계절 모두 색다른 모습으로 관광객을 맞이한다. 여유롭게 나무 그늘 밑에서 쉬었다 가도 좋은 곳이다.

프라하성과 흐라드차니

Pražský Hrad & Hradčanya

아름다운 프라하성과 성 비투스 대성당을 볼 수 있는 곳

유럽에서도 3대 야경을 자랑하는 곳이 바로 카를교에서 바라보는 프라하성과 흐라드차니 지구다. 아래로는 블타바강이 흐르고 말라스트라나 지구를 사이에 두고 나지막하게 올라선 언덕이 흐라드차니이고 그 위에 불뚝 솟아 있는 것이 프라하성과 성 비투스 대성당이다. 프라하성 밖 흐라드차니 지역엔 작은 궁전들과 로레타 성당, 스트라호프 수도원이 자리 잡고 있으며 이곳을 잇는 거리는 몇 번의 화재가 일어나 '불의 거리'라고도 불린다.

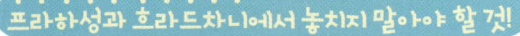

프라하성과 흐라드차니에서 놓치지 말아야 할 것!

❶ 성 비투스 성당 내 무하의 스테인드글라스
❷ 프라하성 정문에서 정오에 진행되는 근위 교대식
❸ 정시에 울리는 로레타 성당의 종소리

프라하성과 흐라드차니 추천 코스

아래로 블타바강이 흐르고, 흐라드차니 언덕 위로 불뚝 솟은 프라하성과 성 비투스 대성당이 보인다. 스트라호프 수도원에서는 프라하의 아름다운 전망을, 왕실 정원에서는 성 비투스 대성당의 웅장한 모습을 볼 수 있다.

도보 3분

스트라호프 수도원
방대한 양의 장서가 보관된
문학 박물관

도보 10분

로레타 성당
27개의 종이 매시간 아름다운
멜로디를 울리는 곳

왕실 정원(북정원)
프라하성 북쪽에 있는
영국식 정원

도보 5분

도보 2분

성벽 위의 정원(남정원)
프라하 시내를 내려다보며
휴식을 취하기에 가장 좋은 장소

도보 10분

프라하성
프라하를 대표하는 관광지

여름 궁전(벨베데르 궁전)
이탈리아 르네상스 양식의
아름다운 여름 궁전

프라하성 Pražský Hrad (Prague Castle)

현재 사용되는 성 중 세계에서 가장 큰 성이자 프라하를 대표하는 관광지

프라하성은 9세기 중반 이후 처음 건설되기 시작한 후 카를 4세 때인 14세기에 지금과 비슷한 길이 570m, 너비 128m의 모습을 갖추면서 시대에 따라 양식이 바뀌었다. 9~18세기까지는 초기 로마네스크 양식부터 고딕 양식, 르네상스 양식, 바로크 양식이 합해지면서 다양한 양식을 갖게 되어 지금의 모습이 되었다. 1918년부터는 대통령 관저로 사용되면서 현재까지 사용되는 성 중 세계에서 가장 큰 성으로 기네스북에 올랐다.

성의 정문인 서쪽 문에는 바로크 양식으로 만들어진 거인상들이 올려져 있는데, 이 거인상들은 그리스 신화에 나오는 <싸우는 거인들>이라는 작품으로 보는 이들의 시선을 압도한다. 현재 이 작품은 20세기에 복제된 복제품이다. 거인상 아래엔 프라하성에서 관광객에게 가장 인기가 많은 근위병이 서 있고 이 문을 통과하면 제1 광장이 나온다. 제1 광장에서 제2 광장으로 이어지는 문은 1614년 오스트리아 합스부르크가의 마티아스 황제(Matyášova)의 대관식을 기념하기 위해 만든 마티아스문이다. 이 문을 통과하면 제2 광장이 나오는데 이곳엔 왕궁 미술관과 프라하성 내부 관람을 위한 티켓을 판매하는 성 십자가 예배당이 관광 안내소로 사용되고 있다. 1686년에는 광장 중앙에 바로크 양식의 분수가 만들어졌다.

왕궁 미술관 옆으로 난 문은 왕실 정원인 북정원으로 이어지는 문이고 미술관을 바라보고 오른쪽으로 난 문이 제3 광장으로 이어지는 문이다. 제3 광장은 프라하성에서 가장 중요한 역사적 건물들이 남아 있는 곳으로 성 비투스 대성당과 현재 대통령이 집무하고 있는 대통령궁, 구왕궁, 오벨리스크가 자리하고 있다. 성 비투스 대성당과 구왕궁으로 통하는 통로 아래를 지나면 성 이르지 광장이 나타난다. 이곳을 지나면 성 이르지 성당, 성 이르지 수도원, 황금소로, 달리보르카 탑, 장난감 박물관 등이 있다. 프라하성은 체코를 대표하는 상징물이자 유럽에서도 가장 많은 관광객이 찾는 명소이다.

주소 Pražský hrad, 110 00 Praha 1 **전화** 224 371 111
위치 ❶ Metro A선 말로스트란스카(Malostranská) 역에서 내려 에스컬레이터를 타고 올라 오른쪽 출구로 나온다. 정원을 지나 첫 번째 신호등을 건넌 후 또 하나의 정원을 통과하면 왼쪽에 계단길(Staré Zámecké Schody)이 보인다. 계단길에 오르면 프라하성 후문인 동쪽 출입구가 있다. ❷ Tram 22, 23번을 타고 왕실 정원 앞인 프라하성(Pražský Hrad)에서 내리면 왕실 정원 앞을 지나 프라하성 북쪽 출입구가 나온다. ❸ 카를교를 지나 성 미쿨라셰 성당을 지나면 네루도바 거리가 나온다. 네루도바 거리에서 프라하성으로 진입하는 길로 올라서면 프라하성의 정문인 서쪽 출입구가 나온다. 가장 많은 관광객이 선택하는 길이기도 하다. ❹ 말라스트라나 성 미쿨라셰 성당 앞 성 삼위일체 기둥 사거리에서 주차장을 등지고 앞에 보이는 성길(Zámecká)로 들어서면 길이 끝나는 지점 오른쪽에 성으로 올라가는 계단이 있다. **시간** 내부 관람이 필요한 곳은 각각 장소에 따라 오픈 시간이 다르다. 하지만 성안 광장과 황금소로는 22:00까지 오픈한다.
홈페이지 www.hrad.cz / www.praha-hrad.cz / old.hrad.cz

요금 프라하성 티켓(티켓은 2일간 유효하다. 하지만 들어갔던 곳은 다시 들어갈 수 없다. 프라하성 내 보수 공사로 인해 입장할 수 있는 곳이 사정에 따라 달라질 수 있다.)
① 구왕궁+성 이르지 성당+황금소로+성 비투스 대성당 : 성인 250kč, 학생 125kč, 가족 500kč(성인 2명+16세 이하 2명)
② 프라하성 역사 전시관 : 성인 150kč, 학생 80kč, 가족 300kč(성인 2명+16세 이하 2명)
③ 성 비투스 대성당 남탑 : 성인 150kč, 학생 80kč, 가족 300kč(성인 2명+16세 이하 2명)
④ 포토 티켓 : 50kč ※ 프라하성 역사 전시관은 촬영 불가
⑤ 프라하 카드 사용 가능 : 성 비투스 대성당, 구왕궁, 성 이르지 성당, 성 이르지 수도원, 화약탑, 황금소로와 달리보르카 탑
⑥ 오디오 가이드(한국어 지원 가능) : 3시간 350kč, 보증금 500kč(1개당)

★근위 교대식

매시 정각이 되면 프라하성 정문에서 근위 교대식이 열린다. 하지만 12시 정오에 열리는 교대식이 가장 큰 규모로 진행되니, 교대식을 보려면 이 시간에 맞춰서 가는 것이 좋다. 제1 정원에서 올려다보이는 창가에서 한 명씩 서서 연주하는 관악대가 볼 만한데 이 모습을 보려면 성을 바라보고 오른쪽에 서 있는 근위병 바로 앞에 자리를 잡는 것이 제일 좋다. 연주하는 근위병들과 교대하는 근위병들을 모두 관람할 수 있는 자리다. 교대식이 열리기 전 미리 서둘러 자리를 잡자.

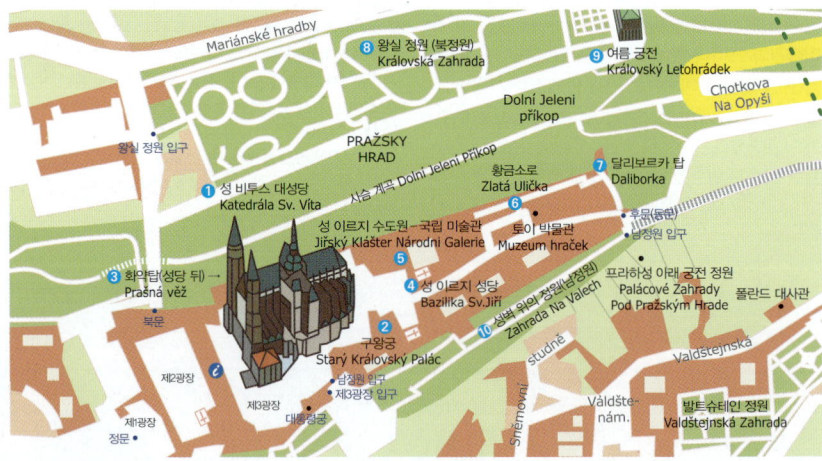

프라하성의 구조

1 성 비투스 대성당 Katedrála Sv. Víta
2 구왕궁 Starý Královský Palác
3 화약탑 Prašná věž
4 성 이르지 성당 Bazilika Sv.Jiří
5 성 이르지 수도원 – 국립 미술관 Jiřský Klášter Národni Galerie
6 황금소로 Zlatá Ulička
7 달리보르카 탑 Daliborka
8 왕실 정원(북정원) Královská Zahrada
9 여름 궁전 Královský Letohrádek
10 성벽 위의 정원(남정원) Zahrada Na Valech

성 비투스 대성당 Katedrála Sv. Víta (St. Vitus Cathedral)

프라하의 지표가 될 만큼 크고 아름다운 성당

1344년 카를 4세의 명령으로 프랑스 출신 건축가 마티아스(Matthias of Arras)가 설계하여 착공을 시작했다. 1352년 그가 공사를 마치지 못하고 죽자, 당시 23세였던 페터 파를러(Peter Parler)가 뒤를 이어서 감독을 맡았고, 페터 파를러의 뒤를 이어선 그의 아들이 작업을 맡았다. 후스 전쟁 때 잠시 작업이 중단되기도 했지만 성당을 짓는 작업은 계속되었고 마침내 16세기에 들어서 르네상스 양식의 성당이 모습을 나타냈다. 17세기에는 바로크 양식으로 증축되었고 19~20세기에 와서는 건축가와 미술가들에 의해서 신고딕 양식으로 프라하의 지표가 될 만큼 규모가 큰 성당으로 다시 태어났다. 길이 124m, 폭 60m, 높이 33m의 규모로 첨탑의 높이만 100m에 이른다.

성당 내부에는 바츨라프의 왕관과 보석이 보관되어 있고, 바츨라프의 무덤과 함께 지하에는 왕실 무덤이 있다. 성 비투스 대성당은 무엇보다도 스테인드글라스가 아름다운데, 제단을 바라보고 왼쪽으로 세 번째의 스테인드글라스는 아르누보 양식으로 그려진 알폰스 무하의 작품이다. 정문 위의 장미창은 천지창조를 묘사하고 있다. 성당 안에는 카를교에서 순교한 성 얀 네포무츠키의 묘가 있는데, 체코의 최대 은광 생산지인 쿠트나호라에서 가져온 약 3톤의 은으로 화려하게 장식되어 있다. 제단 오른쪽에 있는 화려한 보석으로 장식된 방은 바츨라프 예배당이다.

시간 4~10월 (월~토) 09:00~17:00, (일) 12:00~17:00 / 11~3월 (월~토) 09:00~16:00, (일) 12:00~16:00 **홈페이지** www.katedralasvatehovita.cz

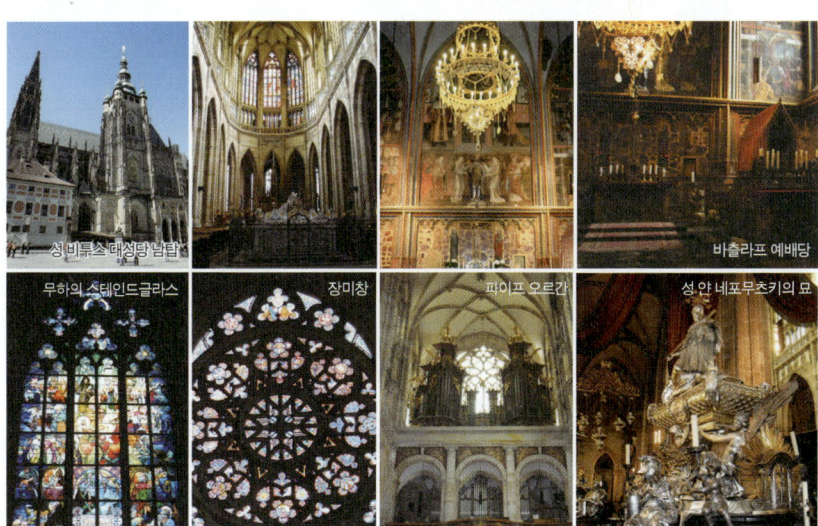

성 비투스 대성당 남탑 / 바츨라프 예배당 / 무하의 스테인드글라스 / 장미창 / 파이프 오르간 / 성 얀 네포무츠키의 묘

구왕궁 Starý Královský Palác (Old Royal Palace)

30년 종교 전쟁이 시작된 곳

1135년 소베슬라프 1세(Soběslav I) 때 로마네스크 양식으로 처음 지어진 후 16세기까지 왕궁으로 사용되었으며, 그 위에 고딕 양식과 르네상스 양식이 계속 증축되면서 여러 가지 양식이 혼합된 건물이 되었다. 합스부르크 통치 기간에는 정부 청사와 법정, 구보헤미아 의회가 있었다. 왕궁 안의 블라디슬라브 홀은 높이 13m, 폭 16m, 길이 62m에 달하는 크기로 중세 시대 유럽에 있는 성 중에서 가장 큰 홀이다. 대관식 무도회와 각종 연회가 열리고 기마상까지 들어와 경기를 하기도 했는데, 성에서 벌어지는 모든 축제와 행사는 대부분 이 홀에서 진행되었다. 보헤미아 대법관의 방과 말을 타고 들어올 수 있는 기사들의 통로, 의회당, 예배당 등 몇 군데의 방도 함께 개방 중이다.

구왕궁은 역사적으로도 잊을 수 없는 곳인데 1618년 5월 23일 30년 종교 전쟁의 계기가 된 '창문 투척 사건'이 이곳에서 발생하였다. 오스트리아 합스부르크가의 독실한 가톨릭 황제였던 페르디난드 황제가 보헤미아 왕위에 등극하려 하자 이에 반발한 개신교 귀족들이 왕궁으로 쳐들어와 페르디난드가 임명했던 보헤미아 귀족들을 창문 밖으로 내던졌다. 15m 아래로 던져진 귀족들은 다행히 건초 위에 떨어져 살아났지만, 이 사건이 일어난 후 1618~1648년까지 유럽에서도 가장 길고 잔인했던 30년 종교 전쟁이 일어났다. 가톨릭에선 이 사건에서 귀족들이 천사들의 도움으로 죽지 않고 목숨을 건질 수 있었다고 믿게 됐다. 구왕궁 내에 체코의 천년 역사를 보여 주는 프라하 역사 전시관도 자리하고 있으며, 역사 전시관은 티켓이 따로 필요하다.

시간 4~10월 09:00~17:00, 11~3월 09:00~16:00

화약탑 Prašná věž (Powder Tower)

연금술과 관련된 도구를 전시하고 있는 원형 탑

성 비투스 대성당을 마주하고 왼쪽에 서 있는 원형 탑이다. 이곳은 1496년 블라디슬라브 2세(Vladislav II) 때 베네딕트 리에드(Benedikt Ried)라는 건축가에 의해 지어진 대포 요새였다. 1541년 화재로 소실되었다가 성 비투스 대성당에 있는 18톤의 무게를 가진, 프라하에서 가장 큰 종 '지크문트 벨(Zvon Zikmund)'을 만든 토마스 야로스(Tomášem Jarošem)의 작업실로 쓰였다. 1576~1612년 루돌프 2세(Rudolfa II)가 통치하던 기간에는 연금술사들의 연구실로 사용되었고, 1649~1754년까지는 화약 창고로 쓰였다. 1960년에 들어와 박물관으로 사용되면서 토마스 야로스의 종을 만들었던 작업장을 비롯해 연금술과 관련된 도구를 전시하고 있는데, 현재는 관람이 중단되었다.

성 이르지(조지) 성당 Bazilika Sv.Jiří (Basilica of St.George)

로마네스크 양식이 보존된 유적

외관 전면은 바로크 양식의 파사드로 지어졌지만, 내부는 서기 920년에 만들어진 로마네스크 양식이 잘 보존되어 역사 깊은 유적이다. 블라디슬라브 1세(Vladislav I)의 무덤과 성 바츨라프(Sv.Václava)의 할머니인 성녀 루드밀라(Sv. Ludmily)의 예배당과 무덤, 성 얀 네포무츠키(Sv. Jana Nepomuckého)의 예배당이 있다.

시간 4~10월 09:00~17:00, 11~3월 09:00~16:00

성 이르지(조지) 수도원 Jiřský Klášter Národni Galerie

보헤미아 최초의 수도원

성 이르지 성당의 왼편으로 이어진 보헤미아 최초의 수도원으로 볼레슬라브 2세(Boleslava II)에 의해 973년에 세워졌다. 볼레슬라브 2세의 여동생이었던 밀라다(Milada)가 최초의 여자 대수녀원장을 맡았다. 그 뒤로 수 세기 동안 여러 번 개축된 뒤 보헤미아의 그림과 조각을 전시하는 국립 미술관으로 사용되었다가 현재는 미술관 문을 닫아 입장이 불가능하다.

달리보르카 탑 Daliborka (Daliborka Tower)

15세기에 지어진 요새 감옥

황금소로를 지나 막다른 곳에 있는 계단을 내려가면 해골을 등에 업고 엎드려 있는 사람의 조각이 있다. 마치 죽음을 등에 지고 있는 듯한 안타까움을 전해 주는 이 조각은 달리보르카 감옥의 시작을 알리는 역할을 한다. 달리보르크 탑은 원추형 지붕을 하고 있는 원형 탑으로 15세기에

지어진 요새의 일부분을 감옥으로 사용하였다. 그때 첫 수감자였던 달리보르(Dalibora)의 이름을 따서 달리보르카라 부르기 시작했다. 그는 성주의 학대를 피해 탈출한 농노를 피신시켜 준 죄로 사형 선고를 받고 1498년 이곳에 수감되었다. 이곳에 들어온 죄인들은 모두 굶겨 죽인 후 창문을 통해 던졌는데, 바이올린 연주를 잘 했던 달리보르가 바이올린 연주를 하면 그 소리가 너무 아름다워 듣고 있던 사람들이 줄을 통해 창문으로 먹을 것을 보내 주었다는 이야기가 있다. 이 이야기를 소재로 하여 스메타나는 오페라 〈달리보르〉를 작곡했다.

시간 4~10월 09:00~17:00, 11~3월 09:00~16:00

황금소로 Zlatá Ulička (Golden Lane)

프라하성에서 가장 아기자기함이 느껴지는 곳

프라하성 내 짧고 좁은 길에 인형의 집처럼 알록달록하고 작은 집들이 늘어서 있는 거리를 황금소로라고 부른다. 처음 이곳은 금박 장인들이 거주하던 판잣집들이 있었지만 16세기에 들어와 성을 지키는 포병의 숙소로 바뀌면서 성벽에 붙박이로 지어졌다. 17세기 루돌프 2세(Rudolfa II) 때 금을 만들려는 연금술사와 과학자들이 살았다고 해서 지금의 이름인 '황금소로'라는 이름을 갖게 됐다. 1950년까지 이곳엔 시민들이 살았지만, 그들이 모두 떠나고 난 뒤에는 과거의 모습을 복원하여 현재의 모습을 갖추었다. 지금은 집집마다 기념품을 파는 상점이 들어서 있고 집과 붙어 있는 성벽에는 갑옷과 무기 박물관이 들어서 있다.

20세기에는 많은 예술가들과 작가들이 이곳에 살았는데 대표적인 작가로는 노벨상 수상자였던 시인 '야로슬라브 사페르트(Jaroslav Seifert)'가 이곳에서 태어나기도 했으며, 전 세계인이 사랑하는 체코의 소설가 프란츠 카프카가 1916년 11월부터 1917년 5월까지 막내 여동생이 살고 있던 22번지에서 함께 살며 글을 썼다. 파란색으로 칠해진 벽에 'No.22'라고 쓰인 집이 황금소로에서 관광객들에게 가장 사랑받는 집이다.

시간 4~10월 09:00~17:00, 11~3월 09:00~16:00

★ 한적한 황금소로 찾아가기

황금소로는 프라하성 코스 티켓으로 입장권을 끊어야 들어갈 수 있는데, 프라하성의 다른 곳과 달리 상점들이 폐점 시간 후에도 문을 개방해 둔다. 상점 구경은 말고 그 길만 느껴보고 싶다면 폐점 이후에 찾아가 보자. 관광객이 다 지나간 후의 조용한 황금소로가 더 매력적으로 느껴질 것이다. (4~10월 17:00~, 11~3월 16:00~)

왕실 정원(북정원) Královská Zahrada (Royal Garden)

프라하성 북쪽에 있는 영국식 정원

이 정원은 합스부르크가의 페르디난드 1세(Ferdnad I) 때인 1535년에 만들어졌다. 프라하성과 북쪽의 여름 궁전인 벨베데르 궁전을 이어주는 정원으로 프라하성 북정원이라고 불리기도 한다. 왕실 취미 생활인 테니스와 승마 등의 주무대가 되었던 이곳에는 1569년 테니스 경기를 위해 지어진 구기장(Míčovna, 미코브나)이 있는데 르네상스 양식으로 회색 바탕 위에 흰색 모르타르를 칠해 흰색 칠을 벗겨 내는 스그라피토 기법을 이용했다. 1723년 구기장에서 마구간으로 개조한 뒤 지금은 승마 학교로 사용 중이다.

봄이 되면 이곳에는 수천 송이의 튤립이 피어나는데 페르디난드 1세 때 터키에 있던 대사가 선물한 튤립이 이곳에서 자라고 유럽에 적응하기 시작해 전 유럽에 튤립이 자리 잡게 된 시작점이 되었다. 튤립의 나라인 네덜란드의 튤립도 이곳에서 전해졌다.

프라하성 북쪽 문으로 나오면 사슴 계곡(Dolní Jelení Příkop) 위 다리를 건너자마자 오른쪽으로 보이는 왕실 정원으로 들어가는 문이 있다. 좀 더 앞쪽에도 중앙 입구가 있다.
시간 4~10월 09:00~17:00, 11~3월 09:00~16:00

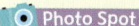 Photo Spot
왕실 정원에서 성 비투스 대성당 담기
프라하에서 가장 큰 성당인 성 비투스 대성당을 카메라 안에 모두 담고 싶다면 왕실 정원 안에서 찍어 보자. 정면은 아니지만 옆 모습을 프라하성 성벽과 함께 색다른 시선으로 느낄 수 있다. 왕실 정원의 잔디는 보호를 받고 있기 때문에 잔디 안으로는 들어갈 수 없다. 사진을 찍기 위해 들어가거나 잠시 앉아서 쉬려고 들어가면 어디선가 나타난 중무장한 군인에게 혼이 날 수도 있으니 조심하자.

여름 궁전 Královský Letohrádek (Royal Summer Palace)

이탈리아 르네상스 양식의 아름다운 여름 궁전
벨베데르 궁전(Belvedér)으로도 불리는 이 궁은 이탈리아 건축가 파올라 델라스텔라(Paola Della Stella)에 의해 1538년에 지어진 것으로 페르디난드 1세가 사랑하는 아내 안느(Annu)에게 선물한 이탈리아 르네상스 양식의 아름다운 여름 궁전이다. 배 모양을 뒤집어 놓은 듯한 지붕은 청록색을 띤 구리로 만들어졌으며 화려한 장식과 12개의 아치가 눈에 띈다. 1541년 대화재로 건축 작업이 잠시 중단되었다가 건축가 사후인 1564년 비로소 완공되었다.
현재는 미술관으로 사용되지만, 특별 전시가 있을 경우에만 오픈하고 있다. 17세기 중반인 1648년 스웨덴군의 침공으로 많은 예술품이 약탈당했는데 16세기에 만들어진 청동상 <머큐리와 프시케>는 파리 루브르 박물관에 소장되어 있다. 궁전 앞 정원

안에는 1568년 성 비투스 대성당의 종을 만들었던 토마스 야로스(Tomáš Jaroš)가 제작한 청동 분수가 있는데, 위에서 떨어지는 물줄기가 청동 그릇에 떨어지면서 아름다운 소리를 낸다고 하여 '노래하는 분수'로 불린다.

위치 왕실 정원 끝에 있다. 시간 궁전 특별 전시 기간 10:00~18:00 / 정원 4~10월 10:00~18:00, 11~3월 09:00~16:00 휴무 궁전 특별 전시 기간 중 월요일

★ 노래하는 분수에서 음악 듣기
노래하는 분수에서 음악을 들을 땐 최대한 몸을 숙인 후 청동 그릇 아래로 들어가 청동 그릇에 귀를 기울여 보자. 실로폰 소리처럼 아름다운 음악 소리를 더 정확히 들을 수 있다. 단, 물이 청동 그릇에 흘러넘치고 있을 땐 아쉽지만 소리를 들을 수 없다.

성벽 위의 정원 (남정원) Zahrada Na Valech (Garden on the Ramparts)

프라하 시내를 내려다보며 휴식을 취하기에 가장 좋은 장소

말라스트라나와 프라하 구시가지가 한눈에 들어오는 정원이다. 프라하성 아래에서부터 프라하성 성벽 위까지 그 사이를 잇는 2개의 작은 정원(라이 정원 Rjiská Zahrada, 하르팅오브 정원 Hartigovská Zahrada)과 19세기에 만들어진 1개의 큰 정원(성벽 위의 정원 Zahrada Na Valech)이 좁고 긴 형태로 연결되어 있다. 긴 정원에 길게 놓인 벤치가 인상적이며 정원에서 프라하 시내를 내려다볼 수 있는 2개의 테라스는 프라하성에서 잠시 쉬어 가기에 가장 좋은 장소이다.

위치 ❶ 프라하성 정문을 바라보고 벽이 끝나는 오른쪽 끝에 정원으로 들어가는 입구가 있다. ❷ 성 비투스 대성당이 있는 제3광장에서 구왕궁 방향으로 오른쪽에 남쪽 정원으로 내려가는 계단이 있다. ❸ 프라하성 후문을 바라보고 왼쪽으로 정원으로 들어가는 입구가 있다. 시간 3~4월 10:00~18:00 / 5~6월, 9월 10:00~19:00 / 7~8월 10:00~20:00 / 10월 10:00~16:00 / 11~2월 10:00~해질 때

로레타 성당 Loreta

27개의 종이 매시간 아름다운 멜로디를 울리는 곳

종교 개혁 이후 신교도와 구교도 간의 대립이 이어지자 구교도의 승리를 기원하며 만들어진 성당이다. 한 백작 부인이 자신의 드레스에 박힌 6,222개의 다이아몬드를 기증해서 만들어진, 세상에서 가장 아름다운 성체 안치기를 보관한 성물 전시실이 있으며 16~18세기의 예배 의식용 소품들이 함께 전시 중이다. 이탈리아 로레타의 산타 카사를 그대로 재현해 놓아 로레타 성당으로 불리기 시작했고, 성당 안 정원에는 성모 마리아의 일생을 부조로 장식한 산타 카사가 있으며 그 아래에는 후원자이면서 이곳의 설립자인 로브코비치(Lobkoviců) 가문의 무덤이 있다. 성당의 탑 안에는 27개의 종이 2.5 옥타브의 서로 다른 소리를 내면서 매시 정각마다 아름다운 연주를 한다. 1,400kg에 달하는 무게를 자랑하는 이 종은 다른 종들과는 다르게 울려 퍼지는 소리 없이 깔끔하고

단아하게 연주되는 것이 특징이다.

주소 Loretánské Náměstí 100/7, 118 00 Praha 1 전화 220 516 740 위치 프라하성 정문을 등지고 큰길을 따라 직진하면 오른쪽으로 로레타 광장과 성당이 보인다. 프라하성에서 도보 5분. 시간 10:00~17:00 휴무 매주 월요일 요금 성인 210kč, 학생 130kč 홈페이지 www.loreta.cz

스트라호프 수도원 Strahovský Klášter (Strahov Monastery)

방대한 양의 장서가 보관된 문학 박물관

1140년 블라디슬라브 2세(Vladislav II) 때 세워진 스트라호프 수도원은 1258년 화재로 소실되었다가 17~18세기 지금의 모습으로 재건되어 초기 고딕 양식과 바로크 양식이 혼합된 모습을 하고 있다. 1783년에는 수도원 해체 명령이 내려지자 그것을 피하고자 학자들의 연구 기관으로 지정되어 그 후에도 수도승들의 보금자리로 지켜갈 수 있었다. 하지만 1951년 사회주의 정권으로 바뀌면서 1953년 국립 문학 박물관으로 다시 문을 열었다. 약 30년 후 사회주의 정권이 물러나자 수도원은 원래의 모습을 되찾을 수 있었다. 현재는 수도원과 문학 박물관(도서관, 미술관)으로 사용되고 있다. 수도원 내부에는 바로크 양식이 가미된 성모 마리아 성당이 있는데 아쉽게도 미사 시간 이외에는 출입할 수 없다. 도서관은 총 14만 권에 달하는 장서가 종류에 따라 '철학의 방'과 '신학의 방'으로 구분되어 있으며, 철학의 방 천장의 〈진실을 알기 위한 인간의 투쟁〉이라는 프레스코화가 유명하다. 영화 〈아마데우스〉의 배경이 되었으며, 성모 마리아 성당 안에 있는 바로크풍의 오르간은 모차르트가 직접 연주했던 것이다.

주소 Strahovské nádvori 1/132, Praha 1 **위치** ❶ Tram 22번 포호르젤레츠(Pohořelec)에서 내려서 도보 1분. ❷ 프라하성을 등지고 큰길을 따라 직진하다 보면 로레타 성당이 나오고 계속 직진하면 왼쪽으로 스트라호프 수도원으로 올라가는 계단이 나온다. 계단을 찾기 어려우면 미니어처 박물관을 찾으면 된다. 프라하성에서 도보 10분. **시간** 도서관 09:00~12:00, 12:30~17:00 / 미술관 09:00~12:00, 12:30~17:00 **휴무** 매주 월요일 **요금** 도서관 성인 150kč, 학생 80kč / 미술관 성인 190kč, 학생 90kč **홈페이지** www.strahovskyklaster.cz

★ 프라하 시내 전망하기

스트라호프 수도원을 바라보고 왼쪽을 보면 프라하 시내가 한눈에 들어오는 멋진 포토 포인트가 있으니 놓치지 말자. 페트르진 전망대로 갈 예정이라면 이 길을 통해서 페트르진 전망대로 올라가면 된다.

비셰흐라드
Vyšehrad

프라하

프라하를 내려다보며 산책을 즐길 수 있는 민족 문화 공원

'고지대의 성'이라는 뜻을 담은 비셰흐라드는 벽돌로 쌓은 성벽으로 둘러싸인 언덕 위에 위치하고 있어, 성벽을 따라 블타바강과 프라하성, 성벽 아래의 마을까지 내려다볼 수 있는 전망대 겸 민족 문화 공원이다. 비셰흐라드는 1140년까지 왕궁과 요새로 쓰였으나 프라하성이 위치한 흐라드차니로 그 거처가 옮겨지면서 폐허가 되었다. 그 후 카를 4세 때 다시 왕궁으로 재건하였지만 1419~1434년 후스 전쟁으로 또다시 폐허가 되었다. 보헤미아의 초기 교회당이 세워진 곳이었지만 지금은 위치조차 파악할 수 없고 성 페트르(베드로)와 성 파블(바울) 성당과 몇몇의 유물만 발견되었을 뿐이다. 성 페트르(베드로)와 성 파블(바울) 성당과 성당 옆 체코를 빛낸 예술가들이 잠들어 있는 공동묘지, 카를 교 위 석상의 원본을 보관하고 있는 포대는 비셰흐라드에서 놓쳐서는 안 될 여행 코스이다.

위치 Metro C선 비셰흐라드(Vyšehrad) 역에서 하차. **홈페이지** www.praha-vysehrad.cz

비셰흐라드에서 놓치지 말아야 할 것!

1. 성 페트르와 성 파블 성당 내부의 프레스코화
2. 국립 명예 묘지 내 무하, 드보르자크, 스메타나의 묘지
3. 성벽을 따라서 산책하기

비셰흐라드 추천 코스

성벽을 따라 블타바강과 프라하성, 성벽 아래 마을까지 내려다볼 수 있는 공원이다. 로툰다에서 명예 묘지로 이동할 때는 조금 돌아가더라도 성벽 산책로를 따라 이동해 보자. 비셰흐라드 포대 입구인 벽돌문을 통과해 길을 따라 내려가면 체코 큐비즘을 대표하는 건물과 블타바강, 트램 정류장이 나온다.

성 마르틴 교회의 로툰다
프라하에서 가장 오래된 로마네스크 양식의 건물

도보 5분

성 페트르와 성 파블 성당 · 비셰흐라드 국립 명예 묘지
비셰흐라드의 대표적 지표가 되는 성당

(체코큐비즘)
빌라 코바조비초바
360도가 모두 다른 큐비즘 건축물

도보 6분

(체코큐비즘)
아파트 호데크
크리스탈 구조가 특징인 큐비즘 아파트

도보 5분

비셰흐라드 포대
카를교에 세워져 있는 성상의 원본이 보관되어 있는 곳

도보 5분

도보 3분

(체코큐비즘)
3층 트로이둠
기하학적인 선이 인상적인 건물

성 페트르(베드로)와 성 파블(바울) 성당 Kostel Sv.Petra a Pavla (Church of St.Peter and Paul)

비셰흐라드의 대표적 지표가 되는 성당

화려한 프레스코화가 성당 내부 전체에 그려져 있어 입구에 들어설 때부터 색다른 느낌을 준다. 성 페트르(베드로)와 성 파블(바울) 성당은 블라디슬라브 2세(Vladislav Ⅱ) 때 처음 세워진 후 19세기 말~20세기 초 지금의 네오고딕 양식으로 재건되었다. 성당의 입구는 다른 성당과는 달리 중앙 문이 오픈되어 있다.

주소 Královská Kolegiální kapitula Sv. Petra a Pavla na Vyšehradě, K rotundě 10, Praha 2, Vyšehrad **전화** 224 911 353 **시간** 11~3월 (월~토) 10:00~17:00, (일) 11:00~17:00 / 4~10월 (월·화·수·토) 10:00~18:00, (목·금) 10:00~17:30, (일) 11:00~18:00 **요금** 성인 130kč, 학생 70kč **홈페이지** www.kkvys.cz/bazilika-sv-petra-a-pavla

성 마르틴 교회의 로툰다 Rotunda Sv. Martina (St. Martin's Rotunda)

프라하에서 가장 오래된 로마네스크 양식의 건물

지어진 지 1100년이 넘은, 프라하에서 가장 오래된 로마네스크 양식의 건물이다. 1841년 도로 건설 계획으로 로툰다를 보존하기 어려워졌는데, 당시 시의원이었던 카를 호텍(Karel Chotek)이 새로운 대안을 내놓았고, 프라하에서 가장 오래된 성당으로 남을 수 있었다. 내부 입장은 할 수 없다.

비셰흐라드 국립 명예 묘지와 신전
Vyšehradský hřbitov se Slavínem
(Vyšehrad Cemetery and Pantheon)

체코를 빛낸 예술가들이 잠들어 있는 국립 명예 묘지

성 페트르(베드로)와 성 파블(바울) 성당 옆에 위치한 묘지이다. 17세기에 생긴 후 19세기에 확장되면서 지금의 국립 명예 묘지로 자리 잡았다. 민족 운동에 앞장섰던 세계적인 음악가 스메타나와 드보르자크, 아르누보를 대표하는 화가 알폰스 무하가 잠들어 있는 곳이기도 하다. 묘지를 두르고 있는 벽면은 마치 전시회를 보고 있는 듯한 착각을 일으킬 정도로 훌륭한 조각들이 장식되어 있다. 한쪽엔 거대한 천사상이 있는 신전이 있고, 신전 지하엔 44명의 관이 놓여 있는데 그중 대표적인 인물로는 화가 알폰스 무하가 있다.

주소 Vyšehradský hřbitov, K rotundě 10, Praha 2, Vyšehrad　**시간** 3~4월 · 10월 08:00~18:00, 5~9월 08:00~19:00, 11~2월 08:00~17:00　**홈페이지** www.hrbitovy.cz

드보르자크의 묘

알폰스 무하의 묘

스메타나의 묘

★ 프란츠 카프카의 묘지

비셰흐라드 국립 명예 묘지는 그야말로 체코를 빛나게 한 위인들이 잠들어 있는 곳이지만 체코가 낳은 세계적인 작가 카프카는 이곳에 잠들 수 없었다. 유대인이라는 이유도 있고, 죽었을 당시는 지금처럼 세계적으로 알려진 작가가 아니었기 때문이다. 카프카는 이곳이 아닌 메트로 A선 젤리브스케호(želivského) 역 옆에 있는 신유대인 묘지 21번에 안치되어 있다.

비셰흐라드 포대 Vyšehradské Kasematy (Vyšehrad Casemate)

카를교에 세워져 있는 성상의 원본이 보관되어 있는 곳

비셰흐라드 포대는 17세기에 세워진 성벽 아래의 비밀 장소이다. 치헬나 문(Cihelná Brána)이라고 불리는데 우리말로 하자면 '벽돌문'이다. 포대는 체코어와 영어를 선택해서 받을 수 있는 가이드 투어로만 진행된다. 300m의 좁은 통로를 지나면 고르리체(Gorlice)라고 불리는 3층 높이의 대형 홀이 나타난다. 이곳에 카를교에 세워져 있는 성상 중 6개의 원본이 보관되어 있다. 때로는 이 홀에서 콘서트나 결혼식도 진행된다.

주소 Narodni 2, Praha 1 **전화** 114 901 448 **위치** Tram 6, 9, 18, 21, 22, 53, 57, 58, 59번 나로드니 디바들로(Národní divadlo)에서 하차 **시간** 10:00~18:00(마지막 투어 17:00) **요금** 성인 130kč, 학생 80kč

① 성 보이테흐 Sv.Vojtěch (성 아달베르트 St.Adalbert)
② 성 미쿨라셰 톨렌티나 Sv.Mikuláš z Tolentina (성 니콜라스 톨렌티노 St.Nicholas of Tolentino)
③ 성 안나 Sv.Anna (성 안나 St.Anne)   ④ 성 베르나르드 Sv.Bernard (성 베르나르드 St.Bernard)
⑤ 성 루드밀라 Sv.Ludmila (성 루드밀라 St.Ludmila)
⑥ 성 아우구스틴 Sv.Augustin (성 아우구스티누스 St.Augustine)

비셰흐라드 전망대 Vyšehrad Hradní zdi

성벽을 따라 산책할 수 있는 전망 코스

비셰흐라드의 성벽을 따라 산책하며 바라보는 전망은 위치에 따라 다른 모습을 보여 준다. 프라하성에서부터 블타바강이 흐르는 전망을 따라 편안한 느낌을 준다. 비셰흐라드 자체가 관광지에서 벗어나 있기 때문에 해가 진 후에는 방문을 피하는 것이 좋다. 산책하듯 거니는 곳이기 때문에 따로 전망대가 마련되어 있지는 않다. 그냥 성벽을 따라 거닐어 보자.

프라하 기타 지역

프라하

레트나 공원 Letenské Sady (Letna Park)

블타바강을 가장 아름답게 바라볼 수 있는 곳

프라하 구시가지 광장에서 유대인 지구를 지나 블타바강을 건너면 거대한 메트로놈 바늘이 하늘을 향해 좌우로 왔다 갔다 하는 조형물이 눈에 들어오는데 그곳이 바로 레트나 공원이다. 1962년 인민 지도자 스탈린의 거대한 석조상을 끌어내린 후 1991년 그 자리에 메트로놈이 올려졌다. 이 자리는 프라하성을 침공하기 전 군인들이 집결하던 집결지였는데, 19세기에 들어와 나무를 심고 숲을 가꾸어 현재의 모습으로 다시 태어났다. 해가 질 때쯤이면 젊은이들이 인라인이나 보드를 타기 위해 이곳으로 모여든다. 그 시간에 메트로놈 앞으로 주렁주렁 매달려 있는 신발의 모습이 재미있다. 레트나 공원은 유대인 지구와 블타바강 위로 놓인 다리의 풍경을 가장 아름답게 카메라에 담을 수 있는 최고의 장소로 꼽힌다.

위치 ❶ 구시가지 광장에서 파르지제스카(Pařížská) 거리를 걷다 보면 블타바강이 나온다. 체르니 다리(Čechův most)를 건넌 후 시작되는 계단을 따라 올라가면 레트나 공원이다. ❷ Tram 12, 17, 53번 체르니 모스트(Čechův most)에서 하차.

★레트나 공원 내 레스토랑

레트나 공원 내에 있는 네오 바로크 양식의 레스토랑 '하나브스키 파빌온(Hanavský Pavilon)'은 노을 지는 블타바강을 배경으로 이곳에서 식사를 하는 장면이 드라마, 영화, CF에서 빠지지 않고 등장할 정도로 매력적인 전망을 자랑하는 레스토랑이다. 가이드북에도 필수로 들어갈 만큼 유명한 곳이기 때문에 식사 시간 전후로는 예약을 꼭 해야 하며, 식사 시간을 피한다면 식사가 아니더라도 간단하게 맥주 한잔하며 멋진 전망을 즐길 수 있다.

주소 Letenske Sady 173 170 00 Praha 7 **전화** 233 323 641 **홈페이지** hanavsky-pavilon.cz

리에그로비 공원 Riegrovy Sady

프라하성에서 전망을 보기 좋은 공원

프라하 중앙역 뒤에 자리하고 있는 리에그로비 공원은 아름다운 프라하성의 전망을 바라보기 좋은 장소다. 특히 해가 지는 시간에는 석양을 바라보기 위해 이곳을 찾는 관광객들로 넘쳐난다. 리에그로비 공원은 4~10월까지 맥주 가든이 열리면서 맥주 한잔하기에도 좋은 장소이다.

주소 Riegrovy sady, 120 00 Prague 2 위치 Tram 11, 13, 15번 이탈스카(Italská)에서 하차. 입구까지 도보 4분. 시간 24시간

타워 파크 프라하 Tower Park Praha

프라하에서 가장 높은 건물

프라하에서 가장 높은 건물(216m)로 1985~1992년 걸쳐 지어진 탑이다. 건축가 바츨라프 아울리츠키와 이르지 코자크에 의해 디자인되었다. 거대한 3개의 원통형 강철 튜브에 3개의 큰 관으로 만들어져 있으며, 큰 관에는 레스토랑과 호텔 카페 등이 자리하고 있으며, 1개의 튜브 위에는 11개의 디지털 방송과 8개의 라디오 방송을 송출하는 안테나가 세워져 있다. 타워의 볼거리 중 하나인 다비드 체르니의 작품인 '베이비(Miminka)는 2017년 잠시 보수를 위해 사라졌다가 2019년 새롭게 정비되어 다시 제자리로 돌아왔다. 360도 프라하 파노라마뷰로 유명한

레스토랑은 규모가 크지 않기 때문에 저녁 식사 예정이라면 예약하도록 하자.

주소 Mahlerovy sady 1, 130 00 Praha 3 전화 210 320 081 위치 ❶ Metro A선 지르지호 즈 포데브라드(Jiřího z Poděbrad) 역에서 하차, 도보 5분. ❷ Tram 2, 8, 11, 13, 25번 이르지호 스 포드예브라트(Jiřího z Poděbrad)에서 하차, 도보 5분. ❸ Tram 2, 5, 9, 11, 13, 15, 21, 91, 95, 98번 리판스카(Lipanská)에서 하차, 도보 5분. 시간 08:00~24:00 요금 성인 300kč 홈페이지 towerpark.cz

프라하 현대 미술 센터 DOX Center for contemporary art

걸리버 비행선이 인상적인 현대 미술 센터

오늘날 세계의 현실에 대한 비판적 접근을 가능하게 하는 근본적인 사회적 주제에 대한 연구, 발표 및 토론을 위한 환경을 조성하는 DOX 현대 미술 센터는 사물, 의견, 신념을 이해하는 그리스어 'doxa'에서 파생된 이름이다. 예술이 일상의 경험을 변화시키는 사회적 상호작용을 위한 플랫폼이자 현대 미술 전시, 공연, 토론, 독서, 워크숍, 콘서트, 영화 상영 등 다양한 이벤트가 열리는 체험 공간으로, '프라하의 테이트 모던'이라 불리기도 한다. 폐공장을 개조한 건물은 대표 작품인 '걸리버' 나무 비행선이 내려앉아 있는 모습이 인상적이다. 보는 이의 상상과 환상을 위한 공간이므로 이 작품의 설명은 거부한다고 명시해 놓고 있다.

주소 Poupětova 1, 170 00 Praha 7 위치 Metro C선 홀레쇼비체 Holešovice 역에서 도보 7분. 시간 수~일요일 10:00~18:00 휴무 월~화요일 요금 성인 280kč, 학생 130kč 홈페이지 www.dox.cz

프라하 동물원 ZOO Praha

세계 동물원 순위 5위를 기록한 동물원

2017년 세계 동물원 순위 5위를 기록한 프라하 동물원은 동물과의 눈높이를 맞춰 백곰을 눈앞에서 볼 수 있고, 박쥐가 머리 위를 날아다니기도 한다. 드넓은 초원 위에서 평화롭게 풀을 뜯는 기린을 비롯해 일반 동물원에서 볼 수 없는 신기한 동물과의 만남도 프라하 동물원에서의 특별한 즐거움이다. 동물원 입구에 동물 친구들의 이름과 함께 발 도장이 눈길을 끌고, 어떤 동물의 발 도장인지 맞춰 보는 것이 색다른 재미를 준다. 인포메이션에서 동물원의 스케줄을 받은 후 매시간마다 있는 동물과의 만남을 놓치지 말자.

주소 U Trojského zámku 3/120, 171 00 Praha 7 위치 Metro C선 홀레쇼비체(Holešovice) 역에서 동물원(ZOO) 방향으로 나간 후, 112번 또는 동물원 버스를 타고 종점에 서 하차. 홀레쇼비체(Holešovice) 역에서 동물원까지 약 20분. 시간 3월 09:00~17:00, 4~5월 09:00~18:00, 6~8월 09:00~19:00, 9~10월 09:00~18:00, 11~2월 09:00~16:00 요금 성인 330kč, 어린이·학생(3~15세) 250kč, 가족(성인 2명+어린이 2명) 1,000kč 홈페이지 www.zoopraha.cz

★겨울에 동물원 방문은 피하자.

겨울철엔 동물들이 잠들어 있는 경우가 많아 동물원이 썰렁하다. 아쉽지만 겨울에 프라하 여행을 계획한다면 동물원 일정은 제외하자.

Eating
프라하의 음식점

신시가지

카페 루브르 Café Louvre
예술가들의 아지트이자 상류층이 머물렀던 카페

1902년에 문을 연 카페 루브르는 프라하에서 교수직을 맡은 학자들이 정기 모임을 가지던 장소였으며, 많은 예술가와 작가들이 작업실로 사용하던 곳이었다. 19세기에 들어서 상류층 여성들이 방문하기 시작했고, 점차 지하까지 확장하면서 번영했다. 프라하의 대표적인 작가 '프란츠 카프카'와 프라하 대학에서 교수로 재직했던 '아인슈타인'도 카페 루브르의 단골손님이었다. 현재 카페 루브르는 카페와 레스토랑을 함께 운영 중이며 입구에 들어서면 레스토랑과 카페 룸이 다르기 때문에 안내를 받아야 한다. 레스토랑 메뉴는 런치와 디너 메뉴 종류가 다르다.

주소 Národní 1987/22, 110 00 Nové Město 전화 224 930 949 위치 ❶ Metro B선 나로드니 트르지다(Národní třída) 역에서 하차. ❷ 바츨라프 광장에서 도보 4분. 시간 월~금 08:00~23:30, 토~일 09:00~23:30 가격 레스토랑 (런치) 스비치코바 259kč~, 굴라쉬 249kč~, 클럽 샌드위치 249kč~ / 카페 에스프레소 49kč~, 카푸치노 55kč~, 그랜드 카푸치노 루브르 69kč, 티라미수 99kč 홈페이지 www.cafelouvre.cz

카바르나 오베츠니 둠 Kavárna Obecní dům
시민 회관에 자리한 아름다운 카페

시민 회관에 자리한 '카바르나 오베츠니 둠'은 1912년 문을 열었다. 아르누보 양식의 꽃이라고 불리는 시민 회관 내에 있는 만큼 프라하에서도 아름다운 카페로 손꼽히며 유명한 체코 예술가들과 조각들의 작품을 건물 곳곳에서 볼 수 있다. 당시 체코는 오스트리아의 지배하에 있었는데, 당시 예술가들은 카페에서 사회 분위기를 예술로 표현하기 위한 작품 활동을 했다. 예술가들의 숨결을 느껴보고 싶다면, 카바르나 오베츠니 둠에서 커피 한잔을 마셔 보자.

주소 Municipal House, Náměstí Republiky 1090/5, 110 00 Staré Městо 전화 222 002 763 위치 ❶ Metro B선 나메스티 레푸블리키(Náměstí Republiky) 역에서 도보1분. ❷ 바츨라프 광장에서 도보 4분. 시간 07:30~23:00 가격 조각 케이크 149kč~, 에스프레소 89kč~, 더블 에스프레소 109kč~, 카푸치노 99kč~ 홈페이지 www.kavarnaod.cz

스메타나Q 카페 & 비스트로 SmetanaQ Café & Bistro

북유럽 스타일의 분위기로 프라하에서 핫한 카페

국립 극장 인근 블타바 강변에 자리한 북유럽풍 인테리어가 인상적인 카페이다. 현재 프라하에서 학생들과 직장인들에게 핫한 곳이다. 매장에서 판매되고 있는 빵과 케이크는 아침마다 직접 만들고 있다.

주소 Smetanovo nábř. 334/4, 110 00 Staré Město 전화 722 409 757 위치 ❶ 국립 극장에서 도보 2분. ❷ 카를교에서 도보 5분. 시간 09:00~21:00 가격 아메리카노 65kč~, 카푸치노 70kč~, 카페라테 80kč~ 홈페이지 www.smetanaq.cz

브레도브스키 드부르 BREDOVSKÝ DVŮR

현지인과 한국인들에게 인기 있는 레스토랑

프라하 로컬 레스토랑으로 유명했던 브레도브스키 드부르는 한국 관광객들로 북적일 만큼 유명세를 타면서, 한국어 메뉴판까지 준비되어 있다. 저녁 시간에는 예약을 하지 않으면 자리 잡기도 힘들다. 체코 전통 음식인 콜레뇨, 스비치코바, 굴라쉬 등이 유명하다.

주소 Politických vězňů 13, 110 00 Praha 1 전화 224 215 428 위치 ❶ 프라하 중앙역 앞길인 오플레탈로바(Opletalova)에서 바츨라프 광장 방향으로 가다가 오른쪽으로 폴리티츠키흐 베즈뉴우(Politických vězňů) 거리가 나오면 우회전한 후 환전소가 보이면 환전소 맞은편으로 필스너 간판이 걸린 집. ❷ 바츨라프 광장에서 도보 4분. 시간 월~토 11:00~24:00, 일 11:00~23:00 가격 구운 콜레뇨(1,000g~) 329kč~, 굴라쉬 249kč, 스비치코바 249kč, 맥주 필스너 (300cc) 48kč~, (500cc) 63kč~, 코젤(300cc) 48kč~, (500cc) 63kč~ 홈페이지 www.restauracebredovskydvur.cz

★체코의 레스토랑 문화 익히기

체코 레스토랑에서의 친절 문화는 우리와 조금 차이가 있다. 우리는 음식을 먹고 나면 자리에서 일어나기 전에 그릇을 치우면 빨리 나가라는 것 같아서 굉장히 기분 나쁘게 생각하는데, 반대로 체코는 음료를 다 마시거나 음식을 다 먹으면 바로바로 치워야 서비스라고 생각한다. 그러다 보니 종업원들이 시도 때도 없이 왔다 갔다 한다. 체코의 서비스 정신이라 이해한다면 기분 상할 일 없이 즐거운 식사 시간을 보낼 수 있을 것이다.

카페 임페리얼 Café Imperial

화려한 인테리어와 체코의 유명 셰프가 있는 곳

체코의 고든 램지로 불리는 유명 요리사 '즈데네크 포흐라이흐(Zdeněk Pohlreich)'가 운영하는 레스토랑으로 카페도 함께 영업하고 있다. 미슐랭 가이드에 소개된 카페 임페리얼은 화려한 인테리어로도 유명하다. 체코 사람들에게도 항상 사랑받았던 장소로, 1980년에 문을 닫았던 시기도 있었지만 재정비한 끝에 2007년 새롭게 문을 열었다. 이제는 많은 여행자들이 찾는 명소로 거듭나고 있다.

주소 Na Poříčí 1072/15, 110 00 Petrská čtvrť 전화 246 011 440 위치 ❶ Metro B선 나메스티 레푸블리키(Náměstí Republiky) 역에서 도보 4분. ❷ 시민 회관에서 도보 5분. 시간 07:00~23:00 가격 스테이크 425kč~, 스비치코바 305kč~, 셰프 스페셜 395kč~ 홈페이지 www.cafeimperial.cz

페르디난드 Ferdinanda

체코의 대표 음식 '콜레뇨'와 흑맥주가 유명한 곳

마치 농촌 체험이라도 온 듯 농기구를 이용한 깜찍한 인테리어가 기분을 좋게 하는 체코 음식 전문점이다. 체코의 대표적인 음식인 콜레뇨를 훈제 요리해서 다른 레스토랑과는 약간 다른 조리법인데, 담백한 맛이 특징이다. 돼지고기, 소고기, 닭고기로 요리한 음식들이 이곳의 대표적인 음식이다. 하지만 페르디난드의 가장 맛있는 음식은 이곳에 가야만 맛볼 수 있는 페르디난드 맥주다. 라이트, 라거, 다크를 기본으로 세 가지 맛이 있는데 다크(흑맥주)가 가장 많이 찾는 맥주이다. 메뉴판은 체코어와 영어 두 가지 종류가 있다. 말라스트라나 지역에 2호점을 오픈했다.

주소 Opletalova 24, 110 00 Praha 1 전화 222 244 302 위치 프라하 중앙역 앞길의 오플레탈로바(Opletalova)에서 바츨라프 광장 방향으로 가다가 왼쪽 편으로 오페라 하우스가 보이는 사거리 코너에 있다. 시간 11:00~23:00 휴무 매주 일요일 가격 콜레뇨(1,900g~) 499kč~, 슈니첼·굴라쉬(200g~) 215kč~, 맥주(300cc) 35kč~, (500cc) 48kč~ 홈페이지 www.ferdinanda.cz

카페 클로에 프라하 Café Chloé Praha

인플루언서의 성지가 된 브런치 카페

핑크빛 인테리어만 보면 프라하의 전형적인 이미지와 다소 거리가 있어 보이지만, 해외 인플루언서들이 SNS에 올리기 시작하면서 프라하에서 아주 핫한 브런치 카페로 사랑받고 있는 곳이다. 특히 이곳이 주목받은 이유는 핑크빛 내부 인테리어와 너무 잘 어울리는 패션 커피에 있다. 명품 브랜드 로고를 커피 위에 올려 주는 디자인 커피로, SNS 감성을 예쁘게 담아내는 시그니처 커피이다. 브런치 카페답게 커피뿐만 아니라 브런치 메뉴들의 플레이팅까지 주목받는 곳인 만큼 예쁜 사진을 찍고 싶은 분들은 꼭 한번 들러 보는 것을 추천한다.

주소 Senovážné nám. 981/21, 110 00 Praha 1 전화 704 657 434 위치 ❶ 프라하 중앙역에서 도보 5분. ❷ 화약탑에서 도보 5분. 시간 월~토요일 09:30~20:00, 일요일 10:00~19:00 가격 에스프레소 60kč, 라테 89kč, 패션 커피 99kč~, 브런치 메뉴(13:00까지 판매) 169kč~ 홈페이지 www.cafechloeconcept.com

후사 Potrefená Husa

프라하에서 흔하지 않은 캐주얼 맥주 바

체코의 맥주 회사인 스타로프라멘(Staropramen) 직영의 맥주 바다. 올드한 느낌의 다른 맥주집들과는 다르게 모던하고 세련된 현대적인 분위기의 맥주 바로 아직까지는 관광객들보다 체코의 젊은이들에게 사랑받는 곳이다. 간단하게 맥주 한잔 마시고 싶을 때나 깔끔한 분위기를 원하는 사람에게 추천한다. HUSA는 스타로프라멘 맥주와 함께 호가든 화이트 맥주가 가장 인기 있고, 민트와 라임향이 가득한 호가든 스페셜 비어는 술을 잘 못하는 사람들에게 추천한다. 한국인들 입맛에 가장 잘 맞는 콜레뇨를 맛볼 수 있으며, 홈메이드 오렌지에이드도 인기 메뉴이다.

주소 Dlážděná 1003/7 Praha 1 110 00 위치 화약탑을 등지고 약 3분 정도 직진하면 오른쪽으로 녹색 인테리어가 인상적인 맥주 바 HUSA가 나온다. 가격 맥주 스트로프라멘(300cc) 30kč~, (500cc) 39kč~, (1,000cc) 75kč~, 콜레뇨 289kč~, 까르보나라 165kč~ 홈페이지 www.potrefena-husa.eu

타쿠미 프라하 Takumi Praha

유럽 전역에서 사랑받는 일본식 라멘 프랜차이즈

국물 요리가 생각날 때 찾아가면 좋은 일본식 라멘 가게로 깔끔하고 담백한 맛이 특징이다. 라멘에 올려진 토핑을 선택하고 시오(소금), 소유(간장), 미소(된장)로 맛을 낸 육수를 골라 라멘을 주문하면 된다. 라멘 외에도 교자, 가라아게 등 사이드 메뉴도 준비되어 있으며 김치와 밥도 따로 주문 가능하다.

주소 Senovážné nám. 1464/6, 110 00 Praha 1 전화 774 889 822 위치 ❶ 화약탑에서 도보 5분. ❷ 인드르지슈스카 탑에서 도보 1분. 시간 월~토요일 11:00~21:00 휴무 일요일 가격 (기본) 소금 라멘 218kč, 간장 라멘 238kč, 된장 라멘 238kč / (파 토핑) 소금 라멘 258kč, 간장 라멘 278kč, 된장 라멘 278kč 홈페이지 www.instagram.com/takumi.prague

📍 **구시가지**

테라사 우 프린스 Terasa U PRINCE
구시가지의 보석 같은 명소

구시청사 앞 우 프린스 호텔 옥상에 위치한 테라사 우 프린스는 구시가지 광장을 내려다보며 틴 성당, 천문시계탑을 마주할 수 있는 프라하의 숨겨진 보석 같은 곳이다. 물론 커피 한잔의 가격이 다른 곳에 비해 비싸지만 그만큼의 가치가 있다. 특별한 프라하의 추억을 남기고 싶다면 꼭 찾아가 봐야 할 곳 중 하나이다. 식사와 차 종류 모두 취급하지만 식사보다는 간단하게 차나 음료를 마시는 편을 추천한다.

주소 Staroměstské nám, 460/29 110 00 Praha-Staré Město **전화** 224 213 807 **위치** 구시청사 앞 우 프린스 호텔 로비에서 엘리베이터를 타고 마지막 층에서 내리면 레스토랑으로 올라가는 계단이 나온다. **가격** 파스타 349kč~, 티라미수 185kč~, 아메리카노 145kč~ **홈페이지** www.terasauprince.com

파스타 프레스카 Pasta Fresca
쫄깃한 면발의 생면 파스타를 맛볼 수 있는 곳

화약탑과 구시가지 광장을 이어 주는 첼레트나 거리에 위치해 있는 레스토랑으로 맛은 물론 서비스와 분위기까지 좋아 구시가지 안에서 높은 평점을 받은 몇 안 되는 레스토랑 중 한 곳이다. 특히 매일 달라지는 데일리 런치 메뉴는 구성도 좋고 가격도 저렴해 현지인들에게도 인기가 많다. 프라하 관 광지 안에서 이탈리안 요리가 맛보고 싶다면 파스타 프레스카를 추천한다.

주소 Celetná 598/11, 110 00 Praha 1 **전화** 224 230 244 **위치** ❶ 화약탑에서 도보 3분. ❷ 구시가 광장에서 도보 1분. **시간** 11:00~22:00 **가격** 토마토 바질 부르스게타 238kč, 구운 새우 325kč, 소고기 타르타르 255kč, 스파게티 까르보나라 268kč, 알리오올리오 275kč, 새우 홍합 토마토 스파게티 338kč **홈페이지** pastafresca.ambi.cz

📍 유대인 지구

카트르 레스토랑 Katr Restaurant
프라하에서 손꼽히는 타르타르 맛집

유대인 지구에 자리하고 있는 현대적인 분위기의 체코 레스토랑이다. 특이한 점은 실내 테이블이 테이블 위에서 직접 구워 먹을 수 있는 한국식 그릴 테이블이라는 점이다. 이 테이블은 카트르 홈페이지에도 설명되어 있듯이 체코 최초의 그릴 테이블이라고 한다. 바이오 품질 1등급만 사용하는 타르타르는 프라하에서도 손꼽히는 맛으로 인기가 많다.

주소 Vězeňská 859, 110 00 Praha 1 **전화** 222 315 148 **위치** ❶ 구시가 광장에서 도보 4분. ❷ 스페인 시너고그에서 도보 1분. **시간** 월~금요일 11:00~23:00, 토·일 12:00~23:00 **가격** (그릴 고기) 소고기 안심 100g 260kč~, 돼지고기 안심 100g 155kč~, 새우 100g 225kč~, 소세지 100g 160kč~ / 타르타르 245kč, 시저 샐러드 165kč, 송아지 버터 스테이크 295kč **홈페이지** www.katrrestaurant.cz

코즐로브나 아프로포스점 Kozlovna Apropos
체코 맥주 회사인 코젤에서 운영하는 코젤 다크 직영점

1874년 전통 레시피로 만들기 시작한 코젤 맥주는 140년 이상 세심하게 레시피를 보호해 오고 있다. 맥주는 공기나 다른 가스와 접촉하지 않아 최상의 품질을 유지하기 때문에 가장 맛있게 코젤 맥주를 마시고 싶다면 코즐로브나 양조장을 추천한다. 코즐로브나는 체코 전 지역에 자리하고 있기 때문에 프라하 안에서도 여러 직영점이 있다. 그중에서도 유대인 지구에 자리한 아프로포스점이 관광지와 가장 밀접하게 위치해 있어 언제나 관광객들로 넘쳐나는 곳이기도 하다. 신시가지 국립극장 인근에 위치해 있는 코즐로브나 우 파우케리타점 (Kozlovna U Paukerta)도 인기 있는 직영점이다.

주소 Křižovnická 4, 110 00 Praha 1 **전화** 222 314 573 **위치** ❶ 카를교탑에서 도보 2분. ❷ 루돌피눔에서 도보 3분. **시간** 11:00~23:00 **가격** 돼지고기 스테이크 329kč~, 립아이 스테이크 460kč~, 굴라쉬 279kč~, 콜레뇨 429kč~, 코젤다크 (0.30L) 46kč~, (0.50L) 58kč~ **홈페이지** www.kozlovna-apropos.cz

코즐로브나 우 파우케리타점 Kozlovna U Paukerta
주소 Národní 981/17, 110 00 Praha 1 **전화** 222 212 144 **위치** ❶ 국립극장에서 도보 3분. ❷ 바츨라프 광장에서 도보 7분. **가격** 콜레뇨 395kč~, 양념돼지갈비 365kč~, 비프 버거 295kč~, 코젤다크 (0.27L) 49kč~, (0.47L) 59kč~, 0.95L 115kč~ **홈페이지** www.kozlovna.cz/u-paukerta

📍 말라스트라나

마리나 Marina

블타바 강변에 위치해 있는 고급 이탈리안 레스토랑

블타바 강변에 있는 선상 이탈리안 레스토랑으로, 프라하를 대표하는 카를교와 프라하성을 감상하며 식사를 할 수 있어 뷰가 좋다. 점심 식사도 좋지만 석양을 바라보며 저녁을 즐기는 것을 추천한다. 오픈 키친으로 되어 있어서 음식을 만드는 과정을 구경하는 것도 재미있다.

주소 Alšovo nábř., 110 00 Staré Město 전화 605 454 020 위치 ❶ 루돌피눔에서 도보 1분. ❷ 카를교에서 도보 5분. 시간 조식 08:00~12:00, 레스토랑 12:00~24:00(주문 마감 23:00) 가격 카르보나라 스파게티 295kč~, 마리게리타 피자 305kč~, 립아이 스테이크(100g) 320kč~ 홈페이지 marinaristorante.cz

포크스 Pork's

핫하게 떠오르는 콜레뇨 맛집

카를교에서 말로스트란스케 광장으로 이어지는 거리에 자리하고 있는 포크스는 그야말로 프라하에서 가장 핫하게 떠오르는 곳이다. 이름에서도 알 수 있듯이 돼지고기 전문 레스토랑으로, 그중에서도 체코 전통 음식인 콜레뇨가 메인이며 다른 레스토랑의 콜레뇨보다 크기가 작아서 적은 인원도 부담 없이 즐길 수 있다.

주소 Mostecká 16, 110 00 Praha 1 전화 725 181 828 위치 ❶ 카를교에서 도보 1분. ❷ 말로스트란스케 광장에서 도보 2분. 시간 12:00~23:30 가격 콜레뇨 419kč~ 홈페이지 www.porks.cz

루카 루 Luka lu

옛 유고슬라비아와 이탈리아 음식을 맛볼 수 있는 곳

사라예보 출신의 가족이 운영하는 레스토랑으로 발칸반도의 전형적인 구운 고기 요리와 아드리안 해안의 전형적인 해산물 요리를 전문으로 하고 있다. 발칸 지역의 다진 고기를 소시지처럼 만들어 구워 먹는 음식인 체밥치치가 대표적인 메뉴이다. 루카 루는 전형적인 레스토랑 감성이 아닌 오색찬란하고 독특한 감성의 인테리어로 인기가 많은 곳이기도 하다.

주소 Újezd 33/402, 118 00 Praha 1 전화 257 212 388 위치 ❶ 승리의 성모 마리아 성당에서 도보 3분. ❷ 페트르진 등산열차 우에즈드(Újezd) 역에서도 도보 3분. 가격 체밥치치 10개 295kč~, 알리오올리오 스파게티 225kč~, 비프 스테이크 615kč~, 오징어 구이 355kč~, 곤돌라(홍합,농어,연어,오징어,타이거새우,감자,시금치) 1kg 1,975kč~ 시간 11:00~23:00 홈페이지 www.lukalu.cz

우 말레호 그레나 U Malého Glena

벨벳 맥주를 맛볼 수 있는 레스토랑

말라스트라나 성 미쿨라셰 성당 근처에 자리하고 있는 우 말레호 그레나는 프라하에서도 벨벳 맥주를 맛볼 수 있는 곳으로 유명한 레스토랑이다. 벨벳 맥주는 세상에서 가장 부드러운 맥주라고 해도 과언이 아닐 만큼 부드러운 맛을 자랑한다. 배부르지 않고 간단하게 즐길 수 있는 맥주이기도 하다. BBQ 립과 수제 버거는 프라하 현지인들에게도 인기 많은 메뉴이다. 우 말레호 그레나 재즈&블루스 공연장은 7시 30분에 문을 열어 9시부터 공연을 즐길 수 있는 바 형태의 클럽이다.

주소 Karmelitská 23, 11800 Praha 1 전화 630 76 486 위치 카를교에서 프라하성 방향으로 직진하다가 왼편에 맥도날드를 지나 조금 가다 보면 미쿨라셰 성당 트램 길이 나온다. 트램 길을 따라 우회전 하다 보면 승리의 성모 마리아 성당으로 가는 길에 오른쪽으로 우 말레호 그레나가 있다. 가격 BBQ립 245kč~, 수제 버거 245kč~, 굴라쉬 199kč~, 벨벳 맥주 45kč 시간 10:00~02:00 홈페이지 malyglen.cz

페트르진 테라스 Petřínské Terasy

페트르진 공원 한가운데 자리 잡은 전망 좋은 레스토랑

페트르진 공원 내 두 개의 레스토랑 가운데 한 곳인 레스토랑 페트르진 테라스는 사계절 내내 프라하의 멋진 풍경을 바라보면서 식사를 할 수 있어 많은 관광객들로부터 사랑받고 있다. 오늘의 요리부터 립과 스테이크, 양념 치킨 맛이 나는 칠리소스 치킨 요리까지 대부분 모든 요리가 우리 입맛에 잘 맞는 편이다. 따뜻한 실내 분위기도 정감 있고, 탁 트인 야외 테라스도 사랑스러운 곳인 만큼 식사가 아니더라도 커피나 시원한 맥주 한 잔을 마시기에도 훌륭한 곳이다.

주소 Seminářská zahrada 393, Malá Strana, 118 00 Praha 1 전화 257 320 688 위치 페트르진 등산 열차 중간 역 네보지제크(Nebozízek)에서 내리면 양 갈림길이 나오는데 이때 계단을 등지고 오른쪽으로 내려가면 정면으로 보이는 건물이 페트르진 테라스이다. 네보지제크 역에서 도보 3분. 시간 월~목요일 12:00~23:00, 금~일요일 11:00~23:00 가격 립(600g) 380kč~, (1,200g) 720kč~, 바이카이 치킨(200g) 245kč~, (300g) 365kč~, 그릭 샐러드(300g) 165kč~, 맥주 크루쇼비체(0.40L) 50kč~, 에스프레소 55kč~, 카푸치노 70kč~, 카페라떼 85kč~ 홈페이지 www.petrinsketerasy.cz

📍 프라하성과 흐라드차니

스트라호프 수도원 양조장 Klášterní Pivovar Strahov
수제 맥주를 맛볼 수 있는 수도원 양조장

스트라호프 수도원 입구에 자리한 맥주 양조장으로, 13세기에 만들어졌다. 1628년부터 양조장과 레스토랑을 함께 운영했고, 1907년 폐쇄된 후 그냥 농가로 사용해 오다 몇 년 전에 다시 양조장으로 새롭게 문을 열었다. 맥주와 다양한 체코 음식을 판매하고 있다.

주소 Strahovské nádvoří 301/10, 118 00 Hradčany 전화 233 353 155 위치 스트라호프 수도원 입구. 프라하성 정문에서 도보 13분. 시간 10:00~22:00 가격 굴라쉬 245kč~, 슈니첼 260kč~ 홈페이지 www.klasterni-pivovar.cz

우 라부티 U Labutí
체코 전통 음식을 즐길 수 있는 레스토랑

프라하성 정문 인근에 위치해 있는 레스토랑으로 프라하성 근위 교대식이 있는 점심 시간에 이곳을 찾는 사람들이 많다. 체코 전통 음식인 굴라쉬, 스비치코바 등의 메뉴를 판매하며 정갈한 분위기의 레스토랑이다.

주소 Hradčanské nám. 61/11, 118 00 Praha-Hradčany 전화 220 511 191 위치 프라하성 정문에서 도보 3분. 시간 11:00~22:00 가격 굴라쉬 220kč~, 스비치코바 230kč~ 홈페이지 www.ulabuti.com

로브코비츠 궁전 레스토랑 & 카페 Lobkowicz Palace Restaurant & Café
프라하 성내 로브코비츠 궁전 안의 전망좋은 레스토랑 & 카페

프라하 성 후문(동문)을 통과하면 원편에 자리하고 있는 건물이 로브코비츠 궁전으로 궁전 내에 레스토랑과 카페가 운영 중이다. 수상 경력이 있는 로브코비츠 와인을 포함한 다양한 제철 음식을 맛볼 수 있다. 야외 테라스에서는 프라하의 멋진 파노라마 뷰를 바라볼 수 있기 때문에 식사는 못하더라도 커피 한 잔 마시는 시간을 가져 보는 것도 좋다.

주소 Jiřská 3/1, 119 00 Praha 1-Hradčany 전화 731 192 281 위치 프라하성 후문(동문)에서 도보 1분. 시간 11:00~22:00 가격 굴라쉬 340kč~, 치킨 슈니첼 350kč~, 당근 케이크 135kč~, 초코라테 케이크 220kč~, 에스프레소 85kč~, 아메리카노 85kč~, 카푸치노 105kč~, 카페라떼 105kč~ 홈페이지 www.lobkowicz.cz/en/lobkowicz-palace-cafe

Sleeping
프라하의 숙소

여행에 지친 몸과 마음을 쉬게 하고, 새롭게 여행의 계획을 짜기도 하는 곳인 만큼 여행에서 숙소는 식사만큼이나 중요한 조건이다. 여행의 목적과 비용에 맞게 알맞은 숙소를 찾아보자.

한인 민박

프라하에는 한국인이 운영하는 민박이 런던, 파리, 로마 다음으로 많은 지역이다. 다른 유럽 국가에 비해 프라하 한인 민박은 시설과 서비스가 좋기로 유명하다. 대부분의 한인 민박은 가정집에서 운영하기 때문에 화장실과 샤워실, 휴게실 등의 공간이 적지만 아침에 한식을 제공해 주는 것과 인터넷 사용이 자유롭다는 것, 여행 정보를 얻기 쉽다는 장점이 있다. 대부분의 민박에서는 와이파이가 무료로 지원되며, 인형극이나 스카이다이빙 티켓을 할인된 가격에 구매할 수 있다. 검색 사이트에서 '프라하 한인 민박'을 검색하면 인기 있는 민박집들을 찾을 수 있다.

호텔

프라하에는 호텔이 넘쳐난다. 하지만 그만큼 관광객도 많기 때문에 호텔 구하기가 쉽지 않을 때도 있다. 프라하는 호텔의 종류와 시설도 다양한데, 시설보다 위치에 따라 가격이 달라지므로 여행을 가기 전에 호텔 정보를 많이 알아보면 좋은 가격에 좋은 호텔을 이용할 수 있다. 예약은 호텔 예약 사이트나 해당 호텔의 홈페이지에서 가능하다. 호텔의 이용 요금은 예약 사이트마다 차이가 있으며 시기에 따라 가격 차이가 많이 나는 경우도 있으니, 여러 사이트를 비교해 보고 예약하는 것이 좋다. 예약 사이트마다 할인 이벤트를 하는 경우가 많아 이를 이용하는 것도 좋은 방법이다.

숙박 시설 예약 사이트
인터파크 투어 tour.interpark.com   부킹 닷컴 www.booking.com

그란디움 프라하 Grandium Prague
중앙역과 바츨라프 광장 사이에 위치한 부티크 호텔

그란디움 프라하는 현대적이고 세련된 디자인 호텔로, 호텔 야스민이 이름만 바꿨을 뿐, 호텔 내부 시설은 그대로다. 프라하 중앙역에서 도보로 5분 거리에 있으며 환전소 골목에 위치해 있으며, 메트로 역과도 가깝고 오페라 하우스, 국립 박물관, 바츨라프 광장이 인접해 프라하에서 인기 있는 호텔 중 한 곳이다. 와이파이는 호텔 내 어디서나 무료로 사용이 가능하고 체크인은 오후 2시부터, 체크아웃은 정오까지다.

주소 Politických vězňů 913/12, 110 00, PRAHA 1 **전화** 234 100 100 **위치** ❶ 공항에서 택시를 이용 : AAA Radiotaxi를 타고 호텔 이름을 보여 주거나 주소를 보여 주면 된다. 약 €30~40(700~800kč 정도). ❷ 공항에서 버스를 이용 : 프라하 중앙역까지 다이렉트로 오는 AE(Airport Express)를 타고 프라하 중앙역에서 하차, 엘리베이터 타고 1층으로 내려와 정문 앞으로 나와 중앙역을 등지고 왼쪽으로 직진, 공원을 가로지르는 대각선 길이 나오면 그 길로 내려간다. Maria Prag Hotel이 나오면 오플레탈로바(Opletalova) 바츨라프 광장 방향으로 한 블럭 지나 오른쪽으로 환전소 골목(Politických vězňů) 거리에 위치. **요금** 성수기 €150~200 / 비수기 €100~150 **홈페이지** www.hotel-grandium.cz

모차르트 프라그 The Mozart Prague
블타바강을 바라보는 5성급 럭셔리 호텔

카를교 인근에 위치해 있는 총 70개의 객실을 보유한 럭셔리 5성급 호텔로 스메타나 호텔에서 2021년 모차르트 호텔로 새롭게 오픈했다. 1628년 귀족 가문이었던 파흐타(Pachta) 가문 소유의 궁으로 모차르트, 바그너, 무하 등 유명 예술가들이 머물렀던 장소이기도 하다. 70개의 객실은 전통과 현대적 요소가 완벽하게 어우러져 다양한 분위기의 객실을 선보이고 있다. 객실마다 분위기가 너무 다르기 때문에 홈페이지에서 각 객실마다 어떤 분위기인지 확인한 후 예약하기를 추천한다.

주소 Karoliny Světlé 34, 110 00 Praha 1 **전화** 234 705 111 **위치** ❶ 카를교탑에서 도보 3분. ❷ 국립극장에서 도보 6분. **요금** 디럭스룸, 이그제큐티브룸 비수기 €250~350, 성수기 €350~450 / 디럭스 스위트룸, 디럭스 바로크룸 비수기 €300~400, 성수기 €400~500 / 강 전망 디럭스룸 비수기 €350~450, 성수기 €450~650 / 모차르트 스위트룸, 무하 스위트룸 비수기 €550~700, 성수기 €700~900 **홈페이지** www.themozart.com

호텔 센추리 올드 타운 프라하 - 엠갤러리 바이 소피텔
Hotel Cencury Old Town Prague - Mgallery By Sofitel

프란츠 카프카의 흔적이 남아 있는 모던한 분위기의 호텔

19세기 네오 바로크 양식의 건물에 있는 호텔 센추리 올드 타운 프라하-엠갤러리 바이 소피텔은 세계적인 호텔 체인인 아코르 계열의 럭셔리 호텔이다. 공화국 광장과 인접해 있어서 호텔에서 나오면 시민 회관과 화약탑을 바로 만날 수 있고, 쇼핑의 중심인 루돌피눔 쇼핑센터가 바로 옆에 있다. 대형 마트가 네 곳이나 있어서 관광은 물론이고, 쇼핑하기에도 최적의 장소이다. 2017년 리노베이션을 통해 현대적이고 모던한 분위기로 새롭게 바뀌었으며, 호텔 전 구역에서 무료 와이파이 사용이 가능하다.

주소 Na Poříčí 7, 110 00 Petrská čtvrť **전화** 221 800 800 **위치** Metro B선 나메스티 레푸블리키(Náměstí Republiky) 역에서 하차, 공화국 광장(팔라디움)에서 도보 1분. **요금** 더블 룸 €200~ / 조식 포함 **홈페이지** www.accorhotels.com

★ **프란츠 카프카의 흔적을 느낄 수 있는 인테리어**

호텔 건물은 체코를 대표하는 작가인 '프란츠 카프카'가 생전에 다녔던 보험 회사 건물로, 1908년 입사해 약 14년 동안 지금의 이 호텔 건물에서 직장 생활을 했다. 호텔 내부에는 프란츠 카프카가 일하면서 사용했던 타자기, 만년필, 스탬프 등이 전시되어 있고, 로비에는 그의 흉상이 세워져 있다. 프란츠 카프카가 썼던 글씨를 호텔 룸마다 벽면 인테리어로 사용했을 정도로, 호텔 곳곳에서 그를 기념하기 위한 흔적을 찾아볼 수 있다.

K+K 호텔 센트럴 K+K Hotel Central
현대식 깔끔한 인테리어로 인기 많은 호텔

K+K 호텔은 유럽 곳곳에 자리한 체인 호텔이다. 프라하 중앙역과 화약탑 사이에 위치해 있으며, 현대식의 깔끔한 인테리어를 자랑한다. 호텔에서 도보 3분이면 화약탑과 쇼핑 거리인 나프르지코페 거리를 만날 수 있다. 호텔 내 어디서나 무료 와이파이가 제공되며, 체크인 시간은 오후 2시부터이고 체크아웃은 정오까지다.

주소 Hybernská 10, 110 00 Prague 1 전화 225 022 000 위치 ❶ 공항에서 택시를 이용 : AAA Radiotaxi를 타고 호텔 이름을 보여 주거나 주소를 보여 주면 된다. 약 €30~40(700~800kč 정도). ❷ Metro B선 공화국 광장 나메스티 레푸블리키(Náměstí Republiky) 역에서 하차, 화약탑을 등지고 직진하면 오른쪽에 호텔이 보인다. 화약탑에서 도보 3분. 요금 성수기 €170~200 / 비수기 €80~150 홈페이지 www.kkhotels.com/en/prague/hotel-central

987 디자인 프라그 호텔 987 Design Prague Hotel
중앙역 앞에 위치한 디자인 호텔

프라하 중앙역에서 도보로 3분 정도 걸리며 구시가지 화약탑과 시민 회관까지 걸어서 5분 정도밖에 걸리지 않는다. 전 객실에 인터렉티브 조명이 설치되어 낭만적인 공간, 개인적인 공간을 누릴 수 있도록 현대적인 디자인을 갖춘 호텔이다. 체크인 시간은 오후 2시부터이며 체크아웃은 정오까지다.

주소 Senovážné Náměstí 15, 110 00 Praha 1 전화 255 737 200 위치 ❶ 공항에서 택시를 이용 : AAA Radiotaxi를 타고 호텔 이름을 보여 주거나 주소를 보여 주면 된다. 약 €30~40(700~800kč 정도). ❷ Metro C선 프라하 중앙역(Hlavní Nádraží) 하차, 역을 등지고 오른쪽으로 조금 가다 보면 두 갈래 길이 나온다. 이때 내리막길로 내려오면 오른쪽으로 어린이 놀이터가 보이고 길이 끝나는 곳에 큰 대로 오플레탈로바(Opletalova) 거리가 보이면 길을 건넌 후 오른쪽 사거리를 향해 가면 사거리 코너에 있다. 요금 성수기 €100~250 / 비수기 €80~150 홈페이지 www.987praguehotel.com

아치발드 앳 카를 브리지 호텔 Archibald At Charles Bridge Hotel
아늑하고 따스한 인테리어가 인상적인 호텔

캄파섬 안에 자리 잡고 있는 호텔로, 모던한 분위기의 인테리어가 마치 영화 속 배경 같은 느낌이 든다. 총 객실 수는 26개이며 객실의 반 이상은 블타바강과 카를교가 보이는 아름다운 풍경을 선물해 주고 있다. 호텔 안 레스토랑은 해외 가이드북에도 소개될 정도로 인기가 많으며, 호텔 이용 고객에게는 10% 할인도 해 준다. 체크인은 오후 2시부터이며 체크아웃은 오전 11시까지이다.

주소 Na Kampě 15, Praha 1 전화 257 531 430 위치 ❶ 공항에서 택시를 이용 : AAA Radiotaxi를 타고 호텔 이름을 보여 주거나 주소를 보여 주면 된다. 약 €30~40(700~800kč 정도). ❷ Metro A선 말로스트란스카(Malostranská) 역에서 내려 에스컬레이터를 타고 지상까지 올라오면 에스컬레이터를 등지고 왼쪽 출구로 나간다. 그리고 말라스트라나 교탑이 있는 곳으로 계속 직진한 후, 교탑 앞에서 카를교 아래 캄파섬으로 이어지는 작은 다리를 지나서 캄파섬 안으로 들어온 뒤 조금만 더 직진하면 왼쪽으로 보이는 건물들 끝에 노란색 호텔이 보인다. 요금 성수기 €250~500 / 비수기 €100~200 홈페이지 www.archibaldatthecharlesbridge.cz

호텔 인터내셔널 프라하 Hotel International Prague
체코에서 가장 큰 컨퍼런스 센터

크라운 플라자 호텔에서 새롭게 이름이 바뀐 호텔 인터내셔널 프라하는 체코에서 가장 큰 컨퍼런스 센터이다. 1953년에 지어진 이 호텔은 1996년 현대적인 인테리어로 리노베이션을 했다. 대사관들이 자리 잡고 있는 지역에 있고, 프라하성으로의 접근도 쉽다. 모든 객실에서 무선 인터넷을 사용할 수 있으며, 체크인 시간은 오후 2시부터 체크아웃은 정오까지다.

주소 Koulova 15, 160 45 Praha 6 전화 296 537 111 위치 ❶ 공항에서 택시를 이용 : AAA Radiotaxi를 타고 호텔 이름을 보여 주거나 주소를 보여 주면 된다. 약 €25~30(600~700kč 정도). ❷ 공항에서 119번 버스를 타고 종점인 데이비츠카(Dejvická) 역에서 내리면 원형 로타리에서 성 방향 오른쪽에 트램 정류장이 있다. 이곳에서 포드바바(podbaba)행 트램 8번을 타고 두 정거장 후 종점에서 내리면 바로 호텔 앞이다. 요금 €100~250 홈페이지 internationalprague.cz/en

📍 **아파트먼트**

동유럽에서는 호텔만큼 많은 숙박업소가 바로 아파트먼트다. 우리나라 콘도나 레지던스 같은 개념이라고 생각하면 된다. 취사가 가능하고, 시설에 따라 세탁기가 있는 경우도 있으며, 호텔보다 자유롭게 이용 가능하다는 장점이 있다. 가족이나 여러 명이 머물 때 인원에 따라 침실을 선택할 수 있는 것 또한 아파트먼트의 장점이다. 보통 스튜디오(우리나라 원룸식), 원 베드룸(룸1 + 거실), 투 베드룸(룸2 + 거실 / 룸1 + 거실 겸 룸2), 쓰리 베드룸(룸3 + 거실 / 룸2 + 거실 겸 룸1)으로 룸 형태를 구분하고 있다. 체인 아파트먼트나 시설이 좋은 아파트먼트의 경우에는 리셉션한 곳에서 여러 숙박 시설을 관리하여 리셉션에서는 열쇠만 받고 다시 숙박 시설로 이동하는 경우도 있으니, 위치를 선정할 때 잘 알아보고 선택해야 하는 어려움이 있다. 리셉션이 있는 아파트먼트는 캐리어 보관도 가능하다.

VN3 테라스 스위트 바이 프라그 레지던스
VN3 Terraces Suites by Prague Residences

바츨라프 광장에 자리한 현대적인 분위기의 레지던스

바츨라프 광장 바타(Bata) 매장 맞은편, 외관이 유리로 되어 있는 건물 6층과 7층에 자리하고 있는 레지던스로 24개의 객실을 보유하고 있다. 각 객실은 스튜디오, 딜럭스 스튜디오, 테라스가 딸린 스튜디오, 1베드룸, 테라스가 딸린 1베드룸, 테라스가 딸린 럭셔리 1베드룸, 2베드룸, 테라스가 딸린 2베드룸, 테라스가 딸린 럭셔리 2베드룸 등으로 다양한 룸을 선택할 수 있다. 테라스가 딸린 룸은 바츨라프 광장이 내려다보이며 멀리는 프라하 성까지 전망 가능한 만큼 인기가 많아 예약이 빨리 마감되니 서둘러 예약해야 한다. 모든 예약자들은 체크인 시간에 맞춰 비대면 온라인 체크인으로 입실할 수 있다.

주소 3, Václavské nám. 841, Můstek, 110 00 Praha 1 **전화** 222 743 571 **위치** 바츨라프 광장에 위치. **요금** 스튜디오 비수기 €67~, 극성수기 €130~ / 스튜디오(테라스) 비수기 €81~, 극성수기 €170~ / 1베드룸 비수기 €87~, 극성수기 €220~ / 1베드룸(테라스) 비수기 €93~, 극성수기 €250~ **홈페이지** www.pragueresidences.com/cz/VN3-Terraces-Suites

말로스트란스카 레지던스 Malostranska Residence

영화 〈뷰티 인사이드〉 촬영지이자 럭셔리한 분위기의 숙소

앤티크한 인테리어의 고급스러운 아파트먼트이다. 호텔의 럭셔리함과 레지던스의 편안함을 동시에 갖춘 곳으로, 말로스트란스케 광장에 자리하고 있어 카를교는 도보 3분, 프라하성은 도보 5분이면 이동할 수 있다. 0층에 리셉션이 따로 있어서 체크인이 편하고, 와이파이는 아파트먼트 내에선 무료로 사용할 수 있으며, 체크인은 오후 2시이고 체크아웃은 오전 11시까지다.

주소 Malostranské náměstí 38/24, 118 00 Praha 1 **전화** 734 756 888 **위치** ❶ Metro A선 말로스트란스카(Malostranska) 역에서 하차, 밖으로 나오면 바로 트램 정류장이 보인다. 트램 정류장에서 역을 등지고 오른쪽으로 진행하는 트램 12번, 20번, 22번, 23번을 타고 정거장 후인 말로스트란스케 광장에서 하차, 스타벅스 맞은편 카페 빅토리아 건물이다. 38/24라고 써 있는 문에서 리셉션 벨을 누르면 문을 열어 준다. ❷ Metro B선 안델(Anděl) 역에서 하차, 밖으로 나오면 바로 트램 정류장이 보인다. 트램 정류장에서 트램 12번, 20번이 서는 정류장인지 확인 후 프라하성 방향으로 트램을 타고 말로스트란스케 광장에서 하차한다. **요금** 더블 스위트룸 €100~200, 이그제큐티브 아파트먼트 €120~220, 슈페리어 아파트먼트 €130~250, 프레지덴셜 아파트먼트 €230~400, 펜트하우스 아파트먼트 €250~405 **홈페이지** www.residence-malostranska.com

호스텔

프라하 대부분의 호스텔이 사설 호스텔로 그 수만 80여 곳이 넘기 때문에 저렴한 가격으로 숙박을 해결할 수 있다. 이는 젊은 여행객들이 프라하를 많이 찾고 있다는 증거이기도 하다. 유럽의 호스텔은 여성과 남성을 특별히 구분해서 방 배정을 하지 않는 경우가 많기 때문에 남녀가 한 방을 사용한다는 게 부담스럽다면 여성 전용룸이 있는 호스텔을 찾아 예약해야 한다. 호스텔의 장점은 외국 친구들과 쉽게 어울릴 수 있다는 것과 음식을 해 먹을 수 있는 것이고, 단점은 소지품 주의에 각별히 신경써야 한다는 것이다.

호스텔 월드(한글 지원) www.korean.hostelworld.com

플러스 프라그 호스텔 Plus Prague Hostel
사우나와 수영장 시설을 갖추고 있는 호스텔

위치는 관광지에서 조금 벗어나 있지만 그리 불편하진 않다. 시설 면으로는 호텔이 부럽지 않을 만큼 잘 되어 있다. 호스텔에서는 드물게 사우나와 수영장 시설이 갖추어져 있어 호스텔 안에서도 여가 시간을 보낼 수 있다. 룸은 여성 전용룸과 믹스룸으로 이루어져 있으며 남성 전용룸은 따로 준비되어 있지 않다. 체크인 시간은 오후 3시부터 체크아웃은 오전 10시까지다.

주소 Přívozní 1, Praha 7 전화 220 510 046 위치 Metro C선 프라하 중앙역(Nádraží Holešovice)에서 내려 역을 등지고 길을 건넌 후 아무 트램이나 탄 후 한 정거장 뒤에 내린 후 프르지보즈니(Přívozní) 거리로 들어서면 플러스 프라그 호스텔이 보인다. 요금 도미토리 €12~15 홈페이지 www.plushostels.com/en/plusprague

카를 브리지 이코노믹 호스텔 Charles Bridge Economic Hostel
1층 침대를 사용하는 도미토리룸으로 인기 많은 호스텔

카를교 바로 옆에 자리하고 있어서 관광하기엔 최적의 위치를 자랑한다. 호스텔이면서 도미토리룸에 1층 침대를 들여놓아 좀 더 편히 묵을 수 있다.

주소 Mostecká 53/4, Praha-Malá Strana 전화 606 155 373 위치 카를교 말라스트라나 교탑에서 도보 1분. 요금 도미토리 €15~30 홈페이지 www.charlesbridgehostel.cz

근교 여행

보헤미아 지방
- 체스키 크룸로프
- 플젠
- 카를로비 바리
- 쿠트나호라

모라비아 지방
- 브르노
- 올로모우츠
- 크로메르지시
- 미쿨로프
- 레드니체 & 발티체
- 즈노이모
- 텔츠

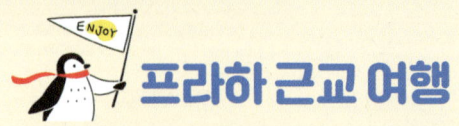

프라하 근교 여행

낭만의 도시 하면 떠오르는 프라하. 프라하는 체코의 수도이자 동유럽 여행의 중심지로 서방의 세련미와 동방의 우아함을 두루 갖춘 매력을 지니고 있는 도시다. 하지만 프라하만을 둘러보는 것으로는 체코의 숨은 매력을 발견할 수 없다. 프라하를 중심으로 장거리 버스와 기차를 이용해 조금만 벗어나면 색다른 정취의 근교 도시들을 만날 수 있다.

체스키 크롬로프 중세의 모습을 아름답게 간직한 동화 속 마을
플젠 황금빛 라거의 참맛을 느낄 수 있는 필스너 맥주의 본고장
카를로비 바리 베토벤, 톨스토이 등의 저명인사들이 찾은 체코의 온천 도시
쿠트나호라 과거 보헤미아 지방의 경제 중심이었던 은광의 도시
브르노 아름다운 자연경관과 와인으로 여행자를 사로잡는 곳
올로모우츠 다양한 양식의 건물과 아름다운 분수대가 있는 건축 박물관
크로메르지시 영화 '아마데우스'를 촬영한 대주교의 성과 정원이 있는 곳
미쿨로프 보랏빛 물결이 넘실거리는 와이너리, 신이 내려 준 모라비아의 이탈리아
레드니체 & 발티체 성과 궁전, 정원과 자연경관의 향연, 체코의 숨겨진 보물 같은 곳
즈노이모 체코에서 가장 큰 와인 페스티벌이 열리는 포도향이 가득한 도시
텔츠 르네상스와 바로크 양식의 건축물이 아름다운 모라비아의 진주

근교 여행지로 이동하기

프라하에서 근교 여행을 할 때 가장 많이 이용하는 교통수단은 장거리 버스이다. 다른 유럽 국가와 다르게 체코는 기차보다 근교 여행 시 장거리 버스가 더 저렴하고 편리하다. 여행 전 체코 교통 홈페이지(jizdnirady.idnes.cz)에서 탑승지와 운행 시간을 확인하면 어렵지 않게 근교 여행을 준비할 수 있다.

장거리 버스 및 기차 예약 방법

교통 이용 홈페이지(jizdnirady.idnes.cz) 또는 어플리케이션(Jízdní řády IDOS) 접속

STEP 1 검색하기
① 기차(Vlaky), 버스(Autobusy) 또는 기차 + 버스(Vlaky+Autobusy)를 선택한다. 체스키 크룸로프, 카를로비 바리, 멜닉 등의 행선지에는 버스를, 쿠트나호라는 기차를 선택한다.
② 출발 지역 : 프라하에서 출발 시에는 터미널명이 아니라 Praha로 입력한다.
③ 도착 지역 입력
④ 출발 날짜 선택
⑤ 출발 시간대 선택
⑥ 검색

STEP 2 예약하기
① 출발 날짜
② 출발 지역과 터미널
③ 출발 시간
④ 버스 플랫폼
⑤ 도착 지역과 터미널
⑥ 도착 시간
⑦ 이동 시간과 이동 거리
⑧ 버스 회사

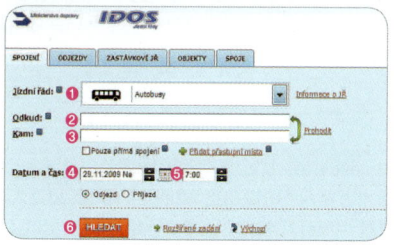

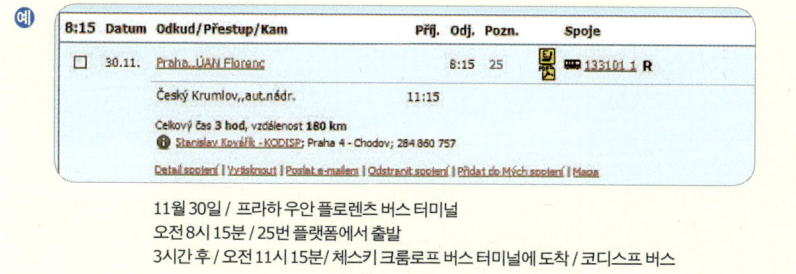

11월 30일 / 프라하 우안 플로렌츠 버스 터미널
오전 8시 15분 / 25번 플랫폼에서 출발
3시간 후 / 오전 11시 15분 / 체스키 크룸로프 버스 터미널에 도착 / 코디스프 버스

장거리 버스

▶ 우안 플로렌츠 버스 터미널 ÚAN Florenc Autobusové nádraží

우안 플로렌츠 버스 터미널은 메트로 C선 플로렌츠(Florenc) 역에서 내려 아우토부소베 나드라지(Autobusové nádraží) 방향으로 나가면 된다. 프라하 근교 이외에 유럽의 다른 국가로 이동하는 장거리 버스들도 이곳 터미널을 이용하기 때문에 창구 사용이 다소 복잡한 편이다.

버스 회사마다 티켓을 판매하는 창구가 따로 있으므로 티켓 구입 시 어떤 버스를 이용할 것인지 미리 알고 있는 것이 편하다. 보통 체스키 크룸로프와 카를로비 바리로 여행할 때 이곳을 이용하게 된다. 각 버스 회사별로 티켓 창구가 있으며, 스튜던트 에이전시를 타고 체스키 크룸로프와 카를로비 바리로 이동 시 스튜던트 에이전시 창구에서 티켓을 구매할 수 있다. 우안 플로렌츠 터미널이 아닌 다른 터미널에서 스튜던트 에이전시를 이용하더라도 이곳에서 티켓을 구입할 수 있다.

스튜던트 에이전시가 가지 않는 도시들은 창구 중간에 자리하고 있는 인포메이션에서 목적지를 이야기하면 티켓 구입이 가능한 창구 번호를 알려 준다. 티켓 구입 시 돌아오는 티켓을 미리 구입해 두는 게 좋다.

▶ 나 크니제치 버스 터미널 Na Knížecí Autobusové nádraží

나 크니제치 버스 터미널은 메트로 B선 안델(Anděl) 역과 연결된다. 나 크니제치 터미널이란 이름보다 안델 버스 터미널로 더 많이 알려져 있다. 안델 역에서 아우토부소베 나드라지(Autobusové nádraží) 방향으로 나가면 나 크니제치 버스 터미널이 나온다. 나 크니제치 터미널에서 근교 여행 시 많이 이용하는 버스는 체스키 크룸로프로 가는 스튜던트 에이전시 오전 버스이다. 체스키 크룸로프로 가는 스튜던트 에이전시 오전 버스는 비수기가 따로 없을 정도로 늘 매진이니 미리 스튜던트 에이전시 홈페이지에서 예약을 하거나 창구에서 하루 전에 티켓을 끊어 두는 것이 좋다.

▶ 홀레쇼비체 버스 터미널 Nádraží Holešovice

홀레쇼비체 버스 터미널은 메트로 C선 홀레쇼비체(Holešovice) 역과 홀레쇼비체 기차역(Žel. St. Praha- Holešovice)이 모두 연결된 또 다른 교통 중심지이다. 홀레쇼비체 버스 터미널은 프라하 외곽 지역에 있는 도시와 연결된다. 체코의 와인 고장인 멜닉으로 여행하기 위해서는 홀레쇼비체 버스 터미널 10번 플랫폼을 이용하면 된다. 버스 티켓은 버스 기사에게 직접 구입하면 된다.

나 크니제치 버스 터미널

플로렌츠 버스 터미널

기차역

> **프라하 중앙역** Praha Hlavní Nádraží

체코 기차의 중심이 되는 기차역이다. 메트로 C선 흘라브니 나드라지(Hlavní nádraží) 역과 연결되는 중앙역은 유럽 각지에서 들어오는 기차들로 하루에도 수없이 많은 관광객이 오고 간다. 1층은 메트로 개찰구와 대형 서점 및 패스트푸드점과 샤워실, 쇼핑센터들이 있고, 2층에는 티켓 창구, 대합실, 오락실, 여행사, 환전소, 매점이 있다. 체코에서 유레일이 사용 가능하기 때문에 유레일 패스로 여행하는 사람이라면 조금 불편하지만, 기차로 여행하는 것도 좋은 방법이다.

> **홀레쇼비체 역** Žel. St. Praha-Holešovice

홀레쇼비체 역은 메트로 C선 홀레쇼비체(Holešovice) 역과 연결되어 있다. 프라하 중앙역처럼 크지는 않지만, 중앙역 다음으로 유럽 국가로 발착하는 기차가 많이 들어오는 곳이다.

크로메르지시의 대주교 성탑

체스키 크룸로프
Český Krumlov

보헤미아 지방

유럽에서 가장 아름다운 동화 속 마을

블타바강이 굽이쳐 흐르는 체스키 크룸로프는 14~16세기에 수공업과 상업으로 번영하였다. 중세와 르네상스 양식의 건축물들이 잘 보존된 체스키 크룸로프는 카메라 렌즈 속에 가장 아름답게 담기는 마을이기도 하다. 1992년 유네스코에 의해서 세계 문화유산으로 지정되었으며, 체코를 넘어 유럽에서 가장 아름다운 마을로도 잘 알려져 있다. 체코에서는 프라하에 이어서 두 번째로 많은 관광객들이 찾고 있으며 드라마, 영화, CF, 뮤직비디오 촬영지로 각광받고 있다. 체스키 크룸로프는 체코어로 '체코의(Český) 오솔길(Krumlov)'이라는 뜻을 담고 있다. 마을 곳곳에 아름다운 전망이 펼쳐지고, 마을을 끼고 커다랗게 휘어져 흐르는 블타바강에서는 늦은 봄부터 초가을까지 래프팅을 즐길 수도 있다.

📷 **체스키 크룸로프에서 놓치지 말아야 할 것!**

① 체스키 크룸로프성에서 보는 블타바강과 마을의 전경
② 세미나르니 정원에서 체스키 크룸로프성 보기
③ 6월 셋째 주 주말에 열리는 장미 꽃잎 축제

체스키 크룸로프 가는 방법

프라하에서 체스키 크룸로프까지는 버스와 기차로 갈 수 있는데, 버스로 이동하는 방법을 추천한다. 버스 터미널에 내리면 동화 같은 마을 전경이 한눈에 들어와 깊은 인상을 주는데, 기차를 타고 오면 마을 뒤로 들어와 그 모습을 볼 수가 없다. 또한 버스가 기차보다 훨씬 저렴하다는 이유도 있다.

- **기차** 2017년부터 프라하 중앙역(Praha hl.n.)에서 체스키 크룸로프(Český Krumlov)까지 직행 열차인 익스프레스 노선이 하루에 한 편 오전 8시 2분에 출발한다. 소요 시간은 약 2시간 50분 정도다. 경유 노선은 체스키 부데요비체(Český Budějovice)에서 체스키 크룸로프(Český Krumlov)행으로 갈아타야 한다. 경유 노선은 프라하 중앙역에서 체스키 크룸로프까지 3시간 30분~4시간 정도 소요된다.

- **버스** 프라하의 메트로 B선 안델(Andél) 역 근처의 나 크니제치 버스 터미널에서 스튜던트 에이전시를 타고 체스키 크룸로프로 갈 수 있는데, 오전 시간에는 워낙 인기 있는 구간이기 때문에 미리 예약을 해야 한다. 또는 메트로 C선 플로렌츠(Florenc) 역의 장거리 버스 터미널에서 체스키 크룸로프행을 타고 종점까지 가면 된다. 두 노선 모두 왕복 티켓을 미리 끊어 두는 것이 좋으며, 소요 시간은 3시간이다.

Tip 체스키 크룸로프 카드
체스키 크룸로프성 박물관, 성탑, 에곤 실레 아트 센터 등을 입장할 수 있는 카드이다. 관광 안내소나 성에서 구입할 수 있다.
요금 성인 400kč, 학생 200kč

관광 안내소
주소 Nám. Svornosti 2, 381 01 Český Krumlov 전화 380 704 622 시간 일~수 09:00~16:00, 목~토 09:00~17:00 / 토·일·공휴일은 12:00~13:00(점심시간) 브레이크 타임 홈페이지 www.ckrumlov.cz

Best Tour: 스보르노스티 광장 ▶ 도보 3분 ▶ 에곤 실레 아트 센터 ▶ 도보 5분 ▶ 이발사의 다리 ▶ 도보 3분 ▶ 성탑과 성 ▶ 도보 4분 ▶ 성의 정원

스보르노스티 광장 Svornosti Náměstí (Svornosti Square)

파스텔톤의 귀여운 건물들이 감싸고 있는 곳

구시가지 광장인 스보르노스티 광장은 13세기에 만들어진 광장으로, 광장 한쪽엔 1715년 전염병 페스트가 끝난 것을 기념하는 성 삼위일체 기둥이 세워져 있다. 광장 주변으로는 귀여운 파스텔톤의 르네상스 양식의 건물들이 광장을 감싸고 있고, 르네상스 타운이라고 불린다. 현재는 호텔, 시청사, 레스토랑, 기념품 상점, 관광 안내소가 있고, 관광 안내소에서는 무료 지도를 받을 수 있으니 체스키 크룸로프 여행을 시작하기 전에 미리 들러 보자.

주소 Nám. Svornosti 10, Vnitřní Město, 381 01 Český Krumlov **위치** 버스 터미널에서 도보 10분.

체스키 크룸로프성 Zámek Český Krumlov (Chateau Český Krumlov)

체코에서 두 번째로 큰 성

체스키 크룸로프성은 체코에서 프라하성 다음으로 규모가 큰 성이다. 13세기에 고딕 양식으로 지어졌으나 18세기까지 수차례 증축되면서 현재는 여러 양식이 복합된 성의 모습을 하고 있다. 최초로 지어진 고딕 양식의 성은 1240년 비트코프치(Vítkovci) 가문에 의해 블타바강이 내려다보이는 돌산 위에 건립되었다. 이 때문에 비트코프치 가문의 문장이었던 다섯 송이의 장미가 지금까지 이 성의 상징이 되었다. 14세기 로젠베르그(Rosenberg) 가문이 성의 주인이 되면서 최고의 전성기를 맞이하는데, 이때 현재 남아 있는 가장 오래된 건물이자 르네상스 양식의 건물인 흐라데크(Hradek)를 증축하였고, 16세기에 지붕의 둥근 탑과 회랑 등을 증축하였다. 17세기에는 합스부르크가에서 성을 매입했다가 에겐베르그(Eggenberg) 가문에게 선물했는데, 에겐베르그 가문은 바로크 양식으로 성을 개축했다. 마지막으로 18세기 초에 슈바르젠베르그(Schwarzenberg) 가문의 후손들이 성을 광범위하게 개조하여 지금의 모습을 완성하였다. 1950년 체코 정부가 성을 인수하여 일반인에게 성 내부를 공개하였다. 성안에는 영주가 거주하던 궁전과 예배당, 바로크식 극장 등이 있는데, 각각의 건물들은 정원으로 길게 연결되어 있다. 내부 관람은 가이드 투어로 진행되며, 예배당과 여러 방을 돌아보는 코스와 미술 작품을 돌아보는 코스가 있다.

주소 Státní hrad a zámek Český Krumlov, Zámek 59, 381 01 Český Krumlov **시간** 4·5·9·10월 09:00~16:00 / 6~8월 09:00~17:00 **휴무** 월요일, 11~3월 (3월 말부터 오픈하는 경우도 있다.) **요금** 투어 1 성인 240kč, 학생·어린이 190kč (독일어·영어 가이드 투어 / 55분 소요 / 르네상스와 바로크의 방, 예배당, 황금마차와 가면의 방 포함) **투어 2** 성인 220kč, 학생·어린이 180kč (독일어·영어 가이드 투어 / 55분 소요 / 슈바르젠베르그 갤러리, 슈바르젠베르그 아파트, 망토 다리 포함) **홈페이지** www.castle.ckrumlov.cz

★장미꽃잎 축제

중세 도시인 체스키 크룸로프에서 열리는 가장 큰 축제이기도 하고 체코에서도 대표 축제의 하나로 손꼽힌다. 축제가 열리는 6월 셋째 주 주말 이틀 동안 마을 전체가 중세 시대를 재현한다. 복장과 먹거리, 거리 공연 등을 통해 중세 시대 그대로의 모습을 보고 체험할 수 있다. 이 기간에는 마을 입구에서 요금을 받으니 참고하도록 하자.

시기 6월 셋째 주 주말

캐슬 바로크 극장 Zámecké barokní divadlo

중부 유럽 지역에서 가장 오래 보존된 바로크 극장이자 세계에서도 가장 보존이 잘 된 바로크 극장이기도 하다. 극장 건물, 오케스트라, 무대 및 기계, 무대 의상 및 액세서리, 조명, 대본 등을 섬세하게 복원하여 세계적으로도 중요한 극장으로 남아 있다.

시간 5~10월 화~일 10:00~15:00 휴무 월요일, 11~4월 요금 성인 280Kč, 학생 220Kč

성탑 Zámecká Věž

르네상스 양식의 성탑인 흐라데크(Hrádek)는 체스키 크룸로프의 상징이자 마을에서 가장 높은 전망을 자랑하는 곳이다. 54.5m 높이의 162개의 계단을 올라 전망대에 서면, 블타바강이 S자로 흐르고 다다닥 붙어 있는 붉은 지붕이 아름답게 펼쳐진 경치를 볼 수 있다. 티켓은 성 박물관과의 통합권으로 판매하고 있다.

시간 3월·11월·12월 1일~22일 (화~일) 09:00~15:30, 4·5·9·10월 09:00~16:30, 6~8월 09:00~17:30 / 마지막 입장은 끝나는 시간 30분 전 휴무 12월 23일~2월 요금 성인 180kč, 어린이·학생 140kč

성의 정원 Zámecká Zahrada

성이 끝나는 지점에서 오르막길로 올라서면 숨겨진 성의 정원이 있다. 정원 안으로 들어서면 왼편에 끝이 보이지 않는 가로수길이 마치 영화에서나 나올 법한 모습으로 뻗어 있고, 로코코 양식의 화려한 분수는 이곳을 찾은 사람들의 발길을 또 한 번 멈추게 한다. 정원 안쪽에는 18세기 후반에 완성된, 유럽에서 가장 오래된 바로크 극장이 있는데 1997년 일반인에게 공개됐다. 200개의 조명과 50여 개의 무대 장치 대부분은 원래 상태 그대로 보존되어 있으며 사람의 손으로 직접 움직이면서 공연한다.

시간 4월 08:00~17:00, 5~6월 09:00~18:00, 7~8월 08:00~19:00, 9월 09:00~18:00, 10월 09:00~17:00 휴무 월요일, 11~3월

에곤 실레 아트 센터 Egon Schiele Art Centrum

에곤 실레의 작품과 유품이 전시된 곳

1993년에 세워진 에곤 실레 아트 센터는 오스트리아를 대표하는 표현주의의 천재 화가 에곤 실레의 작품을 전시하고 있다. 28년의 짧은 삶 동안 그가 그렸던 수채화와 회화를 전시해 놓은 에곤 실레 전시관과 20세기 국내외 미술품을 전시하고 있는 현대 전시관을 갖추었다. 에곤 실레 전시관에는 에곤 실레의 작품과 그의 소지품, 친필로 쓴 편지, 가구 등이 전시 중이고, 그가 사랑했던 여인들의 사진이 가족사진과 함께 전시되어 있다. 여성 편력과 에로틱하고 과감한 신체 묘사로 그의 그림은 아직까지 '예술이냐, 외설이냐?'라는 논란이 있지만, 과거에도 현재에도 그의 그림이 많은 사람들의 사랑을 받고 있다는 것은 부정할 수 없는 사실이다.

주소 Široká 71, 381 01 Český Krumlov 전화 380 704 011 위치 스보르노스티 광장에서 도보 2분. 시간 10:00~18:00 요금 성인 200kč, 학생 100kč 홈페이지 www.esac.cz

🍽 크르츠마 브 세아트라브스케 우리치 Krčma v šatlavské ulici

그릴 요리 전문 레스토랑

그릴 요리가 유명한 레스토랑으로, 항상 손님이 끊이지 않는 체스키 크룸로프의 맛집이다. 특히 저녁에는 예약이 꽉 차 있기 때문에 저녁 시간이 시작되기 전에 미리 가는 것이 좋다.

주소 Horní 157, 381 01 Český Krumlov 전화 380 713 34 위치 스보르노스티 광장에서 도보 1분. 가격 1인 믹스 그릴 325kč~, 2인 믹스 그릴 595kč~ 홈페이지 www.satlava.cz

🍽 파파스 리빙 레스토랑 Papa's Living Restaurant

체스키 크룸로프의 라자냐 맛집

블타바 강변에 자리하고 있는 이탈리안 레스토랑으로 체스키 크룸로프에서도 수년간 상위권의 평점을 유지하고 있는 레스토랑이다. 인기가 많은 만큼 홈페이지를 통해 사전에 예약하는 것이 좋다. 스테이크나 립 메뉴도 있지만, 이탈리안 레스토랑답게 피자, 파스타, 라자냐 메뉴를 맛보는 것을 추천한다.

주소 Latrán 13, 381 01 Český Krumlov 전화 702 215 965 위치 이발사의 다리에서 도보 1분. 가격 라자냐 269Kč~, 스파게티 269Kč~ 홈페이지 www.papas.cz

🏨 퍼스트 리퍼블릭 빌라 1st Republic Villa

브런치 카페 같은 조식이 환상적인 곳

프라하에서 출발하여 도착하는 버스의 정류장이 인근에 자리하고 있어 교통 접근성이 굉장히 좋은 숙소이다. 주인 부부가 소규모로 운영하는 펜션으로 숙소 요금에 포함된 조식이 맛과 비주얼 모두 사로잡아 펜션 이용 고객들에게 입소문으로 유명해진 숙소이기도 하다. 8개의 더블룸 객실을 보유하고 있으며 가장 높은 층에서는 체스키 크룸로프성이 바라보이는 전망을 감상할 수 있다. 단, 엘리베이터가 없기 때문에 짐을 들고 올라가야 하는 어려움이 따른다. 하지만 체스키 크룸로프의 숙소는 대부분 엘리베이터가 없으니 큰 단점은 아니다.

주소 Kaplická 222, Horní Brána, 381 01 Český Krumlov **전화** 777 321 617 **위치** 체스키 크룸로프 버스 터미널에서 도보 3분. **요금** 스탠다드 더블 룸 2,400Kč~, 성 전망 더블 룸 2,500Kč~, 디럭스 더블 룸 (성 전망 & 에어컨 완비) 2,600Kč~ / 현장에서 현금 결제 **홈페이지** www.1strepublicvilla.cz

🏨 펜션 포드 라드니치 Penzion Pod Radnicí

마을 중심에 자리한 펜션

스보르노스티 광장에서 이발사의 다리로 가는 중간쯤에 위치해 있는 펜션으로, 1층에는 레스토랑도 함께 운영하고 있다. 체크인을 할 때는 레스토랑에 문의하면 되고, 키를 받은 다음부터 펜션을 이용할 수 있다. 전 객실에서 무료 와이파이를 사용할 수 있다.

주소 Radniční 26, 381 01 Český Krumlov **전화** 380 712 523 **위치** 스보르노스티 광장에서 도보 1분. **요금** 더블 룸 1,900Kč~, 트리플 룸 2,200Kč~, 아파트먼트 3인실 2,600Kč~, 아파트먼트 5인실 3,500Kč~ / 조식 포함 **홈페이지** www.pensionpodradnici.cz

🏨 호텔 콘비체 Hotel Konvice

인테리어와 창밖 풍경이 인상적인 호텔

가족이 운영하는 호텔로, 버스 터미널에서 스보르노시티 광장으로 가는 길에 있기 때문에 이동하기에 상당히 좋은 위치이다. 테라스가 있는 방에서는 성의 전망이 보이고, 실내 인테리어 또한 인상적이다. 호텔 내에서 무료 와이파이를 사용할 수 있다.

주소 Horní 145, 381 01 Český Krumlov **전화** 380 711 611 **위치** ❶ 스보르노스티 광장에서 도보 2분. ❷ 버스 터미널에서 도보 7분. **요금** 싱글 룸 1,200Kč~1,750Kč, 더블 룸 1,600Kč~2,150Kč / 조식 포함 **홈페이지** www.en.stadthotel-krummau.de

플젠
Plzeň

보헤미아 지방

필스너 우르켈이 유명한 맥주의 도시

프라하에서 남서쪽으로 90km 정도 떨어진 보헤미아 지방에 위치한 플젠은 체코 하면 가장 먼저 떠오르는 맥주인 '필스너 우르켈(Pilsner Urquell)'의 본고장으로 약 700년 전부터 맥주를 만들어 왔다. 유럽에서도 가장 유명한 맥주의 도시이며, 독일과 인접해 있기 때문에 중세 시대부터 독일과의 교류가 활발해 상업 도시로서도 큰 업적을 남겼던 곳이다. 또 플젠은 맥주뿐만 아니라 체코를 대표하는 자동차 회사인 슈코다(Škoda)의 본사가 있는 도시로 공업 도시로의 발전도 주목할 만하다. 체코에서 가장 높은 성 바르톨로메이 성당 첨탑과 전 세계에서 세 번째로 큰 벨카 시너고그가 있는 플젠은 2015년 '유럽 문화 중심 도시'에 선정되었다.

📷 **플젠에서 놓치지 말아야 할 것!**
① 필스너 우르켈 맥주 공장에 있는 오크통 맥주
② 성 바르톨로메이 성당 탑에서 플젠 시내 조망

🚌 플젠 가는 방법

▶ **기차** 프라하 중앙역에서 플젠 중앙역까지 약 1시간 40분이 소요된다.

▶ **버스** 프라하 플로렌츠(Florenc) 버스 터미널에서 플젠까지 약 1시간 30분, 프라하 즐리친(Zličín) 버스 터미널에서 스튜던트 에이전시 버스로 약 1시간이 소요된다.

🚌 플젠 시내 교통

기차역에서 구시가지까지 도보 이동이 가능하나 공화국 광장까지 트램 1, 2, 4번을 타고 이동할 수 있다. 티켓은 타박(Tabac)이나 관광 안내소에서 구입 가능하다. 기사에게 구입할 경우 1회권에 30kč이다. 버스 터미널에서 맥주 공장까지는 거리가 있어 28번 버스를 타고 프라즈드로이(Prazdroj)에서 하차한다.

요금 1회권 18kč(기사에게 구입할 경우 30kč) / 35분 동안 사용 가능

ℹ️ 관광 안내소

주소 Náměstí Republiky 290/41, 301 00 Plzeň **전화** 378 035 330 **위치** 공화국 광장 시청사 옆. **시간** 4~9월 09:00~19:00, 10~3월 09:00~18:00 **홈페이지** www.pilsen.eu

Best Tour 기차역 / 버스 터미널 ➡ 기차역 도보 10분 / 버스 터미널 버스(28번) 10분 ➡ 필스너 우르켈 맥주 공장 ➡ 도보 12분 ➡ 공화국 광장 ➡ 도보 3분 ➡ 벨카 시너고그 ➡ 도보 10분 ➡ 기차역

필스너 우르켈 맥주 공장 Plzeňský Prazdroj (Pilsner Urquell Brewery)

필스너 우르켈 제조 과정을 볼 수 있는 맥주 공장

세계에서 가장 많은 맥주가 소비되는 나라가 바로 체코이다. 1842년 플젠의 물과 홉을 이용해 깨끗한 '황금빛 라거'를 처음 만들었으며, '필스너'라는 맥주 이름으로 시민 양조장을 만들었다. 당시 '라거' 공법이 인기를 끌면서 이곳저곳에서 '필스너'라는 이름으로 맥주를 판매하자, '원조'라는 뜻의 '우르켈'을 뒤에 붙여 지금의 '필스너 우르켈'이란 이름을 갖게 되었다.

공장 견학은 투어로만 가능한데, 맥주가 만들어지는 제조 과정을 견학하고, 마지막으로 지하 저장고에 보관된 오크통에서 효모가 살아 있는 맥주를 맛본다. 이 맥주는 오로지 플젠에서만 맛볼 수 있는데, 축제 기간에는 다른 펍에서도 마실 수 있지만, 평상시에는 공화국 광장 인근 맥주 양조 박물관 1층에 위치한 '나 파르카누(Na Parkánu)' 레스토랑에서만 맛볼 수 있다. 지하 저장고로 들어가면 온도가 떨어지니 따뜻한 옷을 미리 준비하는 것이 좋다. 매해 필스너 우르켈이 처음 나왔던 시기에 맞춰 8월 말에서 9월 초에는 플젠뿐만 아니라 체코에서도 손꼽히는 맥주 축제가 열린다. 현재 우리나라에서도 필스너 우르켈 맥주 축제가 매년 진행되고 있다.

주소 U Prazdroje 64/7, 301 00 Plzeň 전화 377 062 888 위치 ❶ 플젠 중앙역에서 도보 10분. ❷ 버스 터미널에서 버스 28번 타고 프라즈드로이(Prazdroj) 정류장에서 하차, 약 10분 소요. 시간 투어는 체코어, 영어, 독일어로 진행되며 투어 시간은 매월 달라지므로 홈페이지에서 확인. 투어 시간은 110분. 요금 투어 380kč 홈페이지 www.prazdrojvisit.cz

공화국 광장 Náměstí Republiky (Republic Square)

플젠의 중앙 광장
플젠의 중앙 광장인 공화국 광장에는 플젠의 주요 명소가 대부분 모여 있어 플젠 여행에서 중요하다. 체코에서 가장 높은 첨탑을 가지고 있는 성 바르톨로메이 성당과 플젠의 첫 르네상스 양식 건축물로 손꼽히는 시청사, 관광 안내소가 공화국 광장에 자리 잡고 있으며 관광 안내소 앞쪽으로는 18세기 유럽 전역에 유행하던 전염병이 끝난 것을 기념하기 위해 세운 성 삼위일체 기념비가 있다.

주소 Nám. Republiky, 301 00 Plzeň 3 **위치** ❶ 플젠 중앙역에서 도보 15분. ❷ 버스 터미널에서 도보 15분.

성 바르톨로메이 성당 Katedrála svatého Bartoloměje (Cathedral of St. Bartholomew)

체코에서 가장 높은 첨탑을 가지고 있는 성당

공화국 광장 중앙에 우뚝 솟아 있는 거대한 건물은 체코에서도 세 번째로 크고, 체코에서 가장 높은 103m 첨탑을 자랑하는 성 바르톨로메이 성당이다. 13세기 말 고딕 양식으로 지어지기 시작했으며 16세기에 들어와 완공되었다. 1390년 만들어진 제단 옆에 놓여진 '플젠의 마돈나상'은 그 아름다움이 널리 알려져 있고, 내부는 고딕 양식과 르네상스 양식이 혼합된 복합 양식 구조로 되어 있다. 301개의 계단을 지나 첨탑에 오르면 플젠 시내가 파노라마처럼 펼쳐진다.

주소 Náměstí Republiky, 301 00 Plzeň **전화** 377 226 098 **시간** 성당 월~금 10:00~18:00, 토·일·공휴일 13:00~18:00 / 탑 10:00~18:00 (날씨가 좋지 않으면 올라갈 수 없음) **휴무** 성당 1~3월, 4~9월 일·화요일, 10~12월 토·화요일 **요금** 탑 90kč **홈페이지** www.bip.cz/cs/katedrala-sv-bartolomeje

벨카 시너고그 Velká Synagoga (Great Synagogue)

전 세계에서 세 번째로 큰 유대인 교회

유대인 출신의 아돌프루스 건축가에 의해 설계되었으며, 전 세계에서 세 번째로 큰 유대인 교회다. 원래는 1888년 12월 초석이 세워졌지만 공화국 광장에 있는 성 바르톨로메이 성당보다 더 높다는 이유로 거절당하면서 1890년 새로운 디자인으로 지어진 것이 지금의 모습이다. 유럽의 어느 도시보다 플젠은 유대인들의 거주가 자유로웠던 편이었기 때문에 플젠에서의 유대인 역사는 매우 깊다. 하지만 제2차 세계 대전 당시 나치에 의해 유대인 학살이 자행되면서 이곳 역시 문을 닫을 수밖에 없었고, 전쟁이 끝나고 나서도 남아 있는 유대인마저 다른 나라로 흩어져 자연스럽게 폐허가 되었다. 그 후 체코 정부의 지원과 기금 운동으로 1998년 복원 공사를 마치고 다시 유대인들의 교회로 돌아왔다. 티켓은 시너고그 뒷편에 위치한 랍비 하우스에서 판매하고 있으며, 시너고그 입구는 정문이 아닌 팔라츠케호(Palackého) 거리와 연결되어 있다.

주소 Sady Pětatřicátníků 35/11, 301 37 Plzeň **전화** 377 235 749 **위치** 공화국 광장에서 도보 3분. **시간** 일~목 10:00~17:00 **휴무** 금~일 안식일, 유대교 휴일, 행사가 있는 날 **요금** 성인 120kč, 학생 80kč **홈페이지** www.zoplzen.cz

맥주로 목욕하기

▶ **푸르크미스트르** Purkmistr

현재 체코에서 유행처럼 번지고 있는 것 중 하나가 바로 맥주 목욕이다. 가장 먼저 맥주로 목욕을 하기 시작한 곳이 플젠의 '푸르크미스트르'이다. 원래 푸르크미스트르는 맥주를 제조하고 판매하던 비어 홀이었지만 알코올로 변하기 전 많은 영양분을 가지고 있는 어린 맥주와 따뜻한 물을 섞어서 온천 시설을 운영하기 시작했다. 욕조는 체코의 고급 낙엽송으로 제작되었으며, 파티션으로 구분되어 단독으로 목욕을 즐길 수도 있고, 파티션을 열어 놓으면 하나의 대형 공간에서 가족끼리 이용할 수 있다. 기본 목욕 시간은 60분 정도(목욕 20분 + 휴식 20분 + 옷을 갈아 입고 샤워하는 시간 20분) 소요되며, 먼저 간단한 샤워를 마친 후 맥주가 담긴 욕조에 20분 정도 목욕을 하는데 이때 얼굴은 담그지 않는 것이 좋다. 목욕을 마치면 20분 정도 휴게실에서 안정을 취한다. 목욕을 마친 후 바로 샤워를 하지 않는 것이 좋다고 하니 샤워는 본인 취향에 따라 선택하면 된다. 목욕 시설뿐만 아니라 꿀, 초콜릿, 돌, 맥주, 홉 등 다양한 종류의 마사지와 건초 사우나실 등도 추가로 선택할 수 있으며, 맥주로 만든 미용 제품들도 판매하고 있다. 단, 12세 이하 어린이는 맥주 스파를 이용할 수 없다.

주소 Selská Náves 21/2, 326 00 Plzeň-Černice **전화** 377 994 311 **시간** 10:00~22:00 **요금** 비어 스파, 홉 스파, 라벤더 스파 1인 욕조 1,100kč, 2인 욕조 2,200kč / 초콜릿 스파 2인 욕조 2,200kč / 콤비 맥주, 이탄, 홉, 라벤더 중 하나(목욕, 마사지, 팩) 70분 1,670kč, 초콜릿(목욕, 마사지, 팩) 70분 1,870kč ※더 다양한 종류의 마사지와 목욕 가격은 홈페이지를 통해 확인. **위치** ❶ 플젠 박물관 앞 버스 정류장에서 13번 버스를 타고 약 25분. 제네랄라 리슈키(Generála Lišky) 정류장에서 하차, 도보 7분. ❷ 두 정거장 후인 우 스타레 코바르니(U Staré Kovárny) 정류장에서 하차 후, 도보 6분. **홈페이지** www.purkmistr.cz

우 살츠만누 U Salzmannů

플젠에서 가장 오래된 펍

1637년 오픈한 플젠에서 가장 오래된 역사를 간직한 비어 펍으로 공산주의가 집권했을 때 잠시 영업을 중지했다가 플젠 맥주의 전통을 되살리기 위해 1989년 다시 새롭게 오픈했다. 총 180석의 대형 비어 홀이며, 플젠에서 가장 많은 관광객이 찾는 레스토랑이기도 하다.

주소 Pražská 90/8, 301 00 Plzeň, Czech Republic 전화 377 235 476 위치 공화국 광장에서 도보 1분. 시간 월~목 11:00~23:00, 금~토 11:00~24:00, 일 11:00~22:00 가격 콜레뇨 349kč~, 소고기 등심 스테이크 399kč~ 홈페이지 www.usalzmannu.com

란고 Rango

지중해 음식을 맛볼 수 있는 레스토랑

공화국 광장 인근에 있는 란고 호텔 내에 위치한 아늑한 분위기의 레스토랑이다. 이탈리아와 그리스 등 지중해 요리를 메인으로 하는 다양한 음식을 맛볼 수 있는 곳이다.

주소 Pražská 89/10, 301 00 Plzeň 3–Vnitřní Město 전화 377 329 969 위치 공화국 광장에서 도보 1분. 시간 11:00 ~23:00 가격 시푸드 파스타 330kč~, 까르보나라 255kč~, 비프 스테이크 540kč~ 홈페이지 www.rango.cz

아스토리 호텔 Astory Hotel

플젠 중앙역에서 가까운 곳

플젠 중앙역에서 필스너 우르켈 맥주 공장 사이에 있는 호텔로, 아늑한 분위기와 넓은 객실 때문에 여행객들에게 인기가 많다. 호텔에서 공화국 광장까지는 도보로 10분 정도 소요되며, 호텔 내 공영 주차장은 무료로 이용할 수 있다.

주소 Nádražní 26, 301 00 Plzeň 전화 379 302 302 요금 싱글 룸 €66~, 더블 룸 €81~ / 조식 포함 위치 플젠 중앙역에서 도보 3분. 홈페이지 www.astory.cz

호텔 란고 Hotel Rango

란고 레스토랑과 함께 운영 중인 현대식 호텔

가족이 운영하는 호텔로 깔끔하고 모던한 분위기의 현대식 호텔이다. 16세기 분위기의 아치형 지하에서 맛보는 조식이 색다르고, 호텔 주변으로 관광지가 인접해 있기 때문에 관광하기에도 좋은 위치를 자랑한다. 호텔 전 구역에서 무료 와이파이가 제공된다.

주소 Pražská 10, 301 00 Plzeň 전화 377 221 188 위치 공화국 광장에서 도보 1분. 요금 싱글 룸 €67~, 더블 룸 €89~ / 조식 포함 홈페이지 www.rango.cz

카를로비 바리
Karlovy Vary

보헤미아 지방

보헤미아 지방에 위치한 온천 도시

카를로비 바리는 프라하에서 서쪽으로 130km 떨어진 보헤미아 지방에 위치한 온천 도시다. 체코의 수많은 온천 중에서도 가장 큰 규모를 자랑하며, 유럽인들이 가장 많이 찾는 온천 휴양지이다. 1349년 오스트리아의 지배하에 있을 때 이곳은 독일어로 카를 왕의 '카를스(Karls)'와 온천 '바트(Bad)'가 합쳐진 '카를스 바트(Karls Bad)'란 지명을 갖게 됐고, 훗날 체코어로도 카를 왕의 '카를로비(Karlovy)'와 온천 '바리(Vary)'가 합쳐진 '카를로비 바리(Karlovy Vary)'란 지명으로 알려지게 되었다. 매년 7월이 되면 '카를로비 바리 국제 영화제'를 통해 온천의 도시 이외에 영화의 도시로도 세계인의 주목을 받는다.

📷 카를로비 바리에서 놓치지 말아야 할 것!
1. 카를로비 바리의 전통 과자 오플라트키 와플
2. 마을을 둘러보며 전용 컵에 온천수 담아 마시기
3. 등산 열차를 타고 다이애나 탑에 올라 카를로비 바리 조망

카를로비 바리 가는 방법

▶ **버스** 메트로 C선 플로렌츠(Florenc) 역 장거리 버스 터미널에서 버스를 타고 종점 한 정거장 전인 트르쥐니체 MHD(Tržnice MHD, 대형 마트 알베르트 앞)에서 내리면 된다. 돌아갈 때는 내린 곳이 아닌 버스의 종점인 버스 터미널에서만 프라하로 돌아가는 버스를 탈 수 있으니 주의해야 한다. 카를로비 바리는 1년 내내 관광객의 발길이 끊이지 않기 때문에 성수기와 비수기가 따로 없으니 버스 티켓을 왕복으로 미리 예매해 두는 것이 좋다. 또한 카를로비 바리로 가는 버스는 스튜던트 에이전시(Student Agency) 버스(노란색 버스)가 있는데, 스튜던트 에이전시 버스는 국제 학생증(ISIC)이 있을 경우 15% 할인받을 수 있다.

 **관광 안내소**
주소 Lázeňská 14, 360 01 Karlovy Vary **전화** 355 321 176 **위치** 믈린스카 콜로나다와 트르지니 콜로나다 사이. **시간** 09:00~17:00 **홈페이지** www.karlovyvary.cz

Best Tour: 버스 하차(트르쥐니체 MHD) ➡ 도보 12분 ➡ 성 페트르와 성 파블 성당 ➡ 도보 10분 ➡ 사도바 콜로나다 ➡ 도보 4분 ➡ 물린스카 콜로나다 ➡ 도보 4분 ➡ 트르지니 콜로나다 ➡ 도보 1분 ➡ 브르지델니 콜로나다 ➡ 도보 1분 ➡ 성 마르지 막달레나 성당 ➡ 도보 7분 + 등산 열차 5분 ➡ 다이애나 탑 ➡ 등산 열차 5분 + 도보 30분 ➡ 버스 터미널(프라하행)

사도바 콜로나다 Sadová Kolonáda (Park Colonnade)

'공원의 콜로나다'라는 뜻을 지닌 회당

드보르자크 공원을 지나면, 고풍스러운 느낌의 사도바 콜로나다가 카를로비 바리의 네 개의 콜로나다 중 가장 먼저 관광객을 맞이한다. 사도바(Sadová)는 '공원의'란 뜻으로 사도바 콜로나다는 '공원의 콜로나다'를 뜻한다. 회당을 따라서 안으로 걷다 보면 이곳에 카를로비 바리 12개의 온천 원천지 중 1개의 원천지가 있다.

위치 드보르자크 공원 옆.

물린스카 콜로나다 Mlýnská Kolonáda (Mill Colonnade)

네오 르네상스 양식의 화려한 콜로나다

1881년 프라하 국립 극장을 설계한 체코 건축가인 요세프 지테크(Josef Zítek)가 설계를 맡아 지은 건물로 네오 르네상스 양식을 하고 있다. 물린스카(Mlýnská)는 '물레방아' 혹은 '풍차'란 뜻을 갖고 있다. 카를로비 바리의 시내 중심에 있으며 가장 아름다운 콜로나다로 알려져 있다. 지붕 위에는 1년 열두 달을 표현한 조각이 올려져 있으며 물린스카 콜로나다의 기둥은 100개가 넘는다고 한다. 12개의 온천 원천지 중 온도가 모두 다른 5개의 원천지가 있다.

위치 사도바 콜로나다에서 도보 3분.

트르지니 콜로나다 Tržní Kolonáda (Market Colonnade)

레이스로 수놓은 것처럼 아름다운 콜로나다

1883년에 지어진 트리지니 콜로나다는 믈린스카 콜로나다를 지나 브르지델니 콜로나다로 가는 길에 있는 곳으로, 입구는 마치 레이스로 수놓은 것처럼 아름다운 문양으로 장식되어 있다. 트르지니(Tržní)는 '시장'이란 뜻을 갖고 있으며, 카를 4세가 다친 발을 치료하기 위해 들렀던 곳으로 유명하다. 콜로나다 옆에 남녀의 얼굴이 반반 섞여 있는 모양의 분수가 눈길을 끌며, 1716년 전염병이었던 페스트가 끝난 것을 기념으로 세워진 바로크 양식의 성 삼위일체 탑이 있다.

위치 믈린스카 콜로나다에서 도보 4분.

브르지델니 콜로나다 Vřídelní Kolonáda (Hot Spring Colonnade)

'용솟음쳐 나오는 온천'이란 뜻의 간헐천 콜로나다

브르지델니 콜로나다는 1975년에 통유리로 지어진 건축물이다. 12개의 원천 중 하나인 브르지델니는 간헐천으로, 지하 2,500m 깊이에서 70℃가 넘는 온천수가 3~4초 간격마다 무서운 기세를 보이며 무려 12m 높이로 솟아오른다. 이 물의 양은 1분에 2,000L를 넘는다고 한다. 이곳의 온천은 마실 수 없으며, 그 옆에 각각 다른 온도로 흐르는 5개의 온천수를 맛볼 수 있다. 브르지델니(Vřídelní)는 '용솟음쳐 나오는 온천'이란 뜻으로, 말 그대로 간헐천 콜로나다를 뜻한다. 내부엔 온천수 외에 카를로비 바리 온천수를 담아 마시는 앙증맞고 귀여운 전통 컵을 판매하는 상점을 비롯해 카를로비 바리 온천에서 나온 소금과 바디용품을 판매하는 상점이 있으며, 카를로비 바리의 전통 과자를 직접 구워 판매하고 있다.

위치 트르지니 콜로나다에서 도보 1분.

★카를로비바리의 전통 과자

우리나라의 전병처럼 둥글고 얇은 카를로비 바리의 전통 과자 '오플라트키 와플(Oplatky Wafers)'은 12가지 맛으로, 그 자리에서 바로 구워 골라 먹는 재미가 있다. 카를로비 바리를 돌아다니다 보면 이 과자를 파는 상점들이 곳곳에 있는데, 이곳에서뿐만 아니라 프라하에서도 쉽게 찾아볼 수 있다.

카를로비 바리의 온천 이야기

카를로비 바리의 온천은 14세기 초 카를 4세에 의해 발견되었는데, 이와 관련해 내려오는 전설이 있다. 카를 4세가 사냥을 하다가 사슴 한 마리가 다리에 화살을 맞고 물에 빠졌는데, 물 밖으로 다시 나온 사슴의 상처 입은 다리가 나아 있었다. 그 모습을 지켜본 카를 4세가 이곳이 온천 지역인 것을 알게 되었다고 한다. 1522년 온천에 대한 의학적 효과가 전 유럽에 알려지면서 카를로비 바리에는 200여 개에 달하는 온천장이 들어서게 되었고, 그러면서 수십 세기가 지난 지금까지도 온천은 이 지역 경제의 근간이 되고 있다.

18세기 말~19세기 초에 많은 유럽의 왕족과 귀족, 저명인사들이 요양을 위해 이곳을 찾기 시작했다. 스메타나, 베토벤, 괴테, 드보르자크, 모차르트, 톨스토이, 쇼팽, 바그너 등도 자주 방문했다고 한다. 이들이 자주 묵었던 온천 호텔은 이들의 기념 동판을 호텔 입구에 만들어 놓기도 했으며, 오늘날까지 곳곳에서 그들의 흔적을 쉽게 찾아볼 수 있다. 카를로비 바리에는 공원의 이름도 스메타나 공원, 드보르자크 공원, 모차르트 공원으로 이름이 남겨져 있을 정도로 예술가들이 요양차 이곳을 많이 찾았던 듯하다. 그중에서도 드보르자크가 1894년 그의 작품 〈신세계 교향곡〉을 이곳에서 초연하여 카를로비 바리는 더욱 유명세를 타게 되었고, 그 덕분에 귀족들과 저명인사들의 사교의 장으로도 널리 알려지게 되었다.

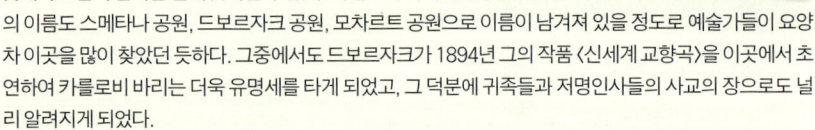

카를로비 바리 온천의 특별함!

카를로비 바리의 온천은 우리가 흔히 생각하는 욕탕에 몸을 담그는 온천이 아니라 마시는 온천이라는 점에서 굉장히 새롭다. 뜨거운 온천물을 받아서 빨대처럼 구멍이 뚫린 손잡이에 입을 대고 온천물을 마시는 도자기 컵은 카를로비 바리에서만 생산되는 특별한 기념품이다. 이 컵을 들고 네 개의 콜로나다(Kolonáda)에서 나오는 온천물을 걸어 다니면서 자유롭게 맛볼 수 있는데, 30여 종의 광물이 포함된 온천수는 성인병 예방과 위장병에 특히 좋다고 한다. 카를로비 바리에 치료를 목적으로 온 사람들은 의사의 처방을 받고 30℃~72℃까지 제각각인 온도의 온천 중 자신에게 맞는 곳을 찾아 이용한다. 각 콜로나다에 있는 온천은 모두 공짜로 이용할 수 있고 24시간 개방하고 있다. 온천에서 채취하는 카를로비 바리의 소금은 카를스 바트(Karls Bad)라는 브랜드로, 소금으로 만든 바디용품은 해외까지 수출할 만큼 인기가 많다.

성 마르지(메리) 막달레나 성당
Chrám Sv.Máží Magdalěny
(Church of St. Mary Magdalene)

카를로비 바리에서 쉽게 볼 수 없는 바로크 양식의 교회

1736년에 바로크 양식으로 지어진 교회로, 카를로비 바리에서는 쉽게 볼 수 없는 양식이다. 브르지델니 콜로나다와 마주 보고 있으며, 두 개의 똑같은 모습을 한 탑 위에 시계가 달려 있다.

주소 Nám. Svobody 1, 360 01 Karlovy Vary 전화 353 223 668 위치 브르지델니 콜로나다에서 도보 1분. 홈페이지 www.farnost-kv.cz

성 페트르(베드로)와 성 파블(바울) 성당
Kostel Sv.Petra a Pavla
(Church of St.Peter and Paul)

양파 모양을 한 황금색 지붕 돔이 화려한 러시아 정교회 사원

카를로비 바리 시내에서 5분 정도 떨어진 곳에 위치한 성당은 양파 모양을 한 화려한 황금색의 지붕 돔이 카를로비 바리의 이미지와는 많이 동떨어져 보인다. 하지만 외관만 보더라도 모든 이의 시선을 한눈에 사로잡기에 부족함이 없다. 외관에서 봐도 알 수 있듯이 이 성당은 러시아 정교회의 사원이다.

주소 Krále Jiřího 2c, 360 01 Karlovy Vary 전화 607 183 023 위치 사도바 콜로나다 원천지에서 위쪽으로 사도바(Sadová) 거리가 나온다. 그 길을 따라 올라가다 보면 오른쪽으로 성당이 보이는데 이때 보이는 부분에는 입구가 봉쇄되어 있고 길을 따라 크게 돌아야 성안으로 들어갈 수 있는 입구가 나온다. 홈페이지 pravoslavnacirkev.cz

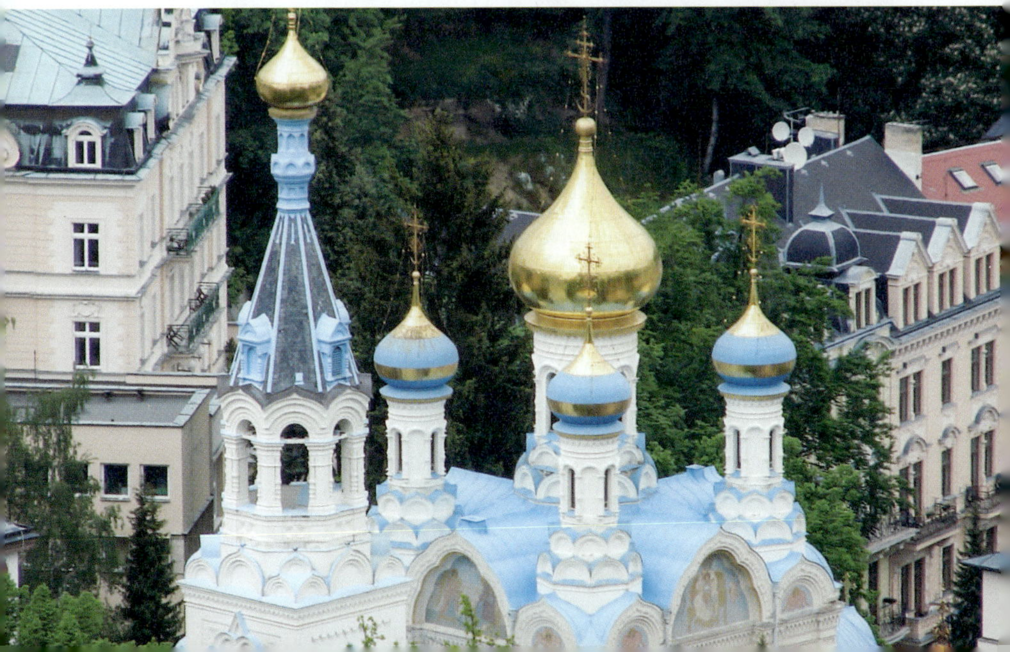

다이애나 탑 Diana

카를로비 바리 시내를 내려다볼 수 있는 전망대

카를로비 바리 시내가 한눈에 보이는 산 정상에 솟아오른 탑이다. 산 정상까지 올라갈 수 있는 방법은 등산 열차를 이용하는 방법과 산책로를 이용하는 방법 그리고 등산 열차를 타고 첫 번째 정거장에서 내려서 산책로를 따라 올라가는 방법이 있다. 탑 내부에 엘리베이터가 운행 중이며 입장권은 따로 없이 무료이다.

주소 Vrch přátelství 5/1, 360 01 Karlovy Vary **전화** 777 774 050 **위치** 트르지니 콜로나다를 지나 계속 직진하다 보면 그란트 호텔 푸프가 나오는데 호텔로 들어가기 바로 전 오른쪽으로 'Diana'라는 이정표가 보인다. **시간** 11~3월 09:00~16:45, 5~9월 09:00~18:45, 4·10월 09:00~17:45 **요금** 등산 열차 첫 번째 정거장 옐레니 스코크(Jelení Skok)까지 편도 30kč, 두 번째 정거장인 종점 비시나 프르지아텔스트비(Výšina Přátelství)까지 편도 100kč, 왕복 150kč **홈페이지** dianakv.cz

★올라갈 때와 내려올 때

올라갈 땐 등산 열차를 이용하고 내려올 때는 산책로를 따라 내려오자. 산책로마다 이정표는 잘 되어 있는데 살짝 길이 헷갈릴 수 있으니 주의하자. 내려올 땐 산책로에 숨겨진 카를로비 바리의 상징, 카를로비 바리의 시내를 내려다보고 있는 사슴 동상을 찾아보면 더욱 재미있을 것이다. 겨울철에는 해가 빨리 지니 카를로비 바리에 도착했다면 제일 먼저 다이애나 탑에 들르자. 시내 구경부터 하다가 어느새 해가 뉘엿뉘엿 지고 나면 이곳은 여행 일정을 포기해야 하는 안타까운 상황이 벌어지게 된다.

베헤로프카 BECHEROVKA

플젠 지방의 맥주, 모라비아 지방의 백포도주와 함께 체코의 3대 명주인 베헤로프카는 우리나라의 소주처럼 체코에서는 대중적인 술로 전 세계 100여 곳에 수출되고 있으며 가격도 저렴한 편이다. 1807년 온천의 효과를 주장한 약사 '요제프 베헤르(Josef Becher)'가 100여 가지 종류의 약초를 온천수에 넣어 빚은 술로 30도가 넘는 독주이다. 이 술을 처음 만든 요제프 베헤르의 이름을 따서 베헤로프카란 이름이 붙여졌다. 제조법은 요제프 베헤르 자신만 알고 있다가 죽기 바로 직전에 아들인 얀 베헤르(Jan Becher)에게만 제조법을 남겨 주었다. 사업가로서 재주가 남달랐던 얀 베헤르는 1876년 현대적인 설비를 갖춘 공장을 세우고 자신의 매제에게 병 디자인을 부탁해서 지금까지 베헤로프카 하면 떠오르는 녹색 병을 만들어 냈다. 현재까지도 베헤로프카의 제조법은 베헤로프카의 사장과 재료 공장장 단 두 사람만 알고 있다고 한다. 베헤로프카는 위장에 좋다고 하며 체코 사람들은 에스프레소처럼 작은 잔에 식사 전에 한 잔을 마시고 식사를 시작한다. 카를로비 바리의 12개의 원천보다 소화가 더 잘 된다고 해서 카를로비 바리의 13번째 원천이라고 하는 재미있는 농담도 있다. 시원한 베헤로프카를 단숨에 들이키면 더욱 맛이 있다. 카를로비 바리 외에도 체코 전 지역의 마트, 기념품 가게 어디서든 쉽게 구입할 수 있으며 선물용으로도 인기가 많다. 베헤로프카에 대한 역사와 정보를 더 알고 싶다면 버스 터미널 인근에 있는 박물관에 들러 보자.

얀 베헤로프카 박물관 JAN Becherovka Muzeum

주소 T. G. Masaryka 282/57, 360 01 Karlovy Vary **전화** 359 578 142 **위치** ❶사도바 콜로나다에서 도보 12분. ❷버스 터미널에서 도보 3분. **시간** 화~일 09:00~12:00, 12:30~17:00 **휴무** 월요일 **요금** 기본 투어(투어+4가지 맛 시음) 성인 250Kč, 학생 190kč/연장 투어(투어+4가지 맛 시음+BETON 칵테일 시음) 성인 350Kč, 학생 290kč **홈페이지** becherovka.com

🍴 호텔 프로메나다 레스토랑 Hotel Promenada Restaurant

체코와 카를로비 바리를 대표하는 최고의 레스토랑

다수의 매체에서 최고의 레스토랑 TOP 100에 선정된 이력이 있을 만큼 세계적인 명성이 있는 곳이다. 체코와 카를로비 바리를 대표하는 레스토랑이라고 할 만큼 유명하다. 홈페이지에서 예약 시 10% 할인을 받을 수 있다.

주소 Tržiště 381/31, 360 01 Karlovy Vary 전화 353 225 648 위치 트르지니 콜로나다에서 도보 1분. 시간 12:00~23:00 가격 왕새우 390kč~, 립아이 스테이크 (300g) 780Kč~ 홈페이지 hotel-promenada.cz

🍴 피쩨리아 페트르 Pizzeria Petr

카를로비 바리 온천 중심에 있는 이탈리안 레스토랑

카를로비 바리 온천 지구 믈린스카 콜로나다 맞은편에 있는 피자 전문점인 피쩨리아 페트르는 카를로비 바리의 건축물 중에서 역사적으로도 문서에 기록되어 있을 만큼 가치 있는 곳이다. 피자 전문점이지만 피쩨리아 페트르는 해산물과 고기로 만든 음식들도 인기가 많다.

주소 Vřídelní 85/13, 360 01 Karlovy Vary 전화 775 873 564 위치 믈린스카 콜로나다에서 도보 1분. 시간 11:00~23:00 가격 마르게리타 피자 190kč~, 콰트로 피자 260kč~, 시푸드 파스타 390kč~ 홈페이지 pizzeriapetr.cz

호텔 프로메나다 Hotel Promenada

온천 시설과 실내 수영장을 갖춘 호텔

온천 지역 중심에 자리하고 있는 호텔로 숙소 안에는 온천을 즐길 수 있는 시설과 실내 수영장을 보유하고 있다. 호텔 이용 시 무료로 사우나와 수영장을 이용할 수 있다. 16~17세기에 지어진 건물로 호텔 주변에 트르지니 콜로나다와 브르지델니 콜로나다 가 있으며, 호텔 내 유명한 레스토랑이 있다.

주소 Tržiště 381/31, 360 01 Karlovy Vary **전화** 353 225 648 **위치** 트르지니 콜로나다에서 도보 1분. **요금** 컴포트 더블 룸 2,450~3,050kč, 슈페리어 더블 룸 2,700~3,300kč, 패밀리 아파트먼트(4인) 4,900~6,050kč / 조식 포함 **홈페이지** hotel-promenada.cz

호텔 루마니아 Hotel Romania

온천 지구 초입에 자리한 호텔

온천이 밀집되어 있는 구시가지 초입에 자리한 호텔로 스메타나 공원에서 다리를 건너지 않고 오른쪽 자흐라드니(Zahradní) 거리로 올라가면 호텔이 있다. 가격 대비 시설과 서비스 등 여러 면에서 좋은 평가를 받고 있는 호텔이기도 하다.

주소 Zahradní 948/49, 360 01 Karlovy Vary **전화** 353 222 822 **위치** 스메타나 공원 앞에서 도보 2분. **요금** 싱글 룸 1,300~1,710kč, 더블 룸 2,650~3,650kč, 아파트먼트 (4인) 3,500~4,400kč / 조식 포함 **홈페이지** www.romania.cz

그란트 호텔 푸프 (그랜드 호텔 퍼프) Grand Hotel Pupp

세계적인 예술가들이 방문했고 현재도 방문하고 있는 호텔

카를로비 바리 온천 지구에 있는 호텔로 1701년 제과점 주인이었던 요한 게오르크 푸프(Johann Georg Pupp)에 의해 설립되면서 모차르트, 괴테, 바그너, 바흐 등 세계적으로 유명한 예술가들이 방문했었고, 현재도 국제 영화제가 열리면 세계적으로 유명한 영화인들이 머무는 호텔이기도 하다. 호텔에는 3개의 구역이 있는데, 1894년부터 사교 모임 장소로 사용되었던 네오 바로크 양식의 리버사이드 구역으로 현재 호텔의 메인 구역이기도 하다. 레스토랑과 스파, 111개의 객실이 있으며 카를로비 바리 국제 영화제를 찾는 스타들이 머무는 객실인 임페리얼 스위트룸, 프레지덴셜 스위트룸 등이 포함되어 있다. 1877년 지어진 파크사이드 구역은 호텔에서 가장 오래되었고, 117개의 객실이 포함되어 있으며 가족 또는 단체 숙박에 적합하다. 19세기 말에 지어진 퍼프 쿼시사나 디펜던스 구역은 네오 르네상스와 네오 고딕, 네오 바로크 양식이 혼합된 건물로 안락함을 추구하는 고객에게 안성맞춤이다.

주소 Mírové náměstí 2, 360 01 Karlovy Vary **전화** 353 109 111 **위치** 브르지델니 콜로나다에서 도보 8분. **요금** 파크사이드 컴포트룸(2인) 3,410~4,500kč, 컴포트 스위트(3인) 4,660~5,400kč / 리버사이드 프리미어룸(2인) 4,800~6,500kč, 슈페리어 스위트룸(3인) 5,400~7,700kč / 퍼프 쿼시사나 디펜던스 더블 룸 4,100~5,800kč, 스위트룸(4인) 6,100~7,500kč / 조식 포함 ※ 이 외에도 다양한 객실이 있으니 홈페이지에서 확인하라. **홈페이지** www.pupp.cz

쿠트나호라
Kutná Hora

보헤미아 지방

과거 보헤미아 지방의 경제 중심지였던 은광의 도시

프라하에서 동남쪽으로 약 68km 떨어진 쿠트나호라는 13세기 초부터 16세기 초까지 풍부한 은광맥으로 프라하 다음으로 보헤미아에서 가장 화려한 역사를 자랑하는 대도시였다. 현재는 믿을 수 없을 정도로 수수해 보이는 이곳에, 부유한 경제력을 자랑이라도 하듯 곳곳에 공들여 지어진 건물들이 보석처럼 자리 잡고 있다.

쿠트나호라 하면 은을 제일 먼저 생각해야 할 정도로, 쿠트나호라에서 은은 중요한 키워드이다. 14세기, 이곳에서는 매년 5~6t의 은이 채굴되면서 이탈리아에서 화폐 주조자들을 데려와 왕립 조폐국 '이탈리안 코트'를 설립했다. 이후 프라하의 크로쉬 은화가 중부 유럽으로 널리 알려지면서 공통된 통화로 사용되기도 했다. 그로 인해 당시 보헤미아의 왕이었던 바츨라프 2세는 중부 유럽을 통틀어서 가장 부유한 왕이 되었다. 14세기 말 바츨라프 4세는 이곳에 2층으로 된 궁전을 건축하고, 이곳을 방문할 때 머물기도 했다. 하지만 16세기에 들어서면서 점차 은은 고갈되기 시작했고, 18세기에는 은광이 폐쇄되면서 쿠트나호라의 전성기는 끝이 나고 만다.

쿠트나호라에서의 관광은 세들레츠 지역과 구시가지 지역 두 곳으로 나뉘는데, 세들레츠(Sedlec) 지역은 1142년 시트회 수도원이 생겼던 곳에 아직까지 남아 있는 해골 성당과 성모 마리아 그리스도 승천 교회가 위치해 있는 쿠트나호라 본역 근처이며, 구시가지 지역은 은광의 중심 지역으로 부유했던 옛 과거의 모습이 그대로 남아 있다.

📷 **쿠트나호라에서 놓치지 말아야 할 것!**
1. 4만 명의 유골로 장식된 해골 성당
2. 16세기 이후 폐쇄된 은광 체험
3. 체코를 대표하는 성 바르보르 성당의 내부 관람

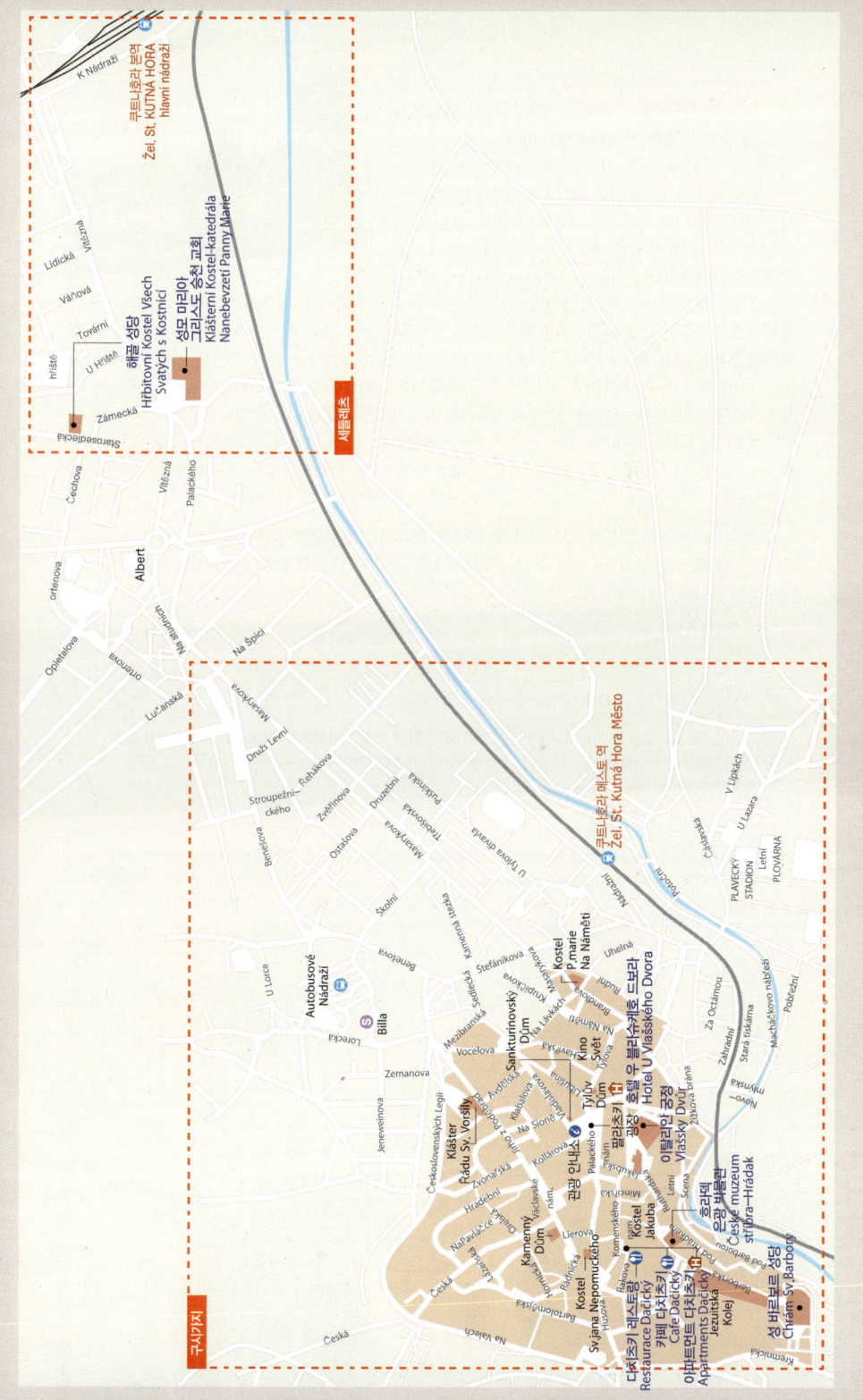

🚖 쿠트나호라 가는 방법

▶ **기차** 프라하 중앙역(Praha hl.n.)에서 기차로 쿠트나호라 본역(Kutná Hora hl.n.)까지 이동할 경우 직통 열차와 콜린(Kolín)에서 경유하여 쿠트나호라 본역까지 갈 수 있는 열차가 있다. 시간대마다 다르므로 직통 열차인지 경유 열차인지 기차표를 살 때 꼭 확인해야 하고 기차표는 쿠트나호라 본역이 아닌 쿠트나호라 메스토 역(Kutná Hora město)까지 왕복으로 구매한다. (왕복 티켓은 당일권에 해당하므로 시간에 구애받지 않고 탑승 가능하다.) 세들레츠 지역을 먼저 볼 예정이라면 쿠트나호라 본역에서 쿠트나호라 메스토 역으로 가는 로컬 기차로 갈아탄 후 바로 다음 역인 쿠트나호라 세들레츠 역(Kutná Hora-Sedlec)에서 하차한다. 세슬레츠 지역을 모두 둘러본 후 다시 세들레츠 역에서 메스토 역으로 가는 기차를 타고 구시가지로 이동하면 된다. (단, 기차 시간을 미리 확인해 두는 것이 좋다.) 구시가지 광장부터 가려면 쿠트나호라 본역에서 쿠트나호라 메스토 역으로 가는 기차로 갈아타야 한다. 만약 기차표를 프라하에서 쿠트나호라 본역까지 구매했다면 본역에서 메스토 역까지 가는 기차표는 기차 안에서 검표원에게 직접 구입할 수도 있다. 프라하 중앙역에서 쿠트나호라 본역까지는 약 1시간 5분 소요되고, 쿠트나호라 본역에서 메스토 역까지는 약 7분 소요된다.

▶ **메트로+버스** 메트로 C선 플로렌츠(Florenc) 역 장거리 버스 터미널에서 쿠트나호라행 버스를 타고 종점 버스 터미널에서 내리면 된다. 종점은 쿠트나호라 구시가지와 인접해 있다. 플로렌츠 터미널에서 쿠트나호라 터미널까지 2시간 정도 소요된다.

홈페이지 guide.kh.cz

ℹ **관광 안내소(세들레츠)**
주소 Zámecká 279, 284 03 Kutná Hora **전화** 326 551 049 **위치** 성모 마리아 그리스도 승천 교회와 해골 성당 사이. 각각 도보 1분. **시간** 4~9월 08:45~17:45 / 11~2월 08:45~15:45 / 3월,10월 08:45~16:45 **휴무** 12월 24일 **홈페이지** www.sedlec.info

ℹ **관광 안내소(구시가지)**
주소 Kollárova 589/7, Vnitřní Město, 284 01 Kutná Hora **전화** 327 512 378 **위치** 팔라츠키 광장에서 도보 1분. **시간** 4~9월 09:00~18:00 / 10월 09:00~12:30, 13:00~17:00 / 11~3월 (월~금) 09:00~12:30, 13:00~17:00, (토~일) 10:00~12:30, 13:00~16:00 **휴무** 12월 24~26일, 1월 1일 **홈페이지** destinace.kutnahora.cz

Best Tour

(구시가지) 팔라츠키 광장 ➡ 도보 2분 ➡ 이탈리안 궁정 ➡ 도보 4분 ➡ 흐라덱 은광 박물관 ➡ 도보 4분 ➡ 성 바르보르 성당 ➡ 도보 10분 ➡ 팔라츠키 광장 ➡ 도보 30분 / 쿠트나호라 메스토 역에서 쿠트나호라 본역까지 7분 + 도보 15분 / 버스 20분 ➡ (세들레츠) 성모 마리아 그리스도 승천 교회 ➡ 도보 3분 ➡ 해골 성당

*세들레츠 지역부터 먼저 둘러보고 구시가지로 이동해도 된다.

성모 마리아 그리스도 승천 교회
Klášterní Kostel-katedrála Nanebevzetí Panny Marie (Church of the Assumption of the Virgin)

로마네스크 양식의 건물 중 보존이 가장 잘 되어 있는 성당

1142년 시트회 수도원이 세워진 후 14세기 초에 로마네스크 양식으로 지어진 건물이면서 로마네스크 양식으로 지어진 건물 중에는 체코에서 가장 잘 보존되어 있는 성당이기도 하다. 하지만 18세기에 들어와 바로크 양식으로 새롭게 증축되면서 로마네스크 양식과 바로크 양식이 혼합된 복합 양식으로 남아 있다.

주소 Vítězna, 284 03 Kutna Hora-Sedlec 전화 327 561 143 위치 쿠트나호라 본역(Kutná Hora hl.n.)에서 쿠트나호라 메스토 역까지 가는 로컬 기차로 환승한 후 다음 역인 쿠트나호라 세들레츠 역에서 하차, 도보 3분. 시간 4~9월 (월~토) 09:00~18:00, (일) 11:00~18:00 / 11~2월 (월~토) 09:00~16:00, (일) 11:00~16:00 / 3월, 10월 (월~토) 09:00~17:00, (일) 11:00~17:00 요금 세들레츠 티켓(성모 마리아 그리스도 승천 교회+해골 성당) 성인 160Kč, 학생 120Kč / 세들레츠 티켓+성 바르보르 성당 콤비 티켓 성인 320Kč, 학생 250Kč 홈페이지 www.sedlec.info/katedrala

해골 성당
Hřbitovní Kostel Všech Svatých s Kostnicí
(Cememery Church of All Saints with the Ossuary)

4만 명의 유골로 장식된 해골 성당

평온해 보이는 외관과 달리 성당 지하는 무려 4만 명의 유골로 내부를 장식한 말 그대로 해골 성당이다. 쿠트나호라에서 바르보르(바바라) 성당과 함께 관광의 핵심이다. 1142년 시트회 수도원이 세워지고 13세기 후반에 수도원장이 성지인 예루살렘에서 한 줌의 흙을 가져와 이곳에 뿌린 후 이곳의 묘지가 성스러운 곳으로 알려지게 되었다. 그러면서 보헤미아 사람들뿐만 아니라 중부 유럽에서도 이곳에 매장되기 위해 찾는 사람들이 늘어났다. 14세기에 들어 전쟁과 페스트로 인해 수없이 많은 사람들이 죽어가면서 이곳에 안치된 시신만 수만 명이 넘어섰다. 15세기에는 화재가 난 뒤 묘지는 턱없이 부족해졌고, 오히려 묘지가 축소되고 말았다. 급기야 1511년 귀족의 묘는 그대로 두고 일반인들의 묘지를 파내어 사람의 뼈를 수도원 지하실에 쌓기 시작했다고 한다. 그 후 수도원은 당시 귀족 가문이었던 슈바르젠베르그(Schwarzenberg) 가문에 인수되었고, 1870년 체코의 나무 조각가였던 프란티섹 린트에 의해서 지금의 모습을 갖추게 되었다. 성당

지하실 내부로 들어가면 4만 명의 유골로 장식된 샹들리에, 피라미드, 향로, 십자가를 비롯해 성당의 주인이었던 슈바르젠베르그 가문의 문장이 있다. 성당을 찾은 사람들에게 놀라움과 공포스러움을 동시에 느끼게 하는 곳이다.

주소 Zámecká 127, 284 03 Kutna Hora – Sedlec **전화** 728 125 488 **위치** 쿠트나호라 메스토 역까지 가는 로컬 기차로 환승한 후 다음 역인 쿠트나호라 세들레츠 역에서 하차. 성모 마리아 그리스도 승천 교회에서 도보 4분. **시간** 4~9월 08:00~18:00, 11~2월 09:00~16:00, 3 · 10월 09:00~17:00 **휴무** 12월 24~25일 **요금** 세들레츠 티켓(성모 마리아 그리스도 승천 교회+해골 성당) 성인 160kč, 학생 120kč / 세들레츠 티켓+성 바르보르 성당 콤비 티켓 성인 320kč, 학생 250kč **홈페이지** www.sedlec.info/kostnice

이탈리안 궁정 Vlašsky Dvůr (Italian Court)

쿠트나호라의 화려한 전성기를 만날 수 있는 곳

은을 채굴하면서 전성기를 누리던 14세기에 은화를 주조하기 위해 만들어진 곳이다. 바츨라프 2세는 이탈리아 피렌체에서 화폐 주조자들을 데리고 와 이곳에서 프라하의 크로쉬 은화를 주조하게 함으로써 당시 중부 유럽에선 공통 화폐로 이곳에서 주조된 크로쉬 은화가 사용되었다. 그래서 이곳의 이름이 이탈리안 궁정이라고 불리게 되었으며 현재는 화폐 박물관으로 문을 열고 있다. 크로쉬 은화가 사용되기 전 보헤미아에서 사용한 동전들과 은화를 만드는 과정, 왕이 머물렀던 방, 고딕 양식의 성 바츨라프 예배당은 투어를 통해서만 견학할 수 있다. 이곳에서 파는 크로쉬 은화(복제품)를 구입해 보는 것도 전성기를 누리던 쿠트나호라의 화려했던 과거를 추억할 수 있는 기념물이 될 것이다.

를 등지고, 왼쪽으로 두 번째 28.르지이나(28. října) 거리로 들어서면 하블리츠코브 광장(Havlíčkovo Náměstí)이 나온다. 광장을 지나면 오른쪽에 이탈리안 궁정으로 들어가는 문이 보인다. **시간** 1~2월 (화~일) 10:00~16:00, 3월 (화~일) 10:00~17:00, 4~9월 (월~일) 09:00~18:00, 10~11월 (월~일) 10:00~17:00, 12월 (월~일) 10:00~16:00 **요금** 투어1(지하) 성인 60kč, 학생 40kč / 투어2(왕립 조폐국) 성인 120kč, 학생 90kč / 투어3(왕궁 · 오디언스홀 · 예배당) 성인 190kč, 학생 150kč / 투어4(이탈리안 법원 + 투어 1 · 2 · 3) 성인 300kč, 학생 250kč **홈페이지** pskh.cz/en/italian-court

주소 Havlíčkovo náměstí 522, Kutná Hora **전화** 777 274 675 **위치** 쿠트나호라 구시가지 광장인 팔라츠키 광장(Palackého Náměstí)에서 관광 안내소

흐라덱 은광 박물관 České muzeum stříbra - Hrádek (Hrádak Mining Museum)

지하 광산을 체험할 수 있는 은광 박물관

이 박물관은 원래 요새로 사용되던 곳이다. 13세기에 은맥이 발견된 후 지방 관리가 남몰래 은을 채굴하면서 그 은을 이용해 이곳을 자신의 저택으로 개조해, 지금의 모습을 갖추게 되었다. 전시관에는 저택의 내부 모습과 정교한 은제품들이 전시되어 있다. 광부들이 일터에 나갈 때처럼 캄캄한 어둠 속에서도 잘 보일 수 있도록 흰색 가운을 입고 머리엔 안전모, 손에는 램프를 들고 체험하는 은광 투어가 있다. 모든 입장은 투어로만 진행되고 있으며, 티켓을 끊을 때 투어 시간을 확인한 후 시간에 맞춰서 모임 장소로 모이면 된다.

16세기 이후 폐쇄된 은 광산에서 가이드와 함께 지하 광산 체험을 할 수 있는데, 우리가 갈 수 있는 은광의 깊이는 지하 200m 정도이다. 하지만 이 깊이도 계단을 따라 내려가다 보면 끝이 보이지 않을 만큼 굉장히 깊게 느껴진다. 하지만 당시 광부들은 이보다 더 깊은 지하 600m 아래까지 내려가 은을 채굴했고, 그때의 장면들이 빛바랜 그림과 모형물로 재현되어 있어 당시의 이해를 돕고 있다. 200m 아래 지하 광산은 폭 40cm의 좁은 통로로 몸을 최대한 비틀어서 지나가야만 한다. 그 비좁은 통로 사이에는 도시의 부를 가져왔던 이름 모를 광부들이 광산의 벽 군데군데 남겨 놓은 십자가들이 있다. 은광 투어는 약 1시간 30분 정도 소요되며 티켓을 구입할 때 가이드북을 원하면 영어, 프랑스어, 독일어, 이탈리아어, 스페인어로 된 가이드북 중 선택하면 된다. 투어가 끝나면 투어 가이드에게 돌려주어야 한다.

주소 Barborská 28, 284 01 Kutná Hora **전화** 327 512 159 **위치** 쿠트나호라 구시가지 광장인 팔라츠키 광장(Palackého Náměstí)에서 관광 안내소를 뒤로하고 성 바르보르 성당으로 가는 길목에 있다. **시간** 4 · 10월 09:00~17:00, 5 · 6 · 9월 09:00~18:00, 7~8월 10:00~18:00, 11월 10:00~16:00 **휴무** 매주 월요일, 12~3월 **요금** 투어 1(전시관) 성인 90kč, 학생 60kč / 투어 2(은광 투어) 성인 160kč, 학생 120kč / 투어 1 + 2(전시관 + 은광 투어) 성인 190kč, 학생 140kč ※ 은광 투어는 겨울철 눈이나 서리가 내린 날에는 투어가 취소될 수 있음. **홈페이지** www.cms-kh.cz

성 바르보르(바바라) 성당 Chrám Sv.Barbory (Cathedral of St.Barbara)

성 비투스 성당과 함께 체코를 대표하는 성당

프라하의 카를교를 연상시키며, 거대했던 쿠트나호라의 부를 상징하듯 서 있는 13개의 성상을 지나면 후기 고딕 양식을 대표하는 성 바르보르 성당이 나온다. 1388년 쿠트나호라에서 광부로 일했던 시민들의 후원금으로 가톨릭 제단의 도움 없이 건축한 성당으로 광부들의 수호성인이었던 성 바르보르에게 이 성당을 바쳤다고 한다. 페터 파를러(Peter Parler)는 프라하의 성 비투스 대성당을 설계했던 중세 시대 체코 최고의 건축가였다. 성 바르보르 성당은 그의 제자들과 아들 얀 파를러(Jan Parler)가 설계했다. 1388년 처음 건물을 짓기 시작했으나 계속된 전쟁과 자금 부족 등의 이유로 중단되기를 여러 차례, 그 사이 여러 세대의 건축가들이 참여해 170년이 지난 1558년에 완공되었다. 하지만 16~17세기에 바로크 양식이 유행하자 성 바르보르 성당도 피해갈 수 없었는지 화려한 바로크 양식의 파이프 오르간이 그 시대를 거쳐 온 증거물처럼 남아 있다.

성당 내부에는 프라하성 구왕궁의 블라디슬라브 홀을 닮은 천장과 아치, 시간이 흘러 색이 바랜 제단 뒤 작은 예배당의 프레스코화, 그림을 그린 듯 색과 선이 아름다운 스테인드글라스 등이 있으며 광부들

의 힘으로 세운 성당답게 기둥의 상도 신부나 성인이 아닌 흰 가운을 걸치고 등불을 든 광부의 모습이 조각되어 있다. 텐트 모양의 거대한 첨탑이 높이 솟아 있는 이 아름다운 예배당은 보헤미아 고딕 양식의 전형이라고 할 수 있으며, 프라하의 성 비투스 성당과 함께 체코를 대표하는 성당으로 자리 잡았다. 1996년 유네스코 세계 문화유산으로 등재되었다.

주소 Jakubská ulice, Kutná Hora **전화** 775 363 938 **위치** 쿠트나호라 구시가지 광장인 팔라츠키 광장(Palackého Náměstí)에서 관광 안내소를 등지고 흐라덱 은광 박물관을 지나 바르보르스카(Barborská) 거리를 걷다 보면 거대한 성 바르보르 성당이 눈에 들어온다. **시간** 1~2월 10:00~16:00, 3월 10:00~17:00, 4~10월 09:00~18:00, 11~12월 10:00~17:00 **휴무** 12월 24일 **요금** 성인 180kč, 학생 140kč / 세들레츠 티켓+성 바르보르 성당 콤비 티켓 성인 320kč, 학생 250kč **홈페이지** chramsvatebarbory.cz

★한국어 가이드북

성 바르보르 성당에 들어가 티켓을 구입하면서 한국어 가이드북을 달라고 하면 성당 내부에 대해 자세한 설명이 되어 있는 한국어 가이드북을 받을 수 있다. 가이드북을 따라 성당을 돌아보면서 성당에 대한 정보를 꼼꼼하게 알아보자.

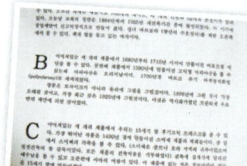

🍽 다치츠키 레스토랑 Restaurace Dačický

전통 보헤미아 음식을 맛볼 수 있는 레스토랑

쿠트나호라 출신의 유명 작가인 미쿨라쉬 다치츠키는 이곳에서도 유명한 바람둥이이자 주정뱅이였다고 한다. 다치츠키가 자주 다니던 술집이 지금은 쿠트나호라를 대표할 정도로 유명한 레스토랑이자 관광 명소가 되었다. 골목 안 입구는 소박하지만 내부로 들어서는 순간 중세 시대로 빠져드는 듯한 착각이 든다. 다치츠키 레스토랑은 대형 홀, 거대한 나무들이 그늘이 되어 주는 야외 홀, 선술집 느낌의 실내 홀까지 다양한 공간의 재미가 있는 곳이다. 쿠트나호라는 사슴고기가 유명하므로 베이컨으로 싸서 구운 사슴고기와 다치츠키의 시그니처라 할 수 있는 '왕의 검(King's Sword)' 메뉴를 맛보길 추천한다. '왕의 검'은 긴 칼에 사슴, 멧돼지, 돼지고기, 닭고기, 야채를 꽂은 요리로 최대 4명까지 함께 먹을 수 있다. 한 상 푸짐하게 나오는 '농부의 구유(Farmer's manger)'도 인기 메뉴이다. 다치츠키에서 직접 빚는 다치츠키 흑맥주와 곁들여 먹으면 좋다. 또한 6가지 맥주를 조금씩 맛볼 수 있는 맥주 샘플러도 판매하고 있으니 여러 맛의 맥주를 맛보고 싶다면 추천한다.

주소 Rakova 8, Kutná Hora **전화** 733 771 818 **가격** 스비치코바 229kč, 훈제 돼지고기 199kč, 베이컨 사슴구이 449kč, 농부의 구유 1,290kč, 왕의 검 1,590kč **위치** 흐라덱 은광 박물관에서 도보 5분. **홈페이지** www.dacicky.com

🍽 카페 다치츠키 Cafe Dačický

현대적인 분위기의 디저트 카페 겸 와인 바

다치츠키 레스토랑과는 전혀 다른 현대적인 분위기의 카페 다치츠키는 쿠트나호라에서도 보기 드물게 고급스러운 디저트 카페이다. 수제 초콜릿, 홈메이드 디저트와 쿠트나호라 와인, 초콜릿 향의 와인, 직접 로스팅한 커피, 젤라토 등 다양한 카페 메뉴가 준비되어 있다.

주소 Komenského nám. 42, Vnitřní Město, 284 01 Kutná Hora **전화** 603 434 367 **가격** 에스프레소 49kč, 아메리카노 59kč, 카페라테 79kč, 엔젤 프랄린 (100g) 219kč~, 와인 4잔 시음 149kč **위치** 다치츠키 레스토랑 앞, 골목길 입구에 위치. **시간** 수·목 10:00~18:00, 금 10:00~19:00, 토 09:00~19:00, 일 09:00~18:00 **홈페이지** cafe.dacicky.com

🏨 아파트먼트 다치츠키 Apartments Dačický

쿠트나호라 중심부에 위치해 있는 최신 시설의 아파트먼트

카페 다치츠키 위층에 운영되고 있는 아파트먼트로, 내부는 독창적이고 현대적인 분위기로 꾸며져 있다. 바로크 시대 때 제작된 15m의 대들보가 인상적이며 멋지게 리모델링되어 숙박객들에게 인기가 많다. 최소 2박 이상 예약 가능하다.

주소 Komenského nám. 42, Vnitřní Město, 284 01 Kutná Hora **전화** 602 760 222 **위치** 카페 다치츠키와 같은 건물에 위치. **요금** 와인 룸·광부의 방·엔젤 룸 (2인/공용 주방) 1,800kč / 로얄 스위트 룸 & 목조 아파트 (2인) 2,400kč, (3인) 2,900kč, (4인) 3,400kč / 다치츠키 아파트 & 실버 스위트 (2인) 2,300kč, (3인) 2,800kč **홈페이지** ubytovani.dacicky.com

브르노
Brno

모라비아 지방

조용하고 아늑한 체코 제2의 도시

프라하에서 약 210km 정도 떨어진 곳에 있으며, 켈트어로 '언덕의 도시'라는 의미의 '브린'에서 지명이 유래된 것처럼 숲이 우거진 언덕으로 둘러싸여 있다. 스브라트카(Svratka)강과 스비타바(Svitava)강이 만나는 모라비아 지방의 수도이자 체코 공화국에서 두 번째로 큰 도시이다. 또한 브르노는 남부 모라비아 지역의 관문이자 문화 및 정치, 행정 중심지이다. 상공업이 발달한 만큼 매년 국제 박람회가 개최되며, 크고 작은 음악 페스티벌을 사계절 동안 만날 수 있는 문화와 예술의 도시이기도 하다. 프라하의 카를 대학 다음으로 체코에서 두 번째로 큰 대학인 마사리코바 대학교가 있는 대학 도시인 만큼 유럽에 유행처럼 번지고 있는 북유럽 스타일의 카페와 레스토랑을 쉽게 만날 수 있다.

📷 브르노에서 놓치지 말아야 할 것!
❶ 11시에 12번 울리는 성당의 종소리
❷ 양배추 시장의 신선한 과일 맛보기

🚕 브르노 가는 방법

▶ **버스** 프라하 플로렌츠(Florenc) 버스 터미널에서 브르노 베네쇼바 호텔 그란드(Benešova Hotel GRAND) 정류장까지 2시간 30분 정도 소요된다. 매시간 여러 버스 회사에서 출발하고 있으며, 소요 시간은 거의 비슷하지만 도착지를 브르노 중앙역 옆에 위치한 '베네쇼바 호텔 그란드'로 해야 브르노 구시가지와 가장 인접하며, 브르노 센트럴 버스 터미널(ÚAN Zvonařka)을 선택할 경우 또 다른 교통수단을 추가로 이용하거나 도보 이동 시 어려움을 겪을 수 있다.

▶ **기차** 프라하 중앙역에서 브르노 중앙역까지 약 2시간 30분 소요 (기차 종류에 따라 3시간 이상 걸리는 경우도 있음)
홈페이지 jizdnirady.idnes.cz/vlakyautobusymhdvse/spojen 또는 체코 교통 스마트폰 애플리케이션(IDOS) 이용

 브르노 시내 교통

브르노에서의 관광은 도보로 다녀도 될 만큼 구시가지에 밀집되어 있지만, 슈필베르크성이나 투겐트하트 빌라를 찾아가려면 트램을 타야 한다. 티켓은 티켓 발매기 또는 담배 가게에서 구입 가능하다. 또한 스마트폰 앱에서도 브르노 아이디(Brno iD)를 통해 티켓 구입이 가능하다. (15분 이내 환승 가능 / 티켓 20kč)

ℹ️ **관광 안내소**
주소 Nádražní 1, 602 00 BRNO **전화** 725 518 113 **위치** 브르노 중앙역 앞. **시간** 09:00~17:00 **홈페이지** www.gotobrno.cz

Best Tour: 브르노 중앙역 ➡ 도보 1분 ➡ 마사리코바 거리와 자유 광장 ➡ 도보 3분 ➡ 구시청사 ➡ 도보 1분 ➡ 양배추 시장 ➡ 도보 3분 ➡ 성 페트르와 성 파블 성당 ➡ 도보 2분 ➡ 데니소비 공원 ➡ 도보 17분 ➡ 슈필베르크성 ➡ 도보 8분 + 트램 26번 6분 + 도보 4분 ➡ 투겐트하트 빌라

마사리코바 거리와 자유 광장 Masarykova & Náměstí Svobody
(Masarykova Street & Liberty Square)

브르노 구시가지 최대 번화가

브르노 중앙역과 구시가지의 중심인 자유 광장까지 이어지는 약 400m의 거리는 중앙엔 트램이 지나가고 양옆으로는 카페, 패스트푸드, 레스토랑, 각종 숍들이 늘어서 있다. 이 거리가 바로 구시가지 최대의 번화가인 마사리코바 거리이다. 마사리코바 거리가 끝나는 지점에는 삼각형 모양의 넓은 자유 광장이 나타난다. 자유 광장이 시작되는 우측엔 검은색 돌로 된 조형물 하나가 세워져 있는데, 이 조형물은 브르노 천문 시계라고 불린다. 하루에 딱 한 번 오전 11시에만 시간을 알려 주며 오전 11시가 되면 4개의 구멍에서 유리구슬이 나오는데, 이것이 브르노 천문 시계가 시간을 알리는 방법이다. 이때 나온 유리구슬은 먼저 발견한 사람이 기념품으로 가지고 갈 수 있다. 광장 한쪽에 세워진 석상은 당시 유행하던 흑사병이 끝나자 이에 감사하는 마음으로 건축한 성 삼위일체상이다. 광장 주변엔 은행, 카페, 레스토랑, 호텔, 분수 등이 있으며 잠시 벤치에 앉아 쉬어 가기에도 좋은 장소이다.

천문 시계

위치 브르노 중앙역 맞은편부터 시작. (트램 4, 8, 9번이 지나감)

양배추 시장 Zelný trh. (Cabbage Market)

브르노 최대 농산물 시장

녹색 광장에서 매주 화요일부터 일요일, 오전 9시부터 오후 6시까지 열리는 노천 시장이다. 야채와 과일, 꽃을 판매하며 13세기부터 열리기 시작해서 현재까지 현지인, 관광객 상관없이 많은 사람들의 발길이 끊이지 않고 있다. 시장의 중심엔 바로크 양식으로 세운 '파르나스 분수대(Kašna Parnas)' 가 있으며, 17세기 후반 신화와 전설에 등장하는 동물 모양이 조각되어 있다. 호텔 그란데짜(Hotel Grandezza)를 등지고 오른쪽에는 브르노 마켓이 있는데, 이곳은 다양한 음식을 맛볼 수 있는 푸드코트와 레스토랑, 옥상 정원이 있다. 그 반대편에는 1884년에 설립된 브르노 국립 극장인 레두타 극장이 자리하고 있고, 극장 앞에 철없는 모차르트를 풍자한 얼굴은 어른이고 몸은 아기인 모차르트 동상이 인상적이다. 호텔 맞은편엔 체코에서 두 번째로 크고 두 번째로 오래된 모라비아 박물관이 있다. 이 박물관은 모라비아의 역사와 과학, 문학 등을 전시한다.

주소 Zelný trh, 602 00 Brno-střed **위치** ❶ 마사리코바 거리에서 도보 1분. ❷ 자유 광장에서 도보 4분.

모라비아 박물관

구시청사 Stará radnice (Old Town Hall)

브르노에서 가장 좋은 파노라마 뷰를 볼 수 있는 곳

1343~1373년 동안 세워진 시청사 건물로 수 세기 동안 여러 번 확장 공사를 거치면서 1511년에는 '안톤 필그람(Anton Pilgram)'에게 입구 장식을 맡기게 되었다. 제작이 끝나갈 즈음에 합의된 보수를 주지 않으려는 시의원들 때문에 화가 난 필그람은 파사드의 가운데를 휘어버리는 악의적 행동을 한 뒤 잠적해 버렸고, 그 바람에 현재도 휘어진 파사드를 만날 수 있다. 17세기 중반 스웨덴의 포위로 시청사가 공격을 받아 17세기 후반 보수 공사에 어간 후 시의회, 법원의 기능으로 사용되었다. 20세기에 들어와 공기관으로 사용하기엔 부적절하다는 판단으로 신시청사가 도미니카 광장으로 이동하면서 구시청사는 점점 쇠퇴했다. 2012년 다시 보수 작업을 마치고 일반인들에게 새롭게 공개되기 시작했으며, 관광 안내소와 브르노 시내를 내려다볼 수 있는 63m 높이의 시계탑 전망대를 올라갈 수 있다. 안뜰에선 각종 전시나 콘서트도 개최된다.

주소 Radnická 367/6, 602 00 Brno-střed-Brno-město **전화** 542 427 150 **위치** ❶ 마사리코바 거리에서 도보 1분. ❷ 양배추 시장에서 도보 1분. ❸ 자유 광장에서 도보 3분. **시간** 탑 1~3월 (금~일) 10:00~18:00 / 4월 (월~일) 10:00~18:00 / 5월 (월~일) 10:00~20:00 / 6~9월 (월~일) 10:00~22:00 / 10월 (월~일) 10:00~21:00 / 11월 (일~목) 12:00~19:00, (금~토) 12:00~21:00 / 12월 (월~목) 14:00~20:00, (금) 12:00~11:00, (토) 10:00~22:00, (일) 10:00~20:00 **휴무** 1~3월 월~목요일 **요금** 성인 90kč, 학생 50kč **홈페이지** www.gotobrno.cz/misto/stara-radnice/

브르노의 전설

구시청사 입구에 들어서면 천장에 거대한 악어 한 마리와 벽에는 수레바퀴 하나가 박혀 있는데, 이 악어와 수레바퀴에는 각각 브르노와 관련된 전설이 있다.

1568년 브르노 주변 지역에 악마(용)가 가축을 잡아먹는다는 소문이 나면서 마을 사람들이 공포에 사로잡혔다. 시에서는 그 악마를 잡는 자에게 거대한 포상금을 주겠다고 말했다. 이 소식을 들은 한 남자가 죽은 양의 배를 갈라 석회 가루를 넣고 다시 배를 꿰맨 후 악마가 양을 잡아먹도록 유인했다. 양을 잡아먹은 악마는 목이 말라 물을 마셨고, 그 물이 양의 배에 들어 있는 석회 가루와 섞이면서 악마의 배 안에서 굳어 결국 악마는 죽음에 이르게 되었다. 이후 마을 사람들은 죽은 악마를 시청사에 매달았는데, 그 악마가 바로 악어이다. 서양 사람들은 용을 악마로 여겼는데, 악어를 용으로 착각했던 것이다.

수레바퀴에 관한 전설은 1636년 5월 브르노에서 40km 떨어진 모라비아 지방 레드니체에서 시작된다. 레드니체에 살고 있는 '이르지 브리크(Jiří Birk)'라는 한 남성이 마을에서 친구들과 술을 마시며 내기를 했는데, 24시간 안에 나무를 베어 수레바퀴를 만들어 브르노까지 굴려서 가겠다는 것이었다. 친구들은 모두 그를 믿지 않았지만 그는 24시간 안에 레드니체에서 브르노 시청사까지 수레바퀴를 만들어 굴려서 가는 데 성공한다. 성공하면 행복한 삶을 살게 될 것이라라 믿었던 브리크의 기대와 달리 마을 사람들은 악마가 그를 도왔다고 믿으면서 점점 그를 멀리했다. 마을 사람들의 따돌림 속에 일도 줄어들면서 브리크는 결국 비참하게 생을 마감했다는 전설이 전해진다.

성 페트르와 성 파블 성당 Katedrála svatých Petra a Pavla (Cathedral of St. Peter and Paul)

브르노를 대표하는 랜드 마크

양배추 시장이 열리는 녹색 광장 남쪽 언덕 위에 자리하고 있는 성 페트르와 성 파블 성당은 브르노를 대표하는 랜드 마크 중 하나로, 네오고딕 양식의 탑이 인상적이다. 11세기 브르노성의 일부로 로마네스크 양식의 예배당이 처음 지어지기 시작해 12세기에는 아프시스와 지하 묘실이 지어졌고, 13세기 말에는 로마네스크 성당으로 추가 증축되었다. 그 후에도 계속 고딕 양식, 바로크 양식이 추가되면서 증축이 이뤄졌고 그 사이에 30년 종교 전쟁을 치르면서 여러 차례 심한 손상을 입기도 했다. 오늘날의 주요 제단과 두 개의 첨탑은 19세기 후반에 와서야 완성될 수 있었다. 성 페트르와 성 파블 성당은 전 세계의 모든 성당들과 다른 점이 하나 있는데, 오전 11시가 되면 종을 12번 울린다는 것이다. 30년 종교 전쟁 당시 스웨덴군에 포위되었던 브르노는 스웨덴 장군이 다음 날 정오까지 브르노를 정복하지 못하면 철수하겠다는 약속을 하게 되었고, 점령을 거의 다 해갈 무렵, 12번의 종소리가 울리면서 스웨덴 군대는 어쩔 수 없이 철수하게 되었다. 하지만 12번의 종이 울린 시간은 11시였고 브르노의 작전은 성공을 거두었다. 그 날의 승리를 기념하기 위해 이곳에서는 현재까지도 11시가 되면 12번의 종을 울리고 있다.

주소 Petrov 9, 602 00 Brno 2 **전화** 543 235 031 **위치** ❶ 양배추 시장에서 도보 3분. ❷ 브르노 중앙역에서 도보 8분. **시간** 성당 월~토 08:15~18:30, 일 07:00~18:30 / 탑 10월~4월 (월~토) 11:00~17:00, (일) 12:00~17:00, 5월~9월 (월~토) 10:00~18:30, (일) 12:00~18:30 **요금** 탑 성인 40kč, 학생 30kč **홈페이지** www.katedrala-petrov.cz

데니소비 공원 Denisovy sady (Denis Gardens)

브르노 시민들이 가장 사랑하는 휴식처

성 페트르와 성 파블 성당 아래 브르노 중앙역에서 트램길 후소바(Husova)로 이어지는 길 위에 데니소비 공원이 길쭉하게 있다. 원래 프란티슈코프(Františkov) 공원이란 이름을 가지고 있었지만, 1919년 체코슬로바키아 설립에 기여한 프랑스 역사 학자 어니스트 데니스(Ernest Denis)의 이름을 따서 데니소비 공원으로 바뀌었다. 1818년 나폴레옹 전쟁의 승리를 기념하는 오벨리스크가 세워져 있으며, 1960년 오벨리스크 뒤편에 댄스 플로어가 있는 카페가 생기면서 브르노 시민들이 휴식을 즐기는 장소로 인기가 많아졌다. 공원 내에 세워진 십자가는 2006년 교황 베네딕토 16세가 브르노를 방문한 기념비이다. 슈필베르크성은 브르노에서 가장 높은 곳에 있는데, 데니소비 공원에서는 슈필베르크성이 보이는 브르노 남쪽 전망을 감상할 수 있다. 브르노에서 가장 좁고 가장 바쁜 광장인 쉬린그로보 나몌스티(Šilingrovo náměstí)는 데니소비 공원의 특별한 뷰 포인트를 선물해 준다.

주소 Denisovy sady, 602 00 Brno-střed **위치** ❶ 성 페트르와 성 파블 성당에서 도보 2분. ❷ 브르노 중앙역에서 도보 6분. **시간** 24시간 개방

슈필베르크성 Hrad Špilberk (Špilberk Castle)

가장 무서운 감옥으로 사용되었던 요새

슈필베르크 언덕 위 가장 높은 곳에 위치한 슈필베르크성은 13세기 프르제미실 오타카르 2세(Přemysl Otakar II)에 의해 최초 설립되었다. 16세기까지는 성으로 사용되었다 17세기 이후부터 막강한 군사 요새로 변했다. 18세기에는 가장 흉악한 범죄를 저지른 범죄자들을 수용하는 감옥으로 사용하기 시작하면서 19세기에 들어서는 유럽에서도 가장 무서운 감옥으로 명성을 떨쳤다고 한다. 제2차 세계 대전 당시에는 독일이 점령하면서 체코의 애국자들이 무차별하게 수감되었고, 1962년 국가문화유산으로 지정하였다. 이런 역사 때문인지 슈필베르크성은 성이라기보다는 감옥이라는 개념이 더 강하다. 현재는 미술관, 브르노시 박물관, 카페와 레스토랑이 있다.

주소 Špilberk 210/1, 662 24 Brno 전화 542 123 611 위치 ❶ 데니소비 공원에서 도보 17분, 브르노 중앙역에서 트램 12번을 타고 쉬린그로보 나메스티(Šilingrovo náměstí)에서 하차 후, 도보 15분. ❷ 트램 4번을 타고 오빌니 트르흐(Obilní trh)에서 하차 후, 도보 12분. 시간 전망대 탑 4~9월 09:00~17:00, 10~3월 (일) 09:00~17:00 (결혼식이나 행사가 있을 시 입장 불가) / 감옥 · 요새 · 갤러리 · 브르노시 박물관 4~9월 09:00~17:00, 10~3월 (일) 09:00~17:00 요금 포대 성인 100kč, 학생 60kč (체코어, 영어, 독일어, 이탈리아어, 헝가리어, 스페인어, 프랑스어, 폴란드어, 러시아어 투어로만 진행) / 전망대 탑 성인 90kč, 학생 55kč / 감옥 · 요새 · 갤러리 · 브르노시 박물관 통합권 성인 160kč, 학생 95kč 홈페이지 www.spilberk.cz

투겐트하트 빌라 Villa Tugendhat

체코 현대 건축 중 유일하게 문화유산에 등재된 곳

1929~1930년 프리츠 투겐트하트(Fritz Tugend-hat)가 의뢰해 독일인 건축가 루드비히 미스 반 데어 로에(Ludwig Mies van der Rohe)가 설계한 저택으로, 체코 현대 건축물 중 유일하게 유네스코 세계유산에 등재되었다. 창의적인 공간 구성, 독특한 기술 설비 및 모던한 인테리어로 정원을 바라보는 창은 통유리로 되어 있다. 특히 주거 공간 외에 기술 설비를 보여 주는 보일러실, 공기 기관실, 세탁실, 암실, 모피 코트 보관실 등은 둘러볼 가치가 있다. 바닥 특성상 하이힐은 신고 들어갈 수 없으며, 내부 관람은 투어로만 진행된다. 워낙 예약이 많아 2~3달 전에 예약해야 한다.

주소 Černopolní 45, 613 00 Brno **전화** 515 511 015 **위치** 브르노 중앙역 또는 자유 광장에서 트램 9번을 타고 토마노바(Tomanova)에서 하차 후, 도보 4분. **시간** 화~일 10:00~18:00 **요금** BASIC Tour(정원 + 주거 공간 / 60분 소요) 성인 350kč, 학생 200kč / EXTENDED Tour(정원 + 주거 공간 + 기술 시설 / 90분 소요) 성인 400kč, 학생 250kč / 정원 50kč (날씨 상황에 따라) / 포토 티켓 300kč **홈페이지** www.tugendhat.eu

갈레리에 바녜코브카 Galerie Vaňkovka (Gallery Vaňkovka)

브르노 최대 쇼핑몰

브르노 중앙역 뒤 테스코 건물을 지나면 붉은색의 쇼핑몰이 나타난다. 유럽에서 만날 수 있는 대표적인 브랜드와 슈퍼마켓, 스포츠용품, 패션 잡화, 레스토랑, 카페, 뷰티 등 브르노에서 쇼핑이 필요하다면 고민하지 말고 이곳을 찾도록 하자. 쇼핑몰을 직선으로 통과하면 브르노 센트럴 버스 터미널(Ústřední Autobusové Nádraží / ÚAN Zvonařka)이 나온다.

주소 Ve Vaňkovce 462/1, 602 00 Brno-střed **전화** 533 110 111 **위치** ❶ 브르노 중앙역에서 도보 4분. ❷ 자유 광장에서 도보 15분. **시간** 09:00~21:00 **홈페이지** www.galerie-vankovka.cz/en

🍽 SKØG 어반 허브 SKØG Urban Hub

북유럽 스타일의 핫한 카페

북유럽 스타일의 내추럴한 분위기로 브르노에서 가장 핫한 카페이다. 기본 커피 메뉴와 맥주, 칵테일, 홈메이드 케이크 등도 주문 가능하며, 정해진 시간 동안 간단하게 식사를 할 수 있는 런치 메뉴도 판매한다. 대부분 채식 위주의 메뉴를 선보이고 있다.

넓은 공간에 테이블의 간격이 넓고 벽 안쪽으로 들어가면 2층으로 올라가는 계단이 마치 비밀 공간처럼 숨어 있으니, 1층에 자리가 없다면 2층을 확인해 보자.

주소 Dominikánské nám. 187/5, 602 00 Brno-střed 전화 607 098 557 위치 자유광장에서 도보 2분. 시간 월~목 08:00~01:00, 금 08:00~02:00, 토 10:00~02:00, 일 12:00~22:00 가격 커피 41~60kč 홈페이지 www.skog.cz

🍽 스타로브르노 양조장 Pivovarská Starobrno

브르노 대표 맥주가 있는 펍

브르노 로컬 맥주 중 브르노를 대표하는 맥주가 스타로브르노 맥주이다. 양조장에 있는 레스토랑 겸 펍에서 맛보는 스타로브르노 맥주의 맛은 '안 가면 후회한다'라는 말을 남길 정도로 애주가들 사이에선 유명하다. 분위기는 굉장히 캐주얼하고, 스테이크가 유명하다. 홈페이지에서 메뉴 확인 후 시간이 오래 걸리는 메뉴는 미리 예약하고 가는 것을 추천한다.

주소 Mendlovo nám. 158/20, 603 00 Brno-střed-Staré 전화 543 420 131 위치 브르노 중앙역에서 트램 1번을 타고 멘드로보 나므예스티(Mendlovo náměstí, 멘델 광장)에서 하차, 도보 1분. 시간 월~목 11:00~24:00, 금 11:00~01:00, 토 11:30~24:00, 일 11:30~23:00 가격 맥주 27kč~59kč, 구운 돼지고기 토마호크 360kč, 스비치코바 259kč 홈페이지 pivovarskastarobrno.cz

🍽 페가스 Pegas

브르노의 인기 로컬 맥주를 파는 레스토랑

호텔과 함께 운영 중인 페가스는 브르노에서 스타로브르노 맥주 다음으로 유명한 로컬 맥주 페가스를 직접 만들어 판매하는 곳으로 네 종류의 페가스 맥주가 있다. 구시가지 중심에 있는 장점 때문에 항상 사람들이 많다. 체코 전통 음식인 스비치코바, 굴라쉬, 콜레뇨 등이 주메뉴이다.

주소 Jakubská 120/4, 602 00 Brno-střed-Brno-město 전화 542 210 104 위치 자유 광장에서 도보 2분. 시간 월~목 10:00~24:00, 금 10:00~01:00, 토 10:00~24:00, 일 11:00~23:00 가격 맥주 42~48kč, 스비치코바·굴라쉬 250kč 홈페이지 brnorestauracepivnice.hotelpegas.com

🛏 그랜드 호텔 Grand Hotel

관광도, 이동도 편리한 최적의 호텔

브루노 중앙역 맞은편에 위치한 그랜드 호텔은 150년 전통을 자랑하며 얼마 전 객실 리노베이션을 마쳤다. 프라하에서 출발한 버스가 도착하는 베네쇼바 호텔 그란드(Benešova Hotel GRAND) 버스 정류장이 그랜드 호텔 맞은편이기 때문에 이동하기 가장 좋은 위치를 자랑한다. 호텔에서 구시가지의 시작점인 마사리코바 거리도 인접해 있어 관광하기에도 좋다.

주소 Benešova 605/18, 602 00 Brno-střed 전화 542 518 111 위치 ❶ 브루노 중앙역에서 도보 2분. ❷ 마사리코바 거리에서 도보 3분. 요금 더블 룸 2,800kč / 조식 포함 홈페이지 www.grandhotelbrno.cz

🛏 그란데짜 호텔 럭셔리 팔라츠 Grandezza Hotel Luxury Palace

브루노 최고의 럭셔리함을 자랑하는 호텔

브루노에서 손꼽히는 럭셔리한 호텔로, 양배추 시장이 서는 녹색 광장에 있다. 로비는 대리석과 천장 스테인드글라스로 고급스러움이 묻어나고, 각 룸마다 독특한 패턴의 바닥은 시선을 압도한다. 호텔 내에 있는 레스토랑은 항상 사람들이 붐비고, 카페는 케이크가 맛있기로 유명하다.

주소 Zelný trh 314/2, 602 00 Brno-střed 전화 542 106 010 위치 녹색 광장 내에 위치. 요금 더블 룸 3,800kč / 조식 포함 홈페이지 www.grandezzahotel.cz

2주만 허락된 봄의 선물
노란 물결의 남모라비아

'체코의 투스카나'라고 불리는 남모라비아는 1년 365일 중에서 봄이 되면 딱 2주만 노란 물결의 세상을 선물해 준다. 해마다 기후에 따라 달라지겠지만 4월 말에서 5월 초중순까지 남모라비아의 평야는 마치 노란 카펫을 깔아 놓은 듯 유채꽃이 만발하면서 그림 같은 풍경을 수 놓는다. 촬영을 목적으로 방문하는 사람들에겐 특정한 포토 스폿이 있겠지만, 남모라비아의 봄은 굳이 포토 스폿을 찾아다니지 않아도 어느 곳이나 모두 멋진 사진을 남길 수 있을 만큼 유채꽃의 향연이 펼쳐진다.

다만 뚜벅이 여행자들에게는 아쉬운 일이지만 남모라비아의 봄을 즐기려면 렌터카가 필수이다. 대부분 시골 마을이기 때문에 대중교통으로는 이동하기에 어려움이 있다. 게다가 아무때나 마음에 드는 장소에 내려서 충분히 감상하려면 렌터카를 이용하는 편이 편리하다.

올로모우츠
Olomouc

모라비아 지방

다양한 양식의 건물과 분수대가 아름다운 도시

모라비아 주도인 브르노에서 60km 떨어진 곳에 있는 올로모우츠는 프라하에서 급행열차로 2시간 30분 정도 걸린다. 체코에서 다섯 번째로 큰 도시인 올로모우츠는 1640년까지 모라비아 왕국의 수도 역할을 700년이나 하던 곳이기 때문에 체코에서 프라하 다음으로 중세 시대의 문화재 보유 수가 많다. 올로모우츠의 구시가지도 프라하의 구시가지처럼 로마네스크, 고딕, 르네상스, 바로크, 로코코 양식이 모여 있어, 건축 박물관이라고 불리기도 한다. 또한 분수의 도시로 불리는 만큼 가는 곳마다 분수가 있기 때문에 분수를 찾아다니며 둘러보는 것도 올로모우츠를 여행하는 방법이다. 올로모우츠 역에서 구시가지까지는 역 앞에서 트램을 타고 들어가는 것이 좋다.

📷 올로모우츠에서 놓치지 말아야 할 것!
❶ 분수의 도시인 올로모우츠에서 분수 찾기
❷ 다양한 건축 양식이 모여 있는 구시가지

🚕 올로모우츠 가는 방법

▶ **기차** 프라하 중앙역에서 올로모우츠 역까지 직행열차로 2시간 30분 정도 소요된다.

🚕 올로모우츠 시내 교통

▶ **트램** 올로모우츠 역에서 구시가지까지는 트램 4, 6, 7번을 타고 들어가는 것이 좋다. 1회권 가격은 18kč이고 평일은 40분, 주말은 60분 동안 사용할 수 있다. 1일권은 46kč이다. 올로모우츠 교통 앱 DPMO를 통해 티켓 구입이 가능하다.

ℹ️ **관광 안내소**

주소 VHorní náměstí, podloubí radnice, 779 11 Olomouc **전화** 585 513 385 **위치** 호르니 광장 시청사 내. **시간** 09:00~19:00 **홈페이지** tourism.olomouc.eu

---

Best Tour

머큐리 분수 ➡ 도보 1분 ➡ 성 모르지츠 성당 ➡ 도보 2분 ➡ 호르니 광장(시청사, 성 삼위일체 석주, 헤라클레스 분수, 아리온 분수, 카이사르 분수) ➡ 도보 1분 ➡ 돌니 광장(넵튠 분수, 마리안 기념비) ➡ 도보 10분 ➡ 트리톤 분수(공화국 광장) ➡ 도보 5분 ➡ 성 바츨라프 대성당

※ 반대로 올로모우츠 역에서 성 바츨라프 대성당까지 도보로 여행을 시작해서 머큐리 분수를 보고 트램 타고 다시 올로모우츠 역으로 돌아오는 일정도 나쁘지 않다.

성 모르지츠 성당 Kostel Sv. Mořice (Church St. Morice)

모라비아에서 가장 큰 파이프 오르간이 있는 성당

올로모우츠 지역 교구의 교회인 이곳은 모라비아 지방에서 후기 고딕 양식으로 지어진 건물이다. 화재로 인해 보수를 하면서 15~16세기에 세워진 2개의 첨탑은 비대칭 직사각형으로 독특한 건축 양식의 모습이다. 1745년에 만들어진 바로크 양식의 파이프 오르간은 모라비아 지방에서 가장 큰 파이프 오르간이며, 유럽에서는 여덟 번째로 큰 파이프 오르간이기도 하다. 성탑에 올라가면 호르니 광장이 한눈에 내려다보인다.

주소 Římskokatolická Farnost Sv. Mořice, Opletalova 10, 779 00, Olomouc **전화** 585 223 179 **위치** 호르니 광장에서 도보 2분. **시간** 4~6월·9~10월 09:00~18:00, 7~8월 09:00~19:00 **휴무** 11~3월 **요금** 성인 20kč, 학생 10kč **홈페이지** www.moric-olomouc.cz

호르니 광장 Horní Náměstí

올로모우츠를 대표하는 광장

올로모우츠 구시가지에만 바츨라프 광장, 공화국 광장, 돌니 광장 그리고 호르니 광장까지 총 4개의 광장이 있다. 이 중 호르니 광장이 올로모우츠를 대표하는 광장으로, 직사각형 모양의 광장 중앙에 시청사가 있고 올로모우츠의 랜드 마크인 성 삼위일체 석주가 있다. 시청사 앞에는 동판으로 제작된 올로모우츠의 입체 지도가 있는데, 호르니 광장의 또 다른 명물이기도 하다. 분수의 도시인 만큼 호르니 광장에만 세 개의 분수가 있으며, 모두 올로모우츠에서 가장 유명한 분수들이다. 광장 주변으로는 카페와 레스토랑, 올로모우츠 모라비아 극장, 갤러리, 서점, 쇼핑센터가 있다.

위치 ❶ 성 모르지츠 성당에서 도보 2분. ❷ 성 바츨라프 대성당에서 도보 12분.

시청사 Radnice (City Hall)

사회주의 시대의 천문 시계로 유명한 곳

시청사는 고딕 양식과 르네상스 양식이 혼합된 건물로, 15세기에 세워졌다. 가장 눈에 띄는 것은 프라하 천문 시계탑과 비슷한 모양을 하고 있는 시계 장치이다. 천문 시계탑이 정각이 되면 열두 제자가 도는 것처럼 올로모우츠 시계는 작업(노동)을 하는 인형들이 나와 도는데, 그 모습을 보기 위해 매 정시가 되면 관광객들이 시계탑 앞으로 모여든다. 참고로 올로모우츠의 관광 안내소는 시청사 건물에 자리하고 있다.

주소 Horní Náměstí, Podloudí Radnice, 779 11, Olomouc 시간 탑 4~9월 10:00, 11:30, 14:30, 16:00, 17:30 휴무 10~3월 요금 탑 성인 25kč, 12세 이하 어린이 무료

성 삼위일체 석주 Sloup Nejsvětější Trojice (Holy Trinity Column)

유네스코 세계 유산에 등록된 랜드 마크

1716~1754년에 걸쳐 약 38년 동안 만들어진 바로크 양식의 이 대형 석주는 높이가 35m나 된다. 올로모우츠의 장인들이 만든 것으로 중부 유럽에서는 가장 큰 조각 탑인 동시에 가장 뛰어난 작품으로 인정받아 2000년 세계 문화유산에 등록되었다. 이곳을 포함하여 대부분의 유럽 도시들의 성 삼위일체는 당시 유행하던 흑사병이 사라진 것에 감사하는 마음으로 건축되었다. 석주 가장 위에는 가브리엘 천사와 함께 성모 승천이 조각되었다.

주소 Horní Náměstí, 779 00, Olomouc 시간 4~9월 09:00~14:00(가이드 투어로만 입장 가능) 휴무 월요일, 10~3월

분수의 도시, 올로모우츠

올로모우츠에 가면 그리스 로마 신화를 토대로 만든 여러 분수가 시선을 사로잡는다. 도시 곳곳의 신화를 토대로 한 분수를 찾아다니는 재미는 물론 편안한 휴식도 취할 수 있다. 아래 자세히 소개하지는 않았지만 공화국 광장의 트리톤 분수와 돌니 광장의 주피터 분수를 포함해 총 7개의 분수가 올로모우츠를 더욱 사랑스러운 도시로 만들고 있다.

◉ 헤라클레스 분수 Herkulova kašna
호르니 광장에서 가장 처음 만나는 헤라클레스 분수는 1688년에 만들어진 것으로 올로모우츠를 보호한다는 의미를 가지고 있다.

◉ 아리온 분수 Ariónova kašna
1995년부터 2002년까지 제작된 것으로, 아리온이 노래에 이끌려 돌고래를 구출한다는 신화의 내용을 토대로 제작되었으며 독특한 디자인이 특징이다. 또한 시민들과 눈높이가 비슷한 위치에 자리해 올로모우츠의 만남의 장소와 쉼터 역할을 하고 있다.

◉ 카이사르 분수(줄리어스 시저) Caesarova kašna
헤라클레스, 아리온에 이어 호르니 광장에 있는 세 번째 분수가 바로 이 카이사르 분수이다. 올로모우츠의 분수 대부분이 신화를 바탕으로 하는데, 카이사르 분수는 유일하게 실존 인물을 기념하기 위해 만든 분수다. 카이사르는 올로모우츠를 발견한 사람이다.

◉ 넵튠 분수(포세이돈) Neptunova kašna
호르니 광장과 연결되어 있는 돌니 광장에도 두 개의 분수가 있다. 바로 넵튠 분수와 주피터 분수로, 특히 넵튠은 로마 신화의 포세이돈이라고 불린 까닭에 물을 상징하는 분수를 뜻한다. 1683년 올로모우츠에서 가장 먼저 생긴 넵튠 분수는 현재는 거의 방치되어 있으나, 분수를 만들기 전에는 식수를 저장하는 물탱크로도 사용되었다고 한다.

◉ 머큐리 분수(헤르메스·메르쿠리우스) Merkurova kašna
제우스의 아들인 머큐리는 부와 행운의 신, 상업의 신으로 불리기도 한다. 그래서인지 머큐리 분수 주변에는 올로모우츠의 하나뿐인 백화점 프리오르(Prior)가 자리하고 있고, 분수에서부터 호르니 광장까지 쇼핑 거리가 이어진다.

성 바츨라프 대성당 Katedrála Sv. Václava (Saint Wenceslas Cathedral Olomouc)

체코에서 두 번째로 높은 탑을 자랑하는 곳

모라비아에서 가장 높고, 체코에서는 두 번째로 높은 탑을 자랑하는 성 바츨라프 대성당은 모라바강을 바라볼 수 있는 높은 지대에 있다. 1104년부터 시작된 성당 건설은 몇 번의 개축을 통해서 1131년 로마네스크 양식으로 건설되었다가 1265년 화재로 인해 또다시 증축되면서 19세기 말 현재의 모습인 네오고딕 양식과 바로크 양식이 혼재되어 있는 모습을 갖추었다. 성당 지하에는 주교들의 묘와 보물들이 전시된 전시관이 있고, 성당 옆에는 대주교 박물관으로 사용하고 있는 프르제미슬 궁전이 있다.

주소 Václavské Náměstí, 779 00 Olomouc 전화 585 224 236 위치 ❶ 올로모우츠 역에서 도보 15분. ❷ 호르니 광장에서 도보 15분. 시간 월·화·목·토 06:30~18:00, 수 06:30~16:00, 일 07:30~18:00 홈페이지 www.katedrala olomouc.cz

성스러운 언덕 위의 성모 마리아 성당 Bazilika minor Panny Marie na Svatém Kopečku (Minor Basilica of the Virgin Mary on Svatý Kopeček)

바로크 양식의 건물 중 보존이 가장 잘 되어 있는 곳

올로모우츠 북동쪽으로 5km 떨어져 있는 성스러운 언덕에 있는 성모 마리아 성당은 노란색의 인상적인 바로크 양식의 건축물로, 성당 앞에 서면 올로모우츠가 한눈에 내려다보인다. 유럽이 30년 종교전쟁에 한창이던 17세기 초인 1629~1633년에 지금의 자리에 성모 마리아를 위한 작은 예배당이 지어졌고, 올로모우츠 시민들의 기도와 믿음의 성지로 명성이 높아졌다. 하지만 전쟁 때 스웨덴군의 공격으로 인해 파괴되었고, 18세기 후반에 수도원으로 재건되었다. 성당의 내부는 화려한 바로크 양식으로 볼 만한 가치가 있으며, 현재까지도 순례자들의 성지로 교구의 중심지이기도 하다.

주소 Nám. Sadové 1, 779 00 Olomouc 전화 777 742 177 위치 올로모우츠 중앙역에서 Zoo 방향 11번 버스를 타고 스바티 코페체크, 바질리카(Svatý Kopeček, bazilika)에서 하차. 약 18분 소요. 시간 08:30~17:00 홈페이지 www.svatykopecek.cz

레스토랑 우 모르지체 Restaurant U Mořice

제철 식재료로 퓨전 요리를 맛볼 수 있는 곳

올로모우츠 호르니 광장에 인접해 있는 레스토랑으로 제철 식재료로 맛을 낸 요리와 현대적이면서 세련된 실내 분위기 때문에 현지인들은 물론이고 관광객들에게도 인기 많은 레스토랑이다.

주소 Opletalova 364/1, 772 00 Olomouc 전화 581 222 888 위치 호르니 광장에서 도보 1분. 가격 굴라쉬 220Kč~, 립아이 스테이크 420Kč~, 연어 토마토 스파게티 230Kč~, 감자 뇨끼 크림 소스 225Kč~ 홈페이지 www.umorice.cz

카페 오페라 Caffe Opera

홈메이드 디저트와 다양한 피자를 맛볼 수 있는 곳

호르니 광장의 아리온 분수와 마주하고 있는 카페로, 홈메이드 케이크와 커피 그리고 다양한 피자를 판매하고 있는 카페 겸 레스토랑이다. 호르니 광장에서 잠시 쉬어가기 좋으며 프라하보다 저렴한 가격으로 피자와 디저트를 맛볼 수 있다.

주소 Horní náměstí 21, 779 00 Olomouc 전화 585 209 918 위치 호르니 광장 아리온 분수 맞은편. 시간 월~토 08:00~23:00, 일 10:00~21:00 가격 조각 케이크 60kč~, 아이스크림 179kč~, 아메리카노 52kč~, 피자 199kč~ 홈페이지 www.opera-caffe.cz

카페 뉴 원 Café New One

유명 디자이너의 설계로 분위기와 음식 맛이 좋은 레스토랑

대학 도시인 올로모우츠에 빈티지함과 현대 디자인을 성공적으로 결합시킨 인테리어가 돋보이는 장소이다. 이탈리아 요리를 맛볼 수 있으며, 식사를 하지 않더라도 커피와 디저트를 즐기기 좋다.

주소 tř. Svobody 21, 779 00 Olomouc 전화 731 592 200 위치 호르니 광장에서 도보 3분. 시간 월~목 07:30~23:00, 금~토 07:30~01:00, 일 08:00~20:00 가격 모짜렐라 파스타 249kč~, 립아이 스테이크 499kč~ 홈페이지 www.cafenewone.cz

🛏 우비토브나 마리에 Ubytovna Marie

친절한 스태프와 위치가 만족스러운 호스텔

올로모우츠 구시가지에 있는 현대식 호스텔로 도미토리 최대 인원이 3명밖에 되지 않는 기숙사형 호스텔이다. 2인실 역시 도미토리로 운영되고 있기 때문에 남자, 여자 구분하여 예약을 받고 있다. 관광지에 인접해 있고 스태프들도 친절하기 때문에 성수기에는 서둘러 예약하는 것이 좋다.

주소 tř. Svobody 78/41, 779 00 Olomouc 전화 585 220 220 위치 돌니 광장에서 도보 3분. ❷ 호르니 광장에서 도보 5분. 요금 2인실 도미토리 €14.18~, 트윈 룸(공용 욕실) €28.36~, 트리플 룸(공용 욕실) €42.54~ 홈페이지 www.ubytovnamarie.cz

🛏 클라리온 콘그레스 호텔 올로모우츠 Clarion Congress Hotel Olomouc

맥주 온천을 즐길 수 있는 호텔

올로모우츠 중앙역과 마주하고 있는 4성급 체인 호텔로, 2013년 9월에 오픈한 현대식 호텔이다. 맥주의 고장답게 맥주 온천을 즐길 수 있으며, 2박 시 웰빙 센터를 1회 무료 이용할 수 있다. 호텔 전 구역 와이파이도 무료 제공된다.

주소 Jeremenkova 36, 779 00 Olomouc 전화 581 117 117 위치 올로모우츠 중앙역 맞은편. 요금 싱글 룸 €83~, 트윈 룸 €95~, 스위트 룸(2인) €115~, 비즈니스 더블 스위트 룸(2인) €300~ / 조식 포함 홈페이지 www.clarioncongresshotelolomouc.com/cs

🛏 호텔 펜지온 나 프라데 Hotel Penzion Na Hradě

올로모우츠 구시가지 중심에 자리한 호텔

올로모우츠 구시가지 중심에 있는 현대식 호텔로 관광하기에 좋은 위치이다. 가장 높은 층에는 천장에 창이 있어 침대에 누워 하늘을 바라보는 색다른 경험을 할 수 있다. 호텔 전 구역에서 무료로 와이파이 사용이 가능하다.

주소 Michalská 207/4, 779 00 Olomouc 전화 585 203 231 위치 호르니 광장에서 도보 2분. 요금 싱글 룸 €65~, 더블 룸 €85~ / 조식 포함 홈페이지 www.penzionnahrade.cz

크로메르지시
Kroměříž

모라비아 지방

화려함과 경이로움이 공존하는 역사적인 도시

브르노에서 약 70km 정도 떨어진 곳에 있는 크로메르지시는 체코에서도 아름다운 도시로 손꼽힌다. 비옥한 모라비아 하나(Haná) 지역에서 '하나의 아테나(Athens of Haná)'로 불릴 만큼 모라바강이 흐르고 정원으로 둘러싸여 화려함과 경이로움이 공존하는 역사적 도시다. '크로므예르지슈'라는 지역명보다 우리나라에서는 '크로메르지시', '크로메리츠'라는 이름으로 더 많이 알려져 있다. 13세기 올로모우츠의 주교들과 대주교가 이곳에 관저를 세우면서 그들의 영향을 크게 받기 시작했고, 수 세기 동안 전쟁으로 피해를 입게 되었지만 주교들의 건설 활동으로 현재의 모습으로 복원할 수 있었다.

크로메르지시의 메인 광장인 '벨케 광장(Velké Náměstí)'은 이름 그대로 '큰 광장'을 뜻하며, 광장을 둘러싸고 있는 르네상스 양식의 건물들은 마치 인형의 집같이 아기자기하다. 대주교의 성, 성의 정원, 플라워 가든은 1978년 도시 기념물 보존 구역으로 선언됐고, 1995년 국립 문화 기념물로 지정, 1998년 유네스코 세계 문화유산에도 등재되었다. 크로메르지시 역과 버스 터미널은 마주 보고 있으며, 역과 터미널에서 벨케 광장까지는 약 600m 정도 떨어져 있다. 또한, 크로메르지시는 영화 '아마데우스'의 촬영지이기도 하다.

📷 **크로메르지시에서 놓치지 말아야 할 것!**
❶ 콜로네이드 위에서 내려다보는 플라워 가든
❷ 가이드 투어로 진행되는 대주교의 성 관람

크로메르지시 가는 방법

- **버스** 브르노 베네쇼바 호텔 그란드(Benešova Hotel GRAND) 버스 정류장에서 스튜던트 에이젼시 버스로 약 1시간이 소요된다.
- **기차** 브르노 중앙역에서 출발하여 코에틴(Kojetín) 역에서 1회 환승. 약 1시간 30분이 소요된다.

관광 안내소

주소 Velké nám. 115, 767 01 Kroměříž **전화** 573 321 408 **위치** 벨케 광장 내 **시간** 5~9월 (월~금) 09:00~18:00, (토) 09:00~17:00, (일) 10:00~17:00 / 10~4월 (월~금) 09:00~17:00, (토) 09:00~14:00 **휴무** 일요일 **홈페이지** www.kromeriz.eu

Best Tour

크로메르지시 역 ➡ 도보 12분 ➡ 벨케 광장 ➡ 도보 2분 ➡ 대주교의 성과 성의 정원 ➡ 도보 13분 ➡ 플라워 가든

대주교의 성과 성의 정원 Arcibiskupský Zámek & Podzámecká Zahrada (Kroměříž Archbishop's Palace & Chateau garden)

크로메르지시 발전의 중심

13세기 올로모우츠의 주교들과 대주교가 관저로 사용하기 위해 지었던 것이 수 세기 동안 전쟁과 대화재로 크게 손상을 입으면서 18세기 후반에 들어서야 지금의 모습을 갖추게 되었다. 성 관람은 정해진 시간에 투어로만 진행되며 투어 시 바닥 상태를 고려해 신발 위에 덧신는 가죽신을 신는다. 성 내부는 40개의 크고 작은 객실과 홀로 이루어져 있는데 접견실, 집무실, 체코에서 가장 아름다운 로코코 홀, 식당, 고관들이 수년 동안 모아온 미술 컬렉션, 수만 권의 책을 보유하고 있는 도서관, 악보 책과 연주 음악을 들을 수 있는 음악 보관소, 1848~1849년 오스트리아 제국의 헌법 총회 개최 장소, 주교의 방과 예배당 등이 있다. 성 투어는 90분이 소요되기 때문에 체력도 따라 줘야 한다. 높이 84m의 대주교 성의 성탑은 바로크 양식의 꽃이라고 할 수 있는데, 총 206개의 계단을 오르면 대주교 성의 주변 풍경을 내려다볼 수 있다.

대주교의 성 뒤로 끝이 보이지 않을 만큼 울창한 나무숲의 모습을 하고 있는 영국식 정원은 1509년에 만들기 시작해 수 세기 동안 확장을 거치면서 현재 총 64ha의 면적을 사용하고 있다. 정원에는 유럽, 미국, 아시아 등지의 200종에 달하는 희귀한 나무들이 심어져 있다.

주소 Sněmovní nám. 1, 767 01 Kroměříž **전화** 573 502 011 **위치** 벨케 광장에서 도보 2분. **시간** 성 4월 (토~일) 09:00~15:30, 5 · 6 · 9월 (화~일) 09:00~15:30, 7 · 8월 (화~일) 09:00~16:30, 10월 (화~일) 09:00~14:30, **성탑** 3월 23일~4월 2일 (금~월) 09:00~15:30, 4월 3일~4월 30일 · 10월 (토~일) 09:00~15:30, 5~8월 (월) 11:00~17:30, 5~7월 (화~일) 09:00~17:30 / **정원** 3월 · 10월 25일~11월 7일 07:00~17:00 / 4월 · 10월 1~24일 07:00~18:00 / 5월 · 9월 07:00~19:00 / 6~8월 07:00~20:00 **요금 성** (체코어 투어) 성인 250kč, 학생 180kč (영어 투어) 성인 370kč, 학생 280kč / **성탑** 성인 70kč, 학생 50kč / **정원** 무료 입장 ※이외에도 티켓 종류가 다양하니 홈페이지에서 자세한 사항을 확인하고 여행 계획에 맞춰 티켓을 구입하도록 하자. **홈페이지** www.zamek-kromeriz.cz

플라워 가든 Květná Zahrada (Flower Garden)

세계적으로 중요한 정원 사례

크로메르지시를 대표하는 이미지에 등장하는 프랑스식 정원이 바로 플라워 가든이다. 처음엔 과수원, 텃밭, 꽃밭으로 가꾸기 시작했던 곳에 르네상스 양식이 가미되면서 정원의 모습을 갖추게 되었다. 30년 종교 전쟁을 치르면서 폐허가 되었고 17세기 중반 카렐 주교가 이탈리아 출신의 황실 건축가를 초대하면서 후기 르네상스 시대 이탈리아 정원, 베르사유

궁전의 정원 같은 전형적인 바로크 양식의 프랑스 정원 모습을 갖추게 됐다. 그래서 세계적으로도 중요한 정원 사례로 손꼽힌다. 정원의 중심엔 바로크 양식의 팔각형 로툰다가 세워져 있고, 로툰다 내부엔 프레스코화와 치장용 벽토로 만들어진 화려한 조각들, 조약돌로 디자인한 모자이크들로 둘러져 있으며 중심엔 지구의 자전을 확인시켜 주는 푸코의 진자가 25m 길이로 매달려 있다. 가든의 한쪽 면은 244m 길이의 아케이트 '콜로네이드(Colonnade)'가 세워져 있는데 그리스와 로마의 신들의 모습을 본뜬 44개의 동상이 인상적이다. 콜로네이드 위로 올라가면 정원과 로툰다가 한눈에 들어오는 전망을 볼 수 있다. 플라워 가든은 대주교의 성이 있는 크로메르지시 센터에서 약 600m 정도 떨어진 곳에 위치해 있는데, 가는 길까지 유네스코 표식이 바닥에 있어 표식을 따라가다 보면 쉽게 찾아갈 수 있다.

주소 Gen. Svobody 1192/39, 767 01 Kroměříž 전화 723 962 891 위치 벨케 광장에서 도보 12분. 시간 1월 1일~2월 4일 · 2월 23일~3월 25일 · 11~12월 09:00~15:30, 2월 22일 (목) 14:00~17:00, 3월 6일~4월 30일 · 10월 09:00~16:30, 5월 08:00~17:30, 6~9월 08:00~18:30 요금 성인 140kč, 학생 110kč 홈페이지 www.kvetnazahrada–kromeriz.cz

피쩨리아 달 콘테 Pizzeria Dal Conte

질 좋은 재료만 사용하는 전통 이탈리안 레스토랑

이탈리아 전통적인 피자 조리법으로 원료에서부터 질 좋은 이탈리아 원료를 공수하고 있으며, 이탈리아 요리사가 피자를 만드는 피자 전문점이다. 크로메르지시에서 피자만 전문으로 하는 레스토랑 중 가장 유명한 곳이기도 하다. 모든 피자는 33cm와 46cm 두 가지 크기로 선택할 수 있으며, 피자 외에도 라자냐, 파니니 등도 판매한다. 포장 시 피자 박스는 별도의 추가 요금을 받는다.

주소 Riegrovo nám. 153, 767 01 Kroměříž 전화 608 309 877 위치 벨케 광장에서 도보 3분. 시간 월~목 10:00~22:00, 금 10:00~23:00, 토 11:00~23:00, 일 11:00~21:00 가격 피자 (33cm) 145kč~230kč, (46cm) 300kč~460kč, 파니니 145kč, 포장 박스 (33cm) 10kč, (46cm) 20kč 홈페이지 www.pizzadalconte.cz

호텔 푸르크미스트르 Hotel Purkmistr

크로메르지시를 관광하기 좋은 위치의 호텔

크로메르지시의 메인 광장인 벨케 광장에 있고, 대주교의 성과 성의 정원도 호텔 옆에 있기 때문에 관광하기에 최적의 위치이다. 16세기 르네상스 양식의 건물을 사용하고 있으며, 얼마 전 완전히 개조를 마쳐서 외관과 다르게 내부는 현대적인 시설을 갖추고 있다.

주소 Velké nám. 42/42, 767 01 Kroměříž 전화 573 500 950 위치 벨케 광장 내에 위치. 요금 더블 룸 1,750kč / 조식 불포함 홈페이지 www.hotelpurkmistr.cz

미쿨로프
Mikulov

모라비아 지방

체코 모라비아 와인 산지를 대표하는 마을

체코의 유명 시인 얀 스카첼이 '신이 옮겨 놓은 모라비아의 작은 이탈리아'라고 표현한 미쿨로프는 브르노에서 약 50km정도 떨어진 곳에 있다. 남부 모라비아 지방의 와인 산지 중에서도 가장 대표되는 마을이며 동유럽 최대 와인 산지이기도 하다. 체코와 오스트리아 국경 지역에 있으며, 유네스코가 지정한 생태계 보호 구역인 팔라바 구릉 지대에 위치해 있다. 매년 9월 포도 수확철이 되면 모라비아 지방에서 가장 유명한 와인 축제인 '팔라바 포도 수확 축제'가 둘째 주 금~일요일 3일간 열린다. 나폴레옹, 마리아 테레지아, 리히텐슈타인 가문과 디트리히슈타인 가문이 머물렀던 미쿨로프성, 프라하 다음으로 많이 남아 있는 유대인들의 흔적, 십자가의 길을 따라 오르는 순례자의 길인 성스러운 언덕은 미쿨로프에서 놓치지 말아야 할 장소이다.

📷 미쿨로프에서 놓치지 말아야 할 것!
❶ 모라비아 와인의 중심지인 미쿨로프의 와인
❷ 성스러운 언덕에서 내려다보는 미쿨로프 마을

미쿨로프 가는 방법

프라하에서 미쿨로프를 갈 경우 버스와 기차 모두 브르노를 경유해야 한다. 브르노에서 미쿨로프까지는 버스로 한 번에 가는 경우도 있고, 1회 경유하는 방법도 있으므로 버스 시간을 확인한 후 자신에게 맞는 시간대를 선택하자. 단, 기차의 경우 한 번에 가는 기차가 없고 미쿨로프 역에 도착해도 오르막길을 걸어 올라가야 하므로 되도록이면 버스를 이용하는 것을 추천한다.

- **버스** 브르노 센트럴 버스 터미널(ÚAN Zvonařka)에서 미쿨로프까지 1시간 20분 소요. 미쿨로프 22 두브나(Mikulov 22.Dubna) 또는 그 다음 정거장인 미쿨로프 우 파르쿠(Mikulov u Parku)에서 하차해야 미쿨로프 센트럴과 가깝다.

- **기차** 브르노에서 미쿨로프까지 가는 기차 노선은 최소 1회 경유를 해야 한다. 보통 브르제슬라브(Břeclav) 역에서 환승해, 미쿨로프 나 모라베(Mikulov na Moravě) 역에서 하차 후, 미쿨로프 센트럴까지 20분 정도 오르막길을 오르면 된다. 또는 미쿨로프 나 모라베 역 앞에서 버스 174, 105, 540번을 타고 바로 다음 정거장인 미쿨로프 우 파르쿠(Mikulov u Parku)에서 하차 후, 10분 정도 걸으면 된다.

관광 안내소

주소 Náměstí 1, 692 01 Mikulov **전화** 519 510 855 **위치** 미쿨로프 광장 내에 위치. **시간** 1·2·3월 (월~금) 08:00~16:00 / 4·5·10월 (월~금) 09:00~17:00 / 6·9월 (월~금) 08:00~18:00, (토~일) 09:00~18:00 / 7·8월 (월~금) 08:00~19:00, (토~일) 09:00~19:00 / 11월 09:00~16:00 / 12월 (월~금) 09:00~16:00, (토) 09:00~14:00 **휴무** 12월 24일~26일, 12월 31일 **홈페이지** www.mikulov.cz

Best Tour 미쿨로프 광장 / 디트리히슈타인 가문의 묘지 ➡ 도보 5분 ➡ 미쿨로프성 ➡ 도보 10분 ➡ 염소성 ➡ 도보 1분 ➡ 유대인 묘지 ➡ 도보 2분 ➡ 후소바 거리 ➡ 도보 20분 ➡ 성스러운 언덕

미쿨로프성 Zámek Mikulov (Mikulov Castle)

동유럽에서 가장 큰 오크통이 있는 와인 셀러가 있는 성

슬라브족의 정착촌이었던 곳으로, 프르제미슬 가문 출신의 보헤미아 왕이자 오스트리아 공작이었던 오타카르 2세에 의해서 1249년 리히텐슈타인 의회에 기부되었다. 그 후 성은 리히텐슈타인 가문의 재산이 되었다. 16세기 중반 침체된 경제와 물가 상승으로 이 성을 팔도록 강요받았지만, 루돌프 2세에 의해 디트리히슈타인 가문에 기증되었다. 30년 종교 전쟁 당시에는 적군에게 두 번이나 점령당했고, 스웨덴군에 의해 건물이 많은 손상을 입었다. 이후 재건에 들어갔지만 완성될 무렵인 1719년 성에 큰 화재가 일어났고 또다시 파괴되었다. 그러면서 성의 주인이었던 디트리히슈타인 가문의 소유도 끝이 났고 화재로 인해 미쿨로프성은 쇠퇴의 길을 걸었지만 다시 복원하기 위해 힘썼다. 1805년 아우스터리츠 전투 이후에 평화 협상을 위해 이곳을 찾은 나폴레옹 1세가 협상 기간 동안 머물 장소로 이 성을 선택하면서 성 곳곳에는 나폴레옹 황제를 환영했던 흔적들이 남아 있다. 수없이 많은 소실과 파괴 그리고 복원을 거치면서 미쿨로프성은 1960년이 되어서야 재건을 끝마쳤다. 현재 미쿨로프성은 박물관으로 사용되고 있으며, 지하 와인 셀러에는 1643년부터 사용한 101,400L의 와인을 담을 수 있는 거대한 오크통이 있다. 무려 하루에 3.5L씩 80년 동안 마실 수 있는 양이라고 한다.

주소 Zámek 1, 692 15 Mikulov **전화** 519 309 014 **위치** 미쿨로프 광장에서 도보 3분. **시간** 4·10·11월 (금~일) 09:00~16:00 / 5·6·9월 (화~일) 09:00~17:00 / 7·8월 09:00~18:00 **휴무** 12~3월, 4·10·11월 월~목요일, 5·6·9월 월요일 **요금** 미쿨로프 역사 박물관 (가이드 투어, 55분 소요) 성인 180kč, 학생 90kč / 도서관 (가이드 투어, 25분 소요) 성인 120kč, 학생 60kč / 와인 셀러 (가이드 투어, 25분 소요) 성인 120kč, 학생 60 kč **홈페이지** www.rmm.cz

디트리히슈타인 가문의 묘지 Dietrichsteinská Hrobka (Dietrichstein Tomb)

디트리히슈타인 가문의 가족 묘지

원래는 1623~1656년 처음 미쿨로프 광장 한편에 자리 잡은 성당이었다. 1784년 화재로 인해 크게 손상된 후, 재건에 들어갔다. 그 과정에서 인근 성 바츨라프 성당에 잠들어 있던 디트리히슈타인 가족의 유골 45개의 관을 옮겨 오면서, 디트리히슈타인의 가족 묘지로 사용하게 되었다. 내부 관람은 투어로만 진행되며 투어 시 건물 옥상에 올라 미쿨로프성과 광장, 성스러운 언덕을 바라볼 수 있다.

주소 Náměstí 193/5, 692 01 Mikulov 전화 720 151 793 위치 미쿨로프 광장 내에 위치. 시간 4월·10월 (토~일) 10:00~16:00, 5월·6월·9월 (화~일) 10:00~17:00, 7~8월 10:00~18:00 휴무 11~3월 요금 성인 100kč, 학생 70kč 홈페이지 www.mikulov.cz

염소성 Kozí Hrádek (Goat Castle)

미쿨로프 전망을 바라볼 수 있는 장소

미쿨로프의 전망을 바라보기 좋은 장소다. 브르노와 오스트리아 빈의 연결 경로를 통제하고, 미쿨로프성의 방어력을 향상시키는 데 큰 역할을 했다. 언덕 위에 있는 탑은 15세기에 세워진 것으로 깃발이 있는 날에는 탑 위로 올라 미쿨로프의 전망을 감상할 수 있는데, 깃발이 없는 날에 언덕 위에서 바라보는 전망도 무척 좋은 곳이다.

주소 Na Jámě, 692 01 Mikulov 전화 608 002 976 위치 미쿨로프 광장에서 도보 5분. 시간 언덕까지는 자유롭게 오를 수 있고, 탑은 깃발이 있을 때만 오픈. 요금 성인 30kč, 학생 20kč 홈페이지 www.mikulov.cz

성스러운 언덕 Svatý Kopeček (Holy Hill)

모라비아 지방의 순례자의 길

미쿨로프의 랜드 마크 중 하나인 성스러운 언덕은 팔라바 구릉 지대의 일부에 속하며, 희귀한 동식물의 출현을 고려하여 자연 보호 구역으로 선언되었다. 363m 높이의 가파른 경사면을 따라 이어지는 십자가의 길은 모라비아 지방의 성지 순례 길이기도 하다. 언덕 꼭대기에는 새하얀 성 세바스티아나 예배당 (Kaple Sv. Šebastiána)과 종탑이 있고, 이곳에서 내려다보이는 미쿨로프 전망과 국경 너머의 오스트리아 전망은 미쿨로프를 방문했다면 놓치지 말아야 할 볼거리이다.

위치 미쿨로프 광장에서 도보 25분.

유대인 지구 Židovská čtvrti (Jewish Quarters)

모라비아에서 가장 큰 유대인 지역

유대인들이 처음 미쿨로프에 정착한 때는 650년경이다. 이후 1421년 빈과 인근 오스트리아, 브르노, 즈노이모 등에서 추방당한 유대인들이 이곳으로 모여들면서 본격적으로 유대인 공동체가 자리 잡기 시작했다. 16세기 초, 모라비아 지방의 랍비 기관이 이곳에 위치하면서 미쿨로프는 모라비아 유대교의 정신적 중심지이자 가장 큰 유대인 지역이 되었다. 유대인들이 처음 이곳에 정착하며 머물렀던 곳은 목조 주택이었으나, 큰 화재 이후 유대인 지구는 철저히 분리·고립되었고, 화재에 대비한 방어벽이 세워짐과 동시에 목조 건물은 사용이 엄격히 금지되었다. 그때부터 석조 건물로 된 르네상스 양식의 집들이 지어지기 시작했다. 미쿨로프성 아래로 이어지는 약 1km의 후소바(Husova) 거리는 당시 유대인들이 살았던 유대인 지구로 시너고그, 유대인 박물관, 유대인 묘지, 유대인 목욕탕 등이 그대로 보존되어 있으며, 유대인의 집에는 집의 역사를 설명해 주는 황금색 동판이 붙어 있다.

위치 후소바 거리까지 미쿨로프 광장에서 도보 5분.

유대인 묘지 Židovský Hřbitov (Jewish Cemetery)

염소성이 있는 코지 언덕 서쪽 경사면(19,180m² 면적)에는 약 4,400개 이상의 비석이 세워져 있다. 이곳은 15세기 중반에 설립된 미쿨로프의 유대인 묘지이다. 비석은 약 4,400개 가량이지만 비석 아래에는 그보다 훨씬 더 많은 유대인들이 잠들어 있다고 한다. 묘지 입구에는 한때 실제로 사용됐었던 장례식장과 시체 보관소가 있으며, 현재는 이곳에서 입장료를 받고 있다. 가장 오래된 묘비는 1605년 사무엘라 벤 렙 아쉬케나지호(Samuela ben Leb Aškenaziho)의 묘비이며, 묘지 안에는 제1차 세계 대전 당시 사망한 미쿨로프 군인 기념관과 1945년 독일군에게 사살된 헝가리 출신의 유대인 포로 21명의 기념관도 있다.

주소 Kozí hrádek 1540/11, 692 01 Mikulov **전화** 731 484 500 **위치** 염소성에서 도보 2분. **시간** 6월 (일~금) 10:00~17:00, 7~9월 (일~금) 10:00~18:00, 10월 (화~금·일) 11:00~16:00 **휴무** 11~3월 **요금** 성인 40kč, 학생 25kč

호텔 탄츠베르크 마르첼 이나챠크 Hotel Tanzberg Marcel Ihnačák

유명한 수석 셰프가 주방장으로 있는 레스토랑

미쿨로프 유대인 지구에 있는 부티크 호텔에서 운영 중인 레스토랑이다. 탄츠베르크 레스토랑을 책임지고 있는 슬로바키아 출신 요리사인 '마르첼 이나챠크(Marcel Ihnačák)'는 영국의 유명 요리사 제이미 올리버의 레스토랑 부요리사와 슬로바키아 힐튼 호텔 수석 주방장을 거쳐 슬로바키아 유명 요리 TV쇼에 몇 년간 출연하면서 인지도를 쌓은 셰프이다. 또한 슬로바키아, 체코, 스웨덴, 이탈리아, 미국 등에 요리 책도 출간했다. 이곳은 미쿨로프에서 가장 고급스러운 요리를 상대적으로 저렴한 가격으로 맛볼 수 있는 곳으로 파스타, 지중해 요리뿐만 아니라 유대인 메뉴 리스트도 있다.

주소 Husova 331/8, 692 01 Mikulov 전화 519 510 692 위치 미쿨로프 광장에서 도보 4분. 시간 11:00~23:00 가격 리소토 250kč~, 뇨끼 255kč~, 송아지 고기 스테이크 477kč~ 홈페이지 www.hotel-tanzberg.cz

소이카 & 스폴. (레스토랑 & 콜로니알) Sojka & spol. (Restaurant & Koloniál)

미쿨로프 레스토랑 1위에 오른 유기농 패밀리 레스토랑

미쿨로프 광장 옆에 있는 곳으로 1층은 유기농 바이오 제품들을 판매하는 매장이고, 매장 안 계단으로 올라가면 레스토랑이 있다. 트립 어드바이저 미쿨로프 레스토랑 순위에서 압도적으로 1위인 인기 있는 레스토랑으로, 메뉴는 많지 않지만 채식 요리부터 고기 요리까지 다양하게 즐길 수 있다. 1층 매장에서는 천연 화장품, 지역에서 나오는 유기농 제품, 미쿨로프 와인, 유기농 건강 보조제 등의 다양한 제품을 구입 가능하다.

주소 Náměstí 198/198/10, 692 01 Mikulov 전화 518 327 862 위치 미쿨로프 광장에서 도보 1분. 시간 09:00~21:00 가격 소고기 버거 195kč~, 돼지 다리튀김 210kč~ 홈페이지 www.sojkaaspol.cz

호텔 볼라리크 Hotel Volarik

현대식 최신 시설을 갖춘 호텔

2017년 리노베이션을 마쳐 최신 시설을 갖춘 미쿨로프의 현대식 호텔이다. 버스 정류장을 비롯해 미쿨로프 관광지와 인접해 있어서 위치적 조건도 좋다.

주소 22.Dubna 1000/28, 692 01 Mikulov 전화 777 003 692 위치 ❶ 미쿨로프 22.두브나(22.Dubna) 버스 정류장에서 도보 1분. ❷ 유대인 지구 후소바(Husova) 거리까지 도보 3분. 요금 더블 룸 3,400kč / 조식 포함 홈페이지 hotelvolarik.cz

레드니체 & 발티체
Lednice & Valtice

모라비아 지방

유네스코 세계 문화 경관에 등재된 곳

남 모라비아 지방에 위치한 발티체와 레드니체는 두 개의 성으로 되어 있는데 바로크 양식의 발티체성과 영국식 네오고딕 양식의 레드니체성이다. 이 두 개의 성은 13세기 말 오스트리아와 모라비아 국경의 토지를 점점 넓혀가며 남부 모라비아 지방을 지배했던 리히테슈타인 가문의 영지이다. 리히테슈타인 가문은 발티체성을 거주지로, 레드니체성을 여름 궁전으로 사용했다. 발티체를 중심으로 승마와 사냥을 즐길 수 있는 길을 만들면서 레드니체와 발티체 사이의 길은 상당히 발전되었고, 현재에도 이 길은 자전거와 하이킹 코스로 인기가 높다. 레드니체와 발티체 문화 경관은 1996년 유네스코 세계 문화유산에 등재되었다. 레드니체 지역과 발티체 지역을 함께 여행한다면 숙소는 레드니체에서 잡는 것을 추천한다.

📷 **레드니체 & 발티체에서 놓치지 말아야 할 것!**
① 나선형 계단이 있는 레드니체성 투어
② 국립 와인 살롱에서 100개의 와인 시음

레드니체 & 발티체 가는 방법

▶ **브르노에서 레드니체성** 브르노 중앙역에서 포디빈(Podivín) 역까지 이동. 이동 시간은 30분 정도 소요된다. 포디빈(Podivín) 역 앞 버스 정류장에서 레드니체(Lednice)를 경유하는 발티체(Valtice)행 555번 버스를 타고, 레드니체 광장(Lednice Náměstí)에서 하차하면 된다. 이동 시간 약 10분 소요.

▶ **레드니체에서 발티체성** 레드니체 광장에서 555번 버스를 타고, 발티체 메스토(Valtice město) 역까지 약 16분 소요된다. 발티체 메스토(Valtice město) 역에서 발티체성까지 15분 정도 걸으면 된다.

레드니체성 Státní Zámek Lednice (Castle Lednice)

체코의 베르사유 궁전이라 불리는 레드니체성

17세기 리히텐슈타인 가문은 그들이 소유했던 토지가 큰 이익을 얻게 되면서 모라비아 지방에서 가장 부유한 가문이 되었다. 그러면서 레드니체성의 거대한 프로젝트가 시작됐다. 17세기 이전에는 르네상스 양식의 작은 성이었다면, 17세기 말에는 정원이 있는 바로크 양식의 성으로 재건되었고, 18세기에 들어서 또다시 성을 새롭게 개조했다. 현재는 영국식 네오고딕 양식의 모습을 하고 있으며, 성 내부 관람은 투어로만 진행된다.

레드니체성 안을 장식하는 대부분의 것들이 그 당시 사용했던 그대로 보존되어 있다. 섬세한 조각, 고풍스러운 인테리어, 화려하지는 않지만 색감이 주는 우아함이 유럽의 다른 지역에서 보던 성과는 사뭇 다른 분위기를 만날 수 있다. 투어의 시작은 정교하게 조각된 참나무 계단과 놋쇠로 만든 샹들리에가 걸린 접견실에서 시작된다. 투어의 하이라이트는 하나의 참나무로 만든 계단이 있는 서재이다. 이 나선형 계단은 세 명의 장인이 약 8년 동안 못도 사용하지 않고 오로지 조각만으로 완성시켰다. 무도회장에는 안드로메다와 페르세우스의 대형 누드화가 걸려 있는데, 무도회장을 찾을 때마다 자리에 앉아 이 누드화만 바라보는 영주 때문에 그의 부인이 화가 나서 더 이상 그림을 보지 못하도록 소파 뒤로 그림의 위치를 바꾸어 걸었다. 그러자 영주는 그림이 걸려 있던 자리에 큰 거울을 걸었고, 그 거울에 비친 그림을 계속 감상했다고 한다.

방은 대부분 벽지 색에 따라 이름이 정해졌으며, 성 내부에는 비밀의 문 350개가 있다. 레드니체성의 정원은 프랑스식 정원과 영국식 정원으로 전혀 다른 두 개의 정원을 만날 수 있다. 성 뒤로 끝없이 펼쳐진 영국식 정원에는 레드니체성과 마주하는 곳에 이슬람 사원의 탑인 미나렛이 세워져 있다. 당시 리히텐슈타인 가문의 알로이스 요제프 1세는 이 자리에 교회를 세우고자 했지만, 워낙 구교도와 신교도의 싸움이 끊이

만, 모스크를 짓기엔 지반이 불안정해서 모스크까지 짓지는 못한 채 탑만 남아 있다. 이 미나렛은 이슬람 지역을 제외한 나라 중에서 가장 높은 미나렛이라고 한다. 레드니체성은 '체코의 베르사유 궁전'이라고 불릴 정도로 베르사유 정원의 모습을 많이 닮아 있다. 정원을 쉬지 않고 돌아도 1시간이 넘는 만큼 여유가 없다면 보트나 마차를 타고 둘러보는 것을 추천한다.

지 않던 시절이라 신하들의 반대가 거셌다고 한다. 이에 화가 난 알로이스 요제프 1세는 그 자리에 이슬람 모스크를 세워 버리기로 하고 미나렛을 먼저 세웠지

주소 Zámek 1, 691 44 Lednice **전화** 519 340 128 **위치** 레드니체 광장에서 도보 2분. **시간 대표 홀** 11~3월 (토~일) 10:00~16:00, 4 · 10월 (토~일) 09:00~16:00, 5 · 6 · 9월 (화~일) 09:00~17:00, 7~8월 (월~일) 09:00~17:00 **요금 대표 홀** 성인 240kč, 학생 190kč ※ 대표 홀 투어 외에도 많은 투어가 있으니 자세한 사항은 홈페이지에서 확인. **홈페이지** www.zamek-lednice.com

발티체성 Státní Zámek Valtice (Castle Valtice)

국제 와인 협회가 운영하는 국립 와인 살롱이 있는 곳

1837~1945년까지 리히테슈타인 가문이 소유하고 있던 바로크 양식의 발티체성은 제2차 세계 대전이 끝난 후 본국 송환을 기다리고 있던 러시아 포로들에 의해 파괴되었고, 1947년 중반엔 여성 수용소로 사용하기도 했다. 공산주의 시절 건물의 방들은 창고와 작업장으로 사용되었고, 승마장은 담배 건조실로, 극장은 트랙터 주차장으로 개조되면서 생산, 작업장, 운송을 위한 공간으로 부적절하게 사용되어 발티체성은 계속해서 황폐해져만 갔다.

1970년부터 성을 예전 모습대로 복원하기 시작했으며 해마다 복원되는 곳이 하나씩 일반인들에게 공개되고 있다. 성 입장은 투어로만 진행된다. 발티체성은 성보다 체코에서 가장 오래된 '지하 와인 창고'와 '국립 와인 살롱'이 더 유명하다. 국립 와인 협회가 운영하는 국립 와인 살롱은 매년 체코에서 열리는 와인 선발 대회에서 질 좋고 맛있는 와인 100가지를 시음 및 구매할 수 있는 곳이다. 빵은 기본으로 제공되며 치즈는 따로 구입하면 시음하면서 먹을 수 있도록 잘라 준다.

주소 Zámek 1, 691 42 Valtice **전화** 778 743 754 **위치** 발티체 메스토(Valtice město) 역에서 도보 15분. **시간** 리히테슈타인 거주 공간(Basic Tour, 55분 소요) 4월 (화~일) 09:00~16:00, 5 · 6 · 10월 (화~일) 09:00~17:00, 7~9월 (월~일) 09:00~17:00, 11월 (토~일) 10:00~14:00 / 국립 와인 살롱 2~5월 · 10월 · 12월 16일 (화~목) 09:30~17:00, (금~토) 10:30~18:00, 6~9월 (화~목) 09:30~17:00, (금~토) 10:30~18:00, (일) 10:30~17:00 / 와인 창고 투어 (30~45분 소요) 5 · 6 · 9월 (토~일) 10:00~18:00, 7~8월 (월~일) 10:00~18:00 **요금** 리히테슈타인 거주 공간(Basic Tour) 성인 240kč, 학생 190kč / 국립 와인 살롱 A(정해진 시간 동안 자유롭게 시음) 120분 599kč / 국립 와인 살롱 B(정해진 시간 동안 정해진 잔만큼 시음) 15~20분 100kč / 와인 창고 KLASIK 120kč (가이드 투어+5가지 와인 시음), EXCLUSIVE 220kč (가이드 투어+7가지 와인 시음) / 가이드 투어와 시음 없이 와인 창고 개별 투어 60kč ※ 이외에도 더 많은 투어가 있으니 자세한 사항은 홈페이지 확인 **홈페이지** www.zamek-valtice.cz

카페 레스토랑 오닉스 Café Restaurant Onyx

레드니체에서 캐주얼하게 즐길 수 있는 레스토랑

오닉스 펜션 내에는 오닉스 레스토랑과 오닉스 카페 레스토랑이 영업 중이다. 레스토랑보다 카페 레스토랑이 좀 더 캐주얼한 분위기로, 영업 시간도 더 길기 때문에 좀 더 여유롭게 식사할 수 있다. 체코 전통 음식에서부터 파스타, 스테이크까지 다양한 메뉴를 맛볼 수 있다.

주소 Malinovského 25, 691 44 Lednice 전화 608 600 556 위치 레드니체성에서 도보 5분. 시간 월~수 10:30~21:00, 목 11:00~20:00, 금 11:00~21:30, 토 10:00~21:30, 일 10:00~19:00 가격 치킨 슈니첼 236kč~, 스비치코바 250kč~, 비프 스테이크 410kč~ 홈페이지 www.onyxlednice.cz

우 틀루스티쉬 U Tlustých

모라비아 와인과 음식을 즐길 수 있는 곳

모라비아 와인과 함께 모라비아 전통 요리뿐만 아니라 체코 전통 요리와 유럽 요리 등 다양하게 즐길 수 있는 레스토랑으로 계절에 따라 계절에 맞는 특선 요리가 메뉴에 추가된다.

주소 Pekařská 88, 691 44 Lednice 전화 606 571 362 위치 레드니체성에서 도보 7분. 시간 10:00~22:00 가격 포크 티본 스테이크 399kč~, 스비치코바 296kč~ 홈페이지 www.utlustych.cz

자멕키 호텔 레드니체 Zámecký hotel Lednice

레드니체성 정원 입구에 자리한 호텔

레드니체성 정원에 있는 호텔은 가성비가 좋아 인기가 높다. 호텔과 불과 1분 거리에 레드니체성과 레드니체 광장이 있기 때문에 관광하기에도, 다른 지역으로 이동할 때도 굉장히 좋은 위치를 자랑한다.

주소 Zámecké nám. 66, 691 44 Lednice 전화 530 503 464 위치 레드니체 광장 옆에 위치. 요금 더블 룸 2,400kč / 조식 포함 홈페이지 www.hotellednice.cz

즈노이모
Znojmo

모라비아 지방

모라비아 지방에서 두 번째로 큰 도시

모라비아 지방에서 브르노 다음으로 두 번째로 큰 도시로, 오스트리아 국경 브르노에서 약 65km 떨어진 곳에 있다. 중세 모라비아 지역에서 가장 중요한 역할을 했던 즈노이모는 디에(Dyje)강 협곡이 내려다보이는 암석 위에 있으며, 미쿨로프와 함께 모라비아 와인의 대표 도시이기도 하다.

11세기 들어와 프레미슬 왕조(Přemyslid)가 모라비아를 점령하게 되면서부터 오스트리아 국경이 인접한 이곳에 방어 시스템을 세우고, 즈노이모를 모라비아 행정의 중심지로 발전시켜 나갔다. 이때부터 독일 사람들이 체코 곳곳에 뿌리를 내렸고, 그중에서도 즈노이모에는 더 많은 독일인들이 정착했는데, 서로 각각의 언어를 사용하면서도 잘 어우러져 살고 있었다. 하지만 제1차 세계 대전이 일어나면서 민족주의로 인해 갈등이 시작됐다. 즈노이모에 살고 있던 독일인들은 독일이 오스트리아를 강제로 합병하면서 오스트리아 인근에 있던 이곳 즈노이모도 합병해 주길 원했다. 하지만 즈노이모는 체코슬로바키아에 속하게 되었고, 즈노이모에 살고 있던 독일인들의 토지를 정부에서 압수해 모라비아인들에게 나눠 주면서 많은 독일인들이 즈노이모를 떠나게 됐다. 하지만 제2차 세계 대전을 거치며 모라비아인들이 추방당했다가 전쟁이 끝날 때에는 소련군에 의해 독일인들이 또다시 즈노이모에서 추방을 당하는 등의 사건들이 겹치면서 즈노이모는 두 민족의 아픈 역사가 공존해 있다. 즈노이모에 현재까지도 독일어로 된 간판이 곳곳에서 보이는 이유다.

즈노이모 역과 버스 터미널은 나란히 있으며, 역과 터미널에서 역사 지구의 중심인 마사리코보 광장(Masarykovo Náměstí)까지는 도보로 15분 정도 이동해야 한다.

 즈노이모에서 놓치지 말아야 할 것!
❶ 즈노이모성 성벽 위에서 즈노이모 역사 지구 조망
❷ 구시청사 탑에서 즈노이모 시내 조망

🚕 즈노이모 가는 방법

즈노이모는 모라비아 지방의 브르노와 더불어 프라하에서 한 번에 갈 수 있다.

▶ **프라하에서 가는 방법** 플로렌스(Florenc) 버스 터미널에서 즈노이모 버스 터미널까지 이동할 수 있다. 버스에 따라 2시간 50분~ 3시간 10분 정도 소요된다.

▶ **브르노에서 가는 방법** 브르노 메인 버스 터미널(ÚAN Zvonař-ka)에서 즈노이모 버스 터미널까지 1시간 15분 소요된다.

ℹ️ 관광 안내소

주소 Obroková ul. 10, 669 02 Znojmo **전화** 515 222 552 **위치** 구시청사 탑 옆에 위치 **시간** 11~4월 (월~금) 08:00~18:00, (토) 09:00~13:00 / 5 · 6 · 9 · 10월 (월~금) 08:00~18:00, (토~일) 09:00~17:00 / 7~8월 (월~금) 08:00~19:00, (토) 09:00~19:00, (일) 10:00~18:00 **홈페이지** www.znojemskabeseda.cz/tourist-information-center

Best Tour

즈노이모 역 ➡ 도보 15분 ➡ 마사리코보 광장 ➡ 도보 1분 ➡ 구시청사 탑 ➡ 도보 2분 ➡ 즈노이모 지하 터널 ➡ 도보 5분 ➡ 성 미쿨라셰 성당 ➡ 도보 5분 ➡ 즈노이모성

구시청사 탑 Znojemská Radniční Věž (Znojmo Town Hall Tower)

즈노이모를 한눈에 내려다볼 수 있는 뷰 포인트

구시청사 탑이 처음 지어진 것은 1260년이었지만, 1444년 대화재 속에 모두 불에 타버리고 재건축하면서 탑은 독립적 건물로 설계되었다. 그 후에도 전쟁과 화재를 거치면서 방어 목적으로 사용하던 탑은 화재 감시용으로 사용하기도 했다. 탑 위에 교차하고 있는 두 개의 첨탑은 독일인과 모라비아인이 이 도시에 함께 어우러져 살아간다는 뜻을 의미하고 있으며, 탑 전망대에서는 즈노이모는 물론이고 가까운 오스트리아부터 날씨가 좋은 날에는 알프스 산맥까지 볼 수 있는 전망을 제공한다.

주소 Obroková 1/12, 669 02 Znojmo 전화 739 389 094 위치 마사리코보 광장에서 도보 1분. 시간 5·6·9월 09:00~12:30, 13:00~17:00 / 7~8월 09:00~12:30, 13:00~18:00 / 10~4월 (화~일) 10:00~12:30, 13:00~16:00 요금 성인 50kč, 학생 35kč 홈페이지 www.znojemskabeseda.cz/turismus/radnicni-vez

Notice 2023년 가을까지 리노베이션을 위해 잠시 문을 닫는다. 방문 전에 운영 재개 여부를 확인하자.

즈노이모 지하 터널 Znojemské podzemí (Znojmo Underground)

마을 아래 또 하나의 지하 도시

27km 길이의 지하 터널은 즈노이모뿐만 아니라 중부 유럽에서도 독특한 역사적 명소에 속한다. 지하에서 발견된 문건에 기초하여 이 지하 터널은 14세기~15세기 초 건설이 시작되었다고 가정하고 있다. 망치, 곡괭이 등 단순한 도구를 이용해 단단한 암석을 채굴하면서, 35~40ha 규모의 집집마다 연결된 통로를 만들었다. 즈노이모의 위치적 특성상 질 좋은 농산물과 와인 생산으로 중요한 무역 중심지 역할을 할 때 생산품을 오래 보관할 수 있는 보관창고로 이용했다.

많은 추측에 의하면 이러한 통로는 원래 방어와 전략에 깊은 관련이 있는 만큼 전쟁 시 방어를 위해 만들어졌다는 설도 있다. 도시에 이러한 지하 방어 시설이 있다는 사실은 행정하는 사람들 외에는 밖으로 알려지지 못하게 했으며 실제로 전쟁 중에 대부분의 마을 사람들은 이 지하 통로에서 숨어 지냈다. 당시 암석의 균열을 이용하여 지하수를 순환하게 하면서 우물을 사용할 수 있었고, 집안 굴뚝을 이용해 지하에서 불을 피워도 연기가 빠져나갈 수 있도록 했다고 한다. 사람은 보이지 않는데 굴뚝에서 연기가 나는 것을 보고, 이곳을 지나는 군인들이 '유령 도시'라는 별명을 붙였다.

르네상스 양식의 아기자기한 마을에 지하 터널로 들어갈 수 있는 통로는 구시청사 탑 앞에 작은 골목 안에 있다. 투어는 클래식 투어와 아드레날린 투어로 진행되며 아드레날린 투어를 신청할 경우 자체 프레임 테스트를 거쳐야 한다.

주소 Slepičí trh 275/2, 669 02 Znojmo **전화** 515 221 342 **위치** 구시청사 탑에서 도보 2분. **시간** 9~6월 09:00~17:00, 7~8월 09:00~18:00 / 클래식 투어는 7~8월에 10명 이상의 단체만 예약 가능 **요금** 클래식 가이드 투어(60분 소요) 성인 130kč, 학생 80kč / 아드레날린 투어(단계별로 난이도가 높아지며, 나오는 출구는 모두 다름) 1단계(Blue, 75분 소요) 성인 150kč, 2단계(Red, 90분 소요) 성인 180kč, 3단계(Black, 150분 소요) 성인 280kč **홈페이지** www.znojemskabeseda.cz/turismus/znojemske-podzemi

★ **프레임 테스트**
아드레날린 투어를 신청할 경우 총 3단계로 몸이 통과할 수 있는지 테스트를 거쳐야 한다. 자신이 통과 가능한 프레임까지 입장할 수 있다.

프레임 테스트

즈노이모성 Znojemský Hrad (Znojmo Castle)

모라비아의 절경을 감상할 수 있는 장소

즈노이모의 서쪽 끝 디에강 협곡 위에 자리한 즈노이모성은 11세기 브르제티슬라브(Břetislav) 왕자에 의해 국경 요새의 목적으로 세워졌다. 로마네스크 양식의 로툰다는 이 성에서 가장 중요한 건축물로, 최초에 지어진 건물이기도 하다. 시간이 흐르면서 성은 조금씩 확장되었고, 18세기에 현재의 바로크 양식의 성으로 재건되었다. 19세기엔 군사 병원으로 사용하기도 했으며, 현재는 투어 입장만 가능하다. 성벽 위에서 디에강과 즈노이모 댐, 디에강 위에 놓여진 철로 그리고 역사 지구를 바라보는 전망은 모라비아에서 빠질 수 없는 절경 중 하나이다.

주소 Hradní 84/10, 669 02 Znojmo 전화 515 282 211 위치 구시청사 탑에서 도보 5분. 시간 성 투어 5~9월 (화~일) 09:00~17:00 / 성벽 위 전망대는 마을 광장처럼 항상 개방되어 있다. 요금 성인 100kč, 학생 70kč / 성벽 위 전망대는 무료. 홈페이지 www.muzeumznojmo.cz

성 미쿨라셰 성당 Chrám Svatého Mikuláše (St. Nicholas' Deanery Church)

즈노이모의 수호성인을 모신 성당

1338년 로마네스크 양식으로 처음 지어졌지만, 마을에 대형 화재가 나면서 완전히 새로운 양식의 성당으로 재건되었다. 원래는 가톨릭 성당으로 지어졌다가, 16세기에 들어와 종교 개혁으로 신교도가 사용했다. 이후 17세기 초에 다시 가톨릭 성당으로 되돌려 받았다. 현재의 외관은 후기 고딕 양식, 내부는 바로크 양식으로 완전히 다른 분위기를 보여 주고 있으며, 화려한 장식을 하고 누워 있는 즈노이모의 수호성인 성 보니파시우스(St. Bonifacius)의 투명관도 성당 안에 자리하고 있다.

주소 Mikulášské nám. 50/3, 669 02 Znojmo 전화 515 224 694 위치 ❶ 구시청사 탑에서 도보 4분. ❷ 즈노이모성에서 도보 5분. 시간 09:00~22:00 홈페이지 www.farnostznojmo.cz

투스토 Tusto

트렌디한 분위기의 펍을 겸한 레스토랑

역사 지구 안에 있는 투스토는 파스타와 스테이크 전문점이다. 또한 즈노이모에서 가장 트렌디한 이탈리안 레스토랑과 탱크 맥주를 맛볼 수 있는 펍을 함께 운영한다. 매장 내에서는 무료 와이파이를 사용할 수 있다.

주소 Dolní Česká 300/6, 669 02 Znojmo 전화 530 320 015 위치 구시청사 탑에서 도보 2분. 시간 월~목 10:00~23:00, 금~토 10:00~24:00, 일 11:00~23:00 가격 파스타 194~244kč 홈페이지 znojmo.tusto.cz

TGM 호텔 레지던스 TGM Hotel Residence

깔끔한 객실과 최적의 위치를 자랑하는 호텔

즈노이모 역사 지구 내 마사리코보 광장 입구에 있는 현대적 시설을 갖춘 호텔이다. 레지던스를 겸하고 있고, 화이트톤의 깔끔한 분위기로 즈노이모를 찾는 사람들에게 인기가 좋다. 숙소 인근에 대부분의 랜드 마크가 있기 때문에 여행하기에도 좋다.

주소 Masarykovo nám. 334/12, 669 02 Znojmo 전화 515 331 222 위치 즈노이모 역과 버스 터미널에서 도보 15분. 요금 더블 룸 4,000kč / 조식 포함 홈페이지 hoteltgm.cz

텔츠
Telč

모라비아 지방

모라비아의 진주라 불리는 작은 마을

텔츠는 체코 남부 모라비아 지방에 자리한 작은 마을로 '모라비아의 진주'라고 불린다. 3개의 연못에 둘러싸여 있는 동화 같은 마을로 12세기에 모라비아의 왕자 오타 2세에 의해 늪지 위에 건물이 세워지면서 도시의 모습을 갖추기 시작했다. 14세기 중반 흐라데츠 가문이 통치한 이후 르네상스의 절정을 맞이했지만, 1530년 발생한 큰 화재로 도시 전체가 폐허에 가까워졌다. 당시 텔츠의 영주였던 자하리아셰는 도시 계획을 기초부터 새롭게 정비해 도시를 르네상스와 바로크 양식으로 완벽하게 재탄생시켰다. 이후 텔츠는 1992년 유네스코 세계 문화유산에 등재되었다.

텔츠에서 놓치지 말아야 할 것!

❶ 자하리아셰 광장의 벤치에 앉아 먹는 젤라또
❷ 연못과 성 외곽으로 이어지는 산책로

텔츠 가는 방법

▶ **버스** 프라하 플로렌츠 버스 터미널에서 텔츠까지 바로 가는 버스는 하루에 2편뿐이다. 브르노나 체스키 부데요비체에서 1회 경유해서 가는 방법도 있지만, 두 도시에서 이동하는 시간만 2시간이 걸리니 일정을 고려해야 한다. 텔츠에 도착해 구시가지까지는 도보로 10분 정도 이동해야 한다. 다른 도시로 이동 시에는 버스 기사에게 표를 구입하면 된다.

텔츠 시내 교통

텔츠 버스 정류소에서 구시가지까지는 도보로 10분, 구시가지 호르니 문에서 텔츠성까지 이어지는 자하리아셰 광장은 도보 10분도 걸리지 않는 아주 작은 마을이라 자하리아셰 광장과 호수 주변을 산책하듯 다니면 된다.

ⓘ 관광 안내소

주소 Náměstí Zachariáše z Hradce 10, 588 56 Telč **전화** 567 112 407 **위치** 자하리아셰 광장 내 시청사. **시간** 4월(부활절 이후) (월~금) 08:00~12:00, 13:00~17:00 (토~일) 10:00~12:00, 13:00~16:00 / 5·9월 (월~금) 08:00~17:00 (토~일) 10:00~17:00 / 10월 (월~금) 08:00~17:00, (토~일) 10:00~16:00 / 11~4월(부활절까지) (월·수) 08:00~17:00, (화·목) 08:00~16:00, (금) 08:00~15:00 **휴무** 11~4월(부활절까지) 주말, 공휴일 **홈페이지** www.telc.cz

Best Tour 텔츠 역 ➡ 도보 10분 ➡ 자하리아셰 광장 ➡ 도보 1분 ➡ 텔츠성

자하리아셰 광장 Náměstí Zachariáše z Hradce (Zacharias Square)

텔츠에서 유일한 랜드 마크

텔츠의 구시가지를 알리는 호르니 문을 통과해서 텔츠성까지 이어지는 광장이 바로 자하리아셰 광장이다. 작은 마을의 볼거리는 모두 이 광장에 모여 있다고 보면 되는데, 특별한 랜드 마크가 존재하는 게 아니라 광장 자체가 텔츠의 유일한 관광지이다. 텔츠가 1530년 화재로 인해 도시의 모든 것이 황폐해졌을 당시 영주였던 자하리아셰의 계획에 시민들이 동참하면서 르네상스와 초기 바로크 양식으로 건물을 짓기 시작했다. 이것이 지금의 동화 속 마을 같은 느낌을 주는 자하리아셰 광장이 만들어진 계기가 되었다.

건물 하나하나 아기자기함이 묻어나며, 그중에서도 스그라피트 방식으로 디자인된 녹색 집은 자하리아셰 광장에서 가장 유명한 집이 되었다. 이 길을 따라가면 우리츠키 연못이 나오는데 연못을 건너며 바라보는 텔츠의 구시가지 풍경은 엽서의 한 장면처럼 인상적이니 놓치지 말자. 광장 초입에는 18세기 유럽 전역에 유행했던 전염병이 끝난 것을 기념하기 위해 마을 주민들의 기부로 만들어진 성모 마리아 기념비가 있다. 그 앞엔 현재도 손잡이를 누르면 물이 나오는 펌프가 있고, 광장 끝에는 슈테프니츠키 연못으로 나가는 돌니 문과 텔츠성이 자리하

고 있다. 광장 대부분의 집들은 기념품 가게와 카페, B&B, 아파트먼트를 운영하고 있으며, 광장 방향 숙소는 전망이 좋지만 조금 시끄럽다.

위치 텔츠 버스 정류장 및 기차역에서 도보 10분.

텔츠성 Státní Zámek Telč (State Castle Telč)

모라비아 르네상스 양식의 보석

원래는 고딕 양식의 성이었지만 1551년 당시 영주였던 자하리아셰가 제노바 귀족 모임에 참석했다가 이탈리아의 르네상스 양식에 영향을 받아 이탈리아의 건축가를 불러 성의 설계를 맡겼고, 성의 인테리어는 르네상스 양식으로 새롭게 건축되었다. 성의 주인은 자주 바뀌었지만 섬세한 관리로 본래의 모습이 잘 보존된 덕분에 현재까지도 텔츠성은 모라비아 르네상스 건축 양식의 보물이라 불린다. 성 내부 관람은 투어로만 진행되고 있다. 투어A는 르네상스 홀을 중심으로 이루어지며, 투어B는 텔츠성의 마지막 주인이었던 리히텐슈타인의 생활 공간 그대로를 둘러볼 수 있다.

주소 Náměstí Zachariáše z Hradce 1, 588 56 Telč **전화** 567 243 611 **위치** 자하리아셰 광장 끝. **홈페이지** www.zamek-telc.cz

★텔츠성 투어

투어A - 르네상스 홀 Renesanční Sály
7월 14일~8월 (화~일) 09:00~16:30
9월 (화~일) 10:00~16:00
10월 (화~일) 10:00~15:00

투어B - 리히텐슈타인의 생활 공간 Obytné Místnosti
4월 29일~5월 1일 (월·토·일) 10:00~16:00,
5월 4~8일 (목~월) 10:00~16:00,
5월 11~28일 (목~일) 10:00~16:00,
6월~7월 12일 (화~일) 10:00~16:00,
7월 14일~8월 (화~일) 09:00~16:30, 9월 (화~일) 10:00~16:00

투어C - 성 지하 Zámecké Podzemí
7월14일~8월 (화~일) 09:00~16:00, 9월 (화~일) 10:00~16:00,
10월 (화~일) 10:00~15:00, 11월~12월 22일 (금~일) 10:00~14:30

투어 요금

투어A 성인 220kč, 학생 180kč
투어B 성인 160kč, 학생 130kč
투어C 성인 80kč, 학생 60kč

피쩨리에 텔츠 Pizzerie Telč

가볍게 식사를 즐길 수 있는 곳

마을이 작다보니 레스토랑 선택의 폭이 넓지 않은 텔츠 여행에서 가볍게 식사할 수 있는 이탈리아 피자 전문 레스토랑이다. 날이 좋을 때는 노천 테라스에서 자하리아세 광장을 바라보며 식사를 할 수 있다.

주소 Náměstí Zachariáše z Hradce 32, 588 56 Telč **전화** 567 223 246 **위치** 자하리아세 광장 초입에 위치. **시간** 월~토 10:00~22:00, 일 11:00~22:00 **가격** 피자 95~205kč, 파스타 90~160kč **홈페이지** pizzerietelc.cz

펜지온 텔츠 No. 20 Penzion Telč No. 20

아기자기한 인테리어가 인상적인 호텔

자하리아세 광장에 있으며, 동화처럼 아기자기하고 예쁜 인테리어가 인상적이다. 객실에서 내려다보이는 광장 전망이 좋지만, 에어컨이 설치되지 않아 한여름에는 창을 열어 두면 밖의 소음이 들린다는 단점이 있다. 여름철에 숙소를 정할 때에는 에어컨 여부를 꼭 확인하는 것이 좋다. 트윈 룸일 경우 싱글 침대의 크기가 매우 작은 편이다.

주소 Náměstí Zachariáše z Hradce 20, 588 56 Telč **전화** 775 999 186 **위치** 자하리아세 광장 내. **요금** 더블 룸 1,700kč~, 더블 룸(다락방) 1,350kč~, 스위트룸 3인 2,500kč~ / 조식 포함 **홈페이지** http://www.hotel-pension-telc.cz

테마 여행

- 성을 찾아 떠나는 낭만 여행
- 공연의 도시 프라하
- 블타바강에서 즐기는 로맨틱 크루즈
- 체코를 더욱 특별하게, 이색 체험
- 건축 양식의 박물관 프라하
- 겨울 여행이 매력적인 12월의 프라하
- 맥주의 나라 체코의 맥주와 와인
- 여행의 놓칠 수 없는 즐거움 프라하 쇼핑

| THEME TRAVEL 01 |

성을 찾아 떠나는
낭만 여행

체코 여행 중 프라하와 프라하 근교에 자리 잡고 있는 성을 찾아서 떠나 보는 것도 색다른 여행이 될 수 있다. 성마다 지역과 지리적 조건 그리고 성주에 따라 지은 목적이 다르기 때문에 저마다 색다른 매력을 지니고 있다. 성과 함께 체코 사람들에게 사랑을 받는 성 내 정원 또한 인기 있는 여행지인데, 프라하 시내에서 잠시 벗어나 휴식 같은 여행을 즐길 수 있다.

트로야성

트로야성 Zámek Troja (Troja Chateau)

기하학적 무늬가 아름다운 프랑스식 정원

17세기 초 몇 번의 전투에서 패한 보헤미아의 귀족 가문 스테른베르크(Šternberk) 백작은 합스부르크 왕가의 총애를 받기 위해 17세기 말 포도밭이었던 이곳에 왕에게 바칠 왕궁을 짓기 시작했다. 트로야성은 1679~1685년까지 고전적인 로마 르네상스 양식의 빌라를 모델로 프랑스 출신 건축가 '장 바티스트 마테(Jean-Baptiste Mathey)'에 의해서 설계되었다. 특히 성 앞 말굽형으로 된 계단은 바로크 양식의 걸작으로 손꼽히기도 한다. 성의 내부는 프라하 국립 미술관으로 이용되는데, 이곳의 전시물은 19세기 보헤미아 화가의 작품들이다. 1691~1697년 동안 화가 아브라함 고딘(Abraham Godyn)이 그린 중앙 홀의 프레스코화는 그 화려함으로 관광객들의 발길을 멈추게 한다.

트로야성의 호화찬란한 내부는 장식하는 시간만 20년의 세월이 걸렸는데, 그 내부의 대부분의 장식은 합스부르크 왕족이 전쟁에서 승리하는 모습을 담고 있어, 스테른베르크가가 합스부르크 왕가로부터 총애를 받기 위해 얼마나 공을 들였는지 알 수 있다. 트로야성을 둘러싼 프랑스식 정원은 마치 그림을 그린 듯 아름다운 기하학적 무늬로 가꿔져 있다.

주소 U Trojského zámku 1, Praha 7 위치 Metro C선 홀레쇼비체(Holešovice) 역에서 프라하 동물원(ZOO Praha) 방향으로 나간 후, 112번 또는 ZOO 버스를 타고 종점에서 하차. 홀레쇼비체(Holešovice) 역에서 트로야(Troja)까지 약 20분. 전화 283 851 614 시간 화~목 10:00~18:00, 금 13:00~19:00(정원은 10:00부터), 토~일 10:00~19:00 휴무 매주 월요일, 11~3월 요금 성인 150kč, 학생 60kč 홈페이지 ghmp.cz/zamek-troja

★ 트로야성은 동물원 관람과 함께

트로야성은 동물원과 함께 다녀오자. 동물원과 트로야성의 거리는 도보로 불과 1분밖에 걸리지 않는다. 성에 들어간다면 동물원 → 성 → 정원의 순서대로 보는 것이 좋다.

263

프루호니체성 Zámek Průhonický (Průhonice Chateau)

프루호니체성과 함께 영국식 공원이 인상적인 성

프라하에서 남동쪽으로 15km 떨어져 있는 프루호니체성은 1892 ~1898년에 재건되어 '아르노스트 엠마누엘 실바 타로우카 (Arnošt Emanuel Sylva Taroucca)'가 이 성의 주인이 되었다. 그의 기념물은 공원과 성에서 찾아볼 수 있다. 1920년 주에서 성과 공원을 매입하였으며, 지금은 체코의 식물 과학을 연구하는 학교와 연구실로 사용하고 있다.

주소 Správa Průhonického parku, Botanický ústav Akademie věd ČR, Zámek 1, 252 43 Průhonice **위치** Metro C 선 오파토프(Opatov) 역의 오토 버스(Autobus) 터미널에서 324, 326, 363, 385번으로 갈아탄 후, 프루호니체(Průhonice)에서 하차. 메트로를 탈 때 50kč 티켓을 끊으면 프루호니체까지 갈 수 있다. 오파토브 오토 버스 (Opatov Autobus) 터미널에서 프루호니체(Průhonice)까지 약 15분.

★ 프루호니체 공원에서는 편안한 신발을 신것!

프루호니체 공원은 인공으로 만들어진 공원이지만 마치 자연 그대로 만들어진 것처럼 굴곡도 심하고 오르막길과 내리막길이 반복되니 편한 신발을 신고 가는 것이 좋다.

프루호니체 공원 Průhonický Parku (Průhonice Park)

프루호니체성을 보기 위해선 프루호니체 공원으로 입장을 해야 한다. 성에서 내려다보이는 공원은 끝이 보이지 않을 정도로 드넓으며, 인공으로 만들어진 프루호니체성의 영국식 정원이다. 제1 공원과 제2 공원으로 나뉘어 있으며, 프루호니체 공원에서는 지도가 필수일 정도로 큰 공원이다(240ha). 특히 제1 공원에 있는 보타니츠카 정원(Botanická Zahrada)을 놓치지 말자. 공원 안에는 화장실이 없으므로 입구에 있는 화장실을 이용하도록 하고, 간이매점도 없으니 마실 음료와 간단한 먹을거리를 준비하자.

시간 3월 07:00~18:00, 4월 07:00~19:00, 5~9월 07:00~20:00, 10월 07:00~19:00, 11~2월 08:00~17:00
요금 11~3월 성인 70kč, 청소년·학생(6~15세) 40kč, 6세 미만 어린이 무료, 가족(성인 2명 + 어린이·청소년 2명) 180kč
4~10월 성인 100kč, 청소년·학생(6~15세) 60kč, 6세 미만 어린이 무료, 가족(성인 2명 + 어린이·청소년 2명) 260kč **홈페이지** www.parkpruhonice.cz

멜닉성 Zámek Mělník (Mělník Chateau)

3개의 강이 합류하는 지점이 내려다보이는 멋진 전망의 성

프라하에서 북쪽으로 35km 떨어진 곳에 위치해 있으며 라베(Labe)강, 블타바(Vltava)강, 플라베브니 카날(Plavební Kanál)강이 합류하는 지점이 내려다보이는 멋진 전망을 자랑한다. 1542년 처음으로 르네상스 양식으로 건축되었고, 17세기 말 현재의 바로크 양식으로 개조되었다. 1753년 로브코비치(Lobkoviců) 가문의 소유였으나 제2차 세계 대전 이후 1949~1991년 동안 국가에 압수되었다가 로브코비치 가문으로 되돌아갔다. 바츨라프 왕의 할머니 루드밀라가 태어났던 곳이기도 한 이곳은 루드밀라가 처음으로 포도나무를 심기 시작해 현재 포도 재배에 있어서 체코 역사의 중심이 되었다.

주소 Zámek Mělník, 276 01 Mělník, **위치** Metro C선 라드비(Ládví) 역 버스 터미널 F 정류장에서 멜닉행 버스 349번, 369번을 이용하면 된다. 멜닉은 종점이 아니므로 주의해야 한다. 하지만 버스가 멜닉까지 오는 동안 정차하는 일은 없으니 프라하에서 처음으로 들어가는 버스 터미널이 멜닉이라 내리는 것은 어렵지 않다. 터미널을 등지고 신호등을 건너 오른쪽 오르막길(Kpt. Jaroše)로 15분 정도 오르면 구시가지를 알리는 시계탑을 지나 우측으로 인포메이션이 있고 광장이 나온다. 광장이 나오면 좌측으로 멜닉성과 성당의 탑이 눈에 들어온다. 라드비 버스 터미널에서 멜닉까지 약 35~45분. 시내에서 멜닉까지의 메트로+버스 티켓은 교통 앱에서 미리 구입할 수 있다. 버스 티켓만 구입할 경우 기사에게 구입하면 된다. 요금은 80kč이다. **시간** 11~3월 09:30~16:00, 4~10월 09:30~18:00 **요금** 성인 110kč, 학생 80kč **홈페이지** www.lobkowicz-melnik.cz

멜닉성의 레스토랑

멜닉성에서는 식사를 할 수 있다. 계절에 따라 레스토랑이 바뀌는데, 늦봄부터 가을까지는 포도 넝쿨이 예쁘게 자라고, 성 밖의 강이 내려다보이는 테라스가 있는 북쪽 레스토랑이 오픈한다. 겨울부터 초봄까지는 대형 홀인 남쪽 레스토랑이 문을 연다. 저녁 시간에는 예약 손님만 받기 때문에 성안에서 식사를 해보고 싶다면 점심 시간을 이용하자. 특히 스프 맛이 예술이다.

멜닉성의 와인 저장고 체험

멜닉은 체코에서도 화이트 와인으로 유명한 지역이다. 멜닉성 안에서 멜닉 지방의 와인도 팔고 있지만, 그보다 특별한 건 지하 저장고에서 와인을 맘껏 마실 수 있는 체험이다. 화이트 와인부터 레드 와인까지 멜닉에서 나오는 와인의 맛을 느껴 보고 싶다면, 이곳 체험도 놓쳐서는 안 될 코스이다. 단, 와인 셀러 투어는 9인 이상 시 가능하고, 지하 저장고 시음은 개인도 입장할 수 있다.

시간 11~3월 09:30~15:30, 4~10월 09:30~17:30 **요금** 와인 저장고 입장 50kč / 시음 2잔 140kč, 4잔 180kč, 6잔 220kč, 10잔 295kč ※와인 저장고 입장 티켓과 저장고에서 시음한 와인은 멜닉성 내부의 부티크에서 구입할 수 있다. 단, 와인 저장고는 멜닉성 사정에 의해 입장할 수 없는 날도 있다.

★와인 저장고 이용하기!

입장료만 내면 빵과 함께 인원수에 맞게 와인 잔을 받는다. 그리고 저장고 문 앞까지만 안내를 받고 지하 저장고에 내려가 와인을 마시는 일과 저장고에서 나오는 시간은 자유이다. 그래서 자신도 모르게 취하는 경우가 생기니 주의해야 한다. 처음부터 너무 많이 마시면 남은 와인의 맛은 보지도 못하고 취할 수도 있다.

문 앞까지만 안내하기 때문에 문을 통과한 후에는 문 닫히는 소리와 함께 어둠 속에 갇히는 느낌이 나 오싹하기도 하다. 지하 저장고라 여름에도 많이 추우니 겉옷을 준비하는 것이 좋다. 내부에는 와인 잔을 씻는 기계가 있는데, 와인 잔을 돌려서 누르면 물이 나와 자동으로 씻어 준다. 단, 너무 힘을 주면 잔이 깨질 수 있다.

갈레리에 아 카페 베 비예쥐 Galerie a Café ve Věži

멜닉 구시가지 안으로 들어가는 시계탑 안에는 정말 독특한 카페가 있다. 이 카페에서의 주문은 예스러움이 묻어 있는 도르래를 이용한다. 우선 테이블에 있는 메뉴판에서 원하는 메뉴의 번호를 적는다. 그리고 카페 가운데에 있는 쟁반에 올려놓고 쟁반 위에 있는 종을 울리면 쟁반이 아래층으로 내려간다. 잠시 후 아래층에서 종을 울리면 쟁반에 주문했던 음식이 담겨 올라온다.

시간 월~금 09:00~20:00, 토~일 10:00~20:00

카를슈테인성 Hrad Karlštejn (Karlštejn Castle)

카를 4세의 보물을 보관하기 위해 세운 성

프라하에서 35km 떨어진 곳에 위치한 카를슈테인성은 카를 4세가 자신의 보물을 보관하기 위해 1348~1357년까지 약 9년에 걸쳐 난공불락의 요새라는 말이 생겨날 정도로 접근이 어려운 산 정상에 세운 성이다. 주로 황제의 왕관, 보석, 나라의 보물, 문서, 성당의 유물 등이 보존되어 있고, 역대 왕들이 여름 별장으로 사용하기도 했다. 1887~1899년에는 고딕 스타일로 재건되었다. 성 안의 거대한 타워 내에 있는 홀리로드 예배당에는 1357~1365년까지 성주 테오도리카(Thodorika)에 의해서 127패널에 그려진 〈예수의 군대〉란 그림이 있다. 예배당의 벽과 천장은 황금색의 장식과 보석 그리고 유리로 둘러싸여 있으며, 둥근 천장은 별이 반짝이는 하늘 같은 느낌이 든다.

주소 267 18 Karlštejn **위치** 프라하 중앙역(Praha hl.n.)에서 베로운(Beroun)행 기차를 타고 카를슈테인(Karlštejn) 역에서 하차. 역을 등지고 오른쪽으로 내려가 다리를 건너서 성(Hrad) 방향 이정표를 따라 걸어 올라가면 된다. 레스토랑과 기념품 가게를 지날 때쯤 감춰진 성이 눈에 보인다. 프라하 중앙역(Praha hl.n.)에서 카를슈테인(Karlštejn) 역까지 약 40분, 카를슈테인 역에서 성까지 도보 30분 정도 소요된다. **홈페이지** www.hradkarlstejn.cz

★ 안내 방송을 하지 않는 기차

유럽의 기차는 종종 안내 방송을 하지 않는 경우가 있다. 프라하에서 카를슈테인으로 가는 기차도 이에 해당한다. 카를슈테인 기차역은 우리나라의 간이역처럼 아주 작은 역이기 때문에 잠깐 한눈을 팔면 그냥 지나쳐버리는 경우가 있으니 프라하에서 출발한 지 30분 정도 되면 신경 쓰고 있다가 카를슈테인 역에서 잘 내려야 한다.

 **입장료**

투어 ❶ 신성 로마 제국 황제 카를 4세가 머물렀던 궁전의 내부를 돌아볼 수 있다. 카를슈테인성을 돌아볼 수 있는 가장 기본적인 투어이다.
요금 성인 260kč, 학생 210kč / 55분 소요

투어 ❷ 예배당을 포함한 다양한 종교 관련 유적을 돌아보는 투어. 성모 교회, 성 캐서린 성당 등 다양한 볼거리가 마련되어 있다.
요금 성인 560kč, 학생 450kč / 100분 소요
※ 모든 관람 인원 예약 필수

투어 ❸ 카를슈테인성 탑의 3, 4, 5층을 돌아보는 투어로, 높은 곳에서 카를슈테인성의 전경과 주변의 아름다운 풍경을 한눈에 바라볼 수 있다.
요금 성인 200kč, 학생 160kč / 40분 소요

 **오픈 시간**

투어 ❶ 2월 3일~ 2월 28일 (토~일) 10:00~15:00 / 3월 (화~일) 09:30~16:00 / 4월 (화~일) 09:30~17:00 / 5월, 9월 (화~일) 09:30~17:30 / 6월 (화~일) 09:00~17:30 / 7월, 8월 (월~일) 09:00~18:30 / 10월 (화~일) 09:30~16:30 / 11월 1일~11월 5일 (화~일) 10:00~15:00 / 11월 6일~12월 17일 (금~일) 10:00~15:00 / 12월 26일~12월 31일 (화~일) 10:00~15:00
※ 휴무일 매주 월요일(7월, 8월은 제외)

투어 ❷ 5월 (화~일) 09:35~16:35, 6월 (화~일) 09:05~16:35, 7~8월 (월~일) 09:05~17:35, 9월 (화~일) 09:35~17:35, 10월 (화~일) 09:35~16:05
※ 휴무일 매주 월요일(7월, 8월은 제외), 11~4월

투어 ❸ 5월 (토~일) 10:15~17:15 / 6월 (화~일) 09:15~17:15 / 7~8월 09:15~17:15 / 9월 (토~일) 10:15~16:15
※ 휴무일 10~4월, 5월, 9월(월~금), 6월 매주 월요일

코노피슈테성 Zámek Konopiště (Konopiště Chateau)

3만 개가 넘는 동물의 박제가 성 내부를 장식하고 있는 성

프라하에서 남쪽으로 42km 지점에 위치해 있는 코노피슈테성은 제1차 세계 대전을 일으킨 오스트리아 황태자 프란츠 페르디난드(Františka Ferdinanda)와 그 부인인 체코 출신의 조피(Žofii) 황녀가 살던 성이다. 14세기에 요새로 지어진 성은 18세기에 저택으로 개조되었고, 1887년 로브코비치(Lobkoviců) 가문이 구입한 후 황태자 프란츠 페르디난드에게 상속되었다.
수렵을 좋아하던 페르디난드는 하루 평균 20마리의 동물을 사냥했다. 평생 동안 30만 마리가 넘는 동물을 사냥했고, 현재 3만 개가 넘는 동물의 박제가 성을 장식하고 있다. 박제 전시 이외에도 중세부터 근대까지의 무기 컬렉션이 볼 만하다. 나폴레옹 황제가 쓰던 권총, 동양에서 수입한 무기와 투구, 말 갑옷 등 유럽에서 가장 아름답다는 검과 총이 진열되어 있다.

주소 Konopiště 1, 256 01 Benešov 위치 ❶ 프라하 중앙역(Praha hl.n.)에서 타보르(Távor) 또는 체스키 부데요비체(Český Budějovice) 방향으로 가는 기차를 타고 가다가 베네소브(Benešov)에서 내려 성 방향으로 걸어 들어가야 한다. 역에서 성까지 도보 30~40분. ❷ 플로렌츠(Florenc) 버스 터미널에서 타보르(Távor) 또는 체스키 부데요비체(Český Budějovice) 방향의 버스를 타고 베네소브(Benešov)에서 내려 성 방향으로 30~40분 걸어 들어가야 한다. 휴무 11~3월 (투어1, 2는 12~3월) 홈페이지 www.zamek-konopiste.cz

오픈 시간

투어 ❶❷❸❹
4월, 5월, 9월 10:00~16:00 / 6~8월 10:00~17:00 / 10월, 11월 10:00~15:00 (페르디난드 황태자 생활관은 11월부터 문을 닫음)

실내 사격장, 성 이르지 박물관
4월, 5월, 10월 (화~일) 10:00~16:00 / 6월, 7월, 8월 (화~일) 10:00~17:00 / 9월 (화~일) 10:00~15:00

온실 정원
4월, 5월, 10월 (토, 일) 10:00~16:00 / 6월, 7월, 8월 (화~일) 10:00~17:00 / 9월 (화~일) 10:00~16:00

입장료

투어 ❶ 50~60분 소요, 성 남쪽 날개
요금 독일어, 영어, 불어, 이탈리아어 오디오 가이드 대여 110kč / 체코어 가이드 투어 성인 240kč, 학생 190kč

투어 ❷ 50~60분 소요, 성 북쪽 날개
요금 독일어, 영어, 불어, 이탈리아어 가이드 투어 성인 270kč, 학생 220kč / 체코어 가이드 투어 성인 240kč, 학생 190kč

투어 ❸ 50~60분 소요, 페르디난드 황태자 생활관
요금 독일어, 영어, 불어, 이탈리아어 가이드 투어 성인 370kč, 학생 300kč / 체코어 가이드 투어 성인 340kč / 학생 270kč

투어 ❹ 사냥의 방
요금 독일어, 영어, 불어, 이탈리아어 가이드 투어 성인 310kč, 학생 250kč / 체코어 가이드 투어 성인 280kč, 학생 220kč

※ 실내 사격장과 성 이르지 박물관은 성 투어를 하면 무료 입장 (티켓 소지)

로케트성 Hrad Loket

체코에서 가장 오래된 석조 성

카를로비 바리에서 14km 떨어진 곳에 있는 '로케트(Loket)'는 체코어로 '팔꿈치'라는 뜻인데, 오흐제 (Ohře)강이 굽이쳐 흐르는 모양이 마치 팔꿈치가 감싸고 있는 섬과 같다고 해서 붙여진 이름이다. 독일 국경 인근이라 우뚝 솟은 화강암 바위 위에 요새로 세워졌던 로케트성은 체코에서 가장 오래된 석조 성이다. 12세기 로마네스크 양식으로 건립됐고, 13세기에 고딕 양식으로 재건되었다. 1319년 훗날 카를 4세가 된 바츨라프 왕은 어린 시절 로케트성 감옥에 투옥되었는데, 풀려난 후에도 이 성에 머무는 것을 좋아해서 자주 방문했다고 한다. 16세기 중반 잠시 마을 사람들이 관리하면서 성의 개념보다는 농가 목적으로 이용해 마을 회관으로도 사용했다. 17세기에는 30년 종교 전쟁을 겪은 후 황폐해진 성을 1788년에 교도소로 사용하기로 결정하고, 1822년 재건되었으며 1948년까지 교도소로 사용되었다. 1992년에 들어서 로케트성을 다시 마을에서 관리하기 시작하면서 일반인들에게 공개되었다. 의식 홀과 상공 회의소는 현재까지도 결혼식장과 공연장으로 사용하고 있다. 성 안뜰 바위에는 수염이 긴 바위의 통치자인 고트슈타인이 자리하고 있는데, 동상 옆 우물에 동전을 던지고 수염을 만진 뒤 소원을 빈다. 성의 후원금 모금의 일환으로 만들어졌다고 한다. 로케트 마을의 모양이 체스키 크룸로프와 닮았다 해서 리틀 체스키 크룸로프라고도 알려져 있다. 무엇보다 로케트성은 26m의 탑에 오르면 로케트의 전망을 제대로 즐길 수 있다.

주소 Zámecká 67, 357 33 Loket **전화** 352 684 648 **위치** 카를로비 바리 버스 터미널(기차역)에서 로케트까지 약 27분 소요. **시간** 11~3월 09:00~16:00, 4~5월 · 9~10월 09:00~17:00, 6~8월 09:00~18:30 **요금** 성인 145kč, 학생 120kč **홈페이지** www.hradloket.cz

마르크라브스트비의 집 Markrabského Domu

마르크라브스트비(Markrabství)의 집은 처음엔 로마네스크 양식으로 지어졌지만, 1725년 화재가 일어나 대부분 불타면서 현재의 모습으로 재정비되었다. 집 내부에서 로케트 컬렉션(Loketské Sbírky)이라는 이름의 상설 전시를 볼 수 있는데, 가구 · 그릇 · 운석 등이 전시되어 있다. 운석들 중에는 로케트에서 발견된 세계에서 가장 오래된 운석도 있다.

감옥 Vězení

1822년부터 1948년까지 감옥으로 사용되었고, 한때는 잔인한 고문 장소로 사용되었다. 움직이는 인형이 실제로 고문당하는 장면과 소리를 연출하고 있어서 보고만 있어도 섬뜩하다.

| THEME TRAVEL 02 |

공연의 도시
프라하

프라하의 밤은 지루할 틈이 없다. 다양한 공연이 1년 365일 매일 밤 끊이지 않고 관광객을 기다리고 있다. 해가 빨리 지는 겨울 여행에는 공연들이 더욱 빛을 발한다. 책에서 소개되는 공연 이외에도 음악 축제와 크리스마스 갈라 콘서트 등 다양한 공연들이 음악과 문화를 사랑하는 전 세계 사람들을 불러 모은다.

마리오네트 인형극 – 돈 지오반니 DON GIOBANNI

체코의 대표적인 공연, 마리오네트 인형극

프라하 시내를 관광하다 보면 실을 연결해서 손으로 움직이는 인형을 자주 만나게 될 것이다. 그 인형의 이름을 '마리오네트'라고 한다. 프라하의 마리오네트 인형극은 약 300년 전 귀족들이 광대를 불러 시작된 후 프라하의 대표적인 공연으로 자리 잡았다. 1787년 모차르트가 작곡하고, 초연할 때 직접 지휘까지 했던 오페라 <돈 지오반니>는 1991년 지금의 국립 마리오네트 극장에서 인형극으로 처음 무대에 올랐으며, 그 후로 꾸준히 무대에 올랐다. 프라하의 공연 중 최고의 인기를 누리고 있는 마리오네트 인형극 <돈 지오반니>는 인형극을 보기 전에 스토리를 알고 보면 더욱 재미있게 즐길 수 있다.
국립 마리오네트 극장은 생각보다 규모가 작은 무대인데, 인형과 인형을 움직이는 제작진들의 손이 공개되고 이탈리아어로 레코딩된 오페라에 맞춰 인형들의 표정과 몸 동작이 마치 살아 있는 것처럼 움직인다.

🏛 국립 마리오네트 극장 Národní Divadlo Marionet (National Marionette Theatre)

마리오네트 공연이 유명하지만 프라하에서 인형극을 공연하는 극장을 만나 보기란 쉽지 않다. 사설 극장도 있지만 그래도 프라하에 왔다면 국립 마리오네트 극장에서 보는 것을 추천한다.
주소 Žatecká 1, Praha 1 위치 구시가지 광장에서 미쿨라셰 성당 앞을 지나면 KFC가 보인다. KFC를 지나서 처음 만나는 골목으로 좌회전하면 된다. 구시가지 광장에서 도보 5분. 전화 224 819 932 시간 20:00 / 지정 좌석제가 아니므로 시작 시간 30분 전에 가서 좋은 자리를 미리 맡도록 하자. 홈페이지에서 프로그램과 공연 날짜 확인 요금 성인 590kč, 학생 490kč 홈페이지 www.mozart.cz

Notice 2023년 임시 휴업에 들어간다. 방문 전에 운영 재개 여부를 확인하자.

블랙 라이트 Black Light Theatre

어둠 속에서 빛의 움직임으로 연출되는 공연

체코의 대표적인 엔터테인먼트인 블랙 라이트는 이름 그대로 어둠 속에서 빛의 움직임으로 연출되는 공연이다. 이 공연에서는 블랙 라이트라는 기법을 활용하는데, 이는 특수 안료와 조명을 이용하여 어두운 곳에 있는 물체를 야광처럼 보이도록 만든 효과를 말한다. 캄캄한 어둠 속에서 상상의 세계를 만들어 가는 공연인 만큼 아이들과 함께 관람하기에도 좋다. 또한 많은 블랙 라이트 전용 극장이 관광객들의 입맛에 맞춰 다양한 공연을 펼치고 있는데, 뮤지컬에서부터 발레, 연극 등 그 종류가 다양하므로 인포메이션에서 극장의 정보를 알아보고 원하는 공연을 찾도록 하자.

이미지 극장 Divadlo IMAGE (IMAGE Theatre)

100여 개에 달한다는 체코의 블랙 라이트 극장 중 가장 많은 관광객이 찾는 곳이다. 전 세계적으로 체코의 블랙 라이트 공연을 알리고 있는 극장이기도 하다. 우리나라에서도 몇 번의 공연으로 각종 매스컴과 공연 문화에서 핫이슈로 떠올랐을 정도로 유명하다. The Best of IMAGE, BLACK BOX, CABINET, GALAXIA, AFRIKANIA 총 5개의 프로그램이 돌아가면서 공연되니 티켓을 끊기 전 프로그램을 먼저 확인한 후 원하는 공연을 선택하도록 하자.

주소 Národní 25, Praha 1 **위치** 테스코(TESCO) 옆 카페 루브르 맞은편 KFC 건물 내에 위치 / 바츨라프 광장에서 도보 8분. **전화** 222 314 448 **공연 시간** 20:00 / 지정 좌석제가 아니므로 시작 시간 30분 전에 가서 좋은 자리를 미리 맡도록 하자. 연중무휴 **요금** 580kč **홈페이지** imagetheatre.cz (공연 프로그램은 홈페이지에서 확인)

재즈 클럽

한밤의 재즈 공연

어떤 계절에도 한밤의 재즈 공연은 음악의 도시인 프라하에서 어렵지 않게 만날 수 있는 즐거움이다. 클린턴 대통령도 프라하를 방문해서 재즈 공연을 관람할 정도로 이제는 프라하 예술에서 또 하나의 중심이 되어 가고 있다. 프라하의 멋진 야경을 감상한 후 다른 공연보다 조금 더 늦은 시간에 시작하는 재즈 공연의 매력에 빠져 보자. 매월 공연 프로그램은 클럽 홈페이지, 공연장, 공연 프로그램 사이트에서 확인할 수 있으니 어떤 종류의 재즈 공연을 하는지 미리 알고 공연 관람을 한다면 자신의 취향에 맞는 공연으로 더 즐거운 밤을 보낼 수 있다.

🎵 레두타 Reduta

프라하에서 가장 인기있는 재즈 바이다. 미국의 클린턴 대통령도 체코를 방문했을 때 이곳에서 재즈 공연을 감상했을 정도로, 지금은 세계인의 발길이 끊이지 않는 곳이다. 레두타 재즈 바는 입장료를 내고 들어가서 빈 좌석(예약자는 자리에 이름이 써 있음.)에 앉으면 되는데, 공연장 외부에 맥주와 간단한 음료를 판매하는 바도 있으니 시원한 맥주와 음료가 필요하다면 사 와서 공연장 내에서 마실 수 있다. 매일 출연진이 다르기 때문에 공연 스타일도 다르다. 유명 밴드 출연 시에는 일찍부터 공연이 매진되니 원하는 재즈 공연이 있다면 미리 예약하고 서둘러 입장하는 것이 좋다.

주소 Národní 20, Praha 1 전화 224 933 487 위치 ❶ Metro B선 나로드티 트리다(Nádodní Třída) 역에서 하차, 테스코 방향으로 도보 2분. ❷ Tram 6, 9, 18, 21, 22, 23, 53, 57, 58, 59번 나로드티 트리다(Nádodní Třída)-(Tesco)에서 하차, 도보 1분. ❸ 바출라프 광장에서 테스코 방향으로 테스코를 마주 보고 오른쪽 신호등을 건너자마자 보이는 건물, KFC 맞은편. 바출라프 광장에서 도보 10분. 시간 공연 시작 19:30 / 15:00부터는 공연장 내 매표소에서 티켓 판매 요금 공연에 따라 상이함. 홈페이지에서 공연과 요금을 확인할 수 있다. 기본 티켓은 공연 관람만 가능하고, VIP 티켓은 CD와 웰컴 드링크 1잔이 포함되어 있다. 입장 시 겉옷은 무조건 맡겨야 하고, 자유롭게 팁을 놓는다. 홈페이지 www.redutajazzclub.cz

🎵 운겔트 재즈 & 블루스 클럽 Ungelt Jazz & Blues Club

틴 성당 뒤편에 위치한 운겔트 재즈 & 블루스 클럽은 구시가 중심에 있어 관광하면서 들르기 좋은 재즈 바이다. 100년이 넘은 로마네스크 양식의 둥근 천장과 동굴식 공연장은 사운드에 울림을 더해 이곳에서 듣는 라이브 연주는 유독 깊이 있게 느껴진다. 가볍게 음료만 주문해서 공연을 들을 수 있고, 식사를 주문해서 즐길 수도 있다. 공연 프로그램은 홈페이지에서 확인할 수 있으며, 예약도 가능하다.

주소 Týnská Ulička 2/640, Praha 1 전화 224 895 748 위치 틴 성당 바로 뒤편 틴 광장 입구, 구시가지 광장에서 도보 1분 이내. 시간 20:00~01:00 요금 300kč(온라인 예약 시 250kč) 홈페이지 www.jazzungelt.cz

오르간 연주회

프라하에서 가장 쉽게 만날 수 있는 성당 안 공연

프라하를 관광하다 보면 수없이 많은 팸플릿을 받게 되는데 그중 80%가 성당에서 열리는 오르간 연주회이다. 성당 안에 울려 퍼지는 오르간 연주는 다른 유럽에서는 특별 연주회 때만 들을 수 있지만, 프라하에서는 1년 365일 매일 저녁 수십 곳에 달하는 성당에서 연주를 감상할 수 있다. 대표적인 성당으로는 구시가지 광장과 말라스트라나에 있는 미쿨라세(니콜라스) 성당, 구시가지 광장에서 카를교까지 이어지는 거리의 모든 성당들과 유대인 지구에 있는 스페인 시너고그 등이 있고, 그 밖에도 수없이 많은 성당에서 관광객들의 발길을 기다리고 있다.

시민 회관 / 루돌피눔

클래식 연주회

유럽 클래식 음악의 중심

매년 5월 한 달 동안 프라하에는 세계적인 음악가들이 함께하는 음악 축제가 진행된다. 시민 회관인 스메타나 홀에서 〈프라하의 봄〉이 울려 퍼지면 음악 축제가 시작되고, 한 달 동안 격조 높은 음악 축제가 다양한 프로그램으로 공연된다. 매년 5월이 아니더라도 클래식 음악을 즐겨 듣거나 좋아한다면 아름다운 선율을 감상할 수 있는 시민 회관(스메타나 홀)이나 루돌피눔(드보르자크 홀)에서 정기적으로 열리는 음악회를 관람해 보자. 음악의 본고장에서 쉽게 접하는 클래식 음악회는 클래식 음악에 어렵지 않게 다가갈 좋은 기회가 될 것이다. 복장은 될 수 있는 한 깔끔하게 차려입는 것이 좋다.

시민 회관 www.fox.cz 루돌피눔 www.obecnidum.cz

거리 음악회

거리 자체가 유럽의 음악 학원

'유럽의 음악 학원'이라고도 불리는 프라하에서는 배고픈 여행객들도 쉽게 음악을 즐길 수 있다. 프라하성 앞에서, 카를교 위에서, 구시가지 광장에서 그리고 골목골목마다 만나게 되는 거리 음악가들의 수준 높은 연주는 프라하에서의 잊을 수 없는 또 하나의 추억을 선물해 준다.

★ 거리 음악 즐기기

유럽은 어느 도시를 가든지 거리 악사들을 자주 만날 수 있다. 하지만 거리 음악가라고 해서 아무나 연주할 수 있는 것은 아니다. 나라에서 실력을 인정받은 사람만 거리에서 연주를 할 수 있기 때문에 그들은 모두 프로 연주가들이다. 그들은 거리 연주를 하면서 자신들이 연주한 음악을 CD로 만들어서 팔기도 한다. 거리 공연을 즐기는 사람들은 감사의 표현으로 약간의 팁을 주기도 한다.

| THEME TRAVEL 03 |

블타바강에서 즐기는
로맨틱 크루즈

프라하를 색다르게 감상하고 싶다면 블타바강에서 즐기는 크루즈 여행은 어떨까? 낮에도 아름다운 프라하를 카메라에 담을 수 있는 멋진 시간이 되겠지만, 유럽 3대 야경에 선택될 정도로 황홀한 프라하의 야경을 블타바강 위에서 본다면 추억이 배가될 것이다. 강 위에서 야경을 바라보고 라이브 음악을 즐기며 맛있는 식사를 즐기는 이색적인 여행은 로맨틱한 시간을 만들어 준다. 시간과 경비가 여유롭다면 망설이지 말고, 블타바강에서 추억을 만들어 보자.

VD Evropská Vodní Doprava Praha

원하는 스타일로 크루즈 선택하기
프라하에서 가장 다양한 종류의 크루즈를 보유하고 있다. 1시간 투어 크루즈부터 2시간 런치 크루즈, 2시간 투어 크루즈, 2시간 투어 크루즈(케이크와 음료 포함), 디너 크루즈까지 다섯 종류의 크루즈가 있으니 가격에 따라 원하는 스타일에 따라 선택해서 이용할 수 있다.

위치 ❶ 구시가지 광장에서 파르지제스카(Pařížská) 거리와 이어지는 다리(Čechův most) 아래 강변. ❷ 카를교에서 루돌피눔 방향으로 두 번째로 만나는 다리(Čechův most) 아래 강변. 홈페이지 www.evd.cz

1시간 투어 크루즈
시간 10:00~18:00(30분 간격으로 운행), 19:00, 20:00, 21:00
가격 성인 350kč~, 어린이 200kč~

2시간 런치 크루즈 (런치 뷔페, 음악)
시간 12:00
가격 성인 850kč~, 어린이 550kč~

재즈 보트 JAZZ BOAT

재즈 라이브 콘서트 즐기기

재즈 보트는 하루에 단 한 차례 디너 크루즈만 운행하고 있다. 다른 크루즈에서는 뷔페로 디너를 선보이고 있다면 이곳에선 메뉴를 선택해서 주문을 받기 때문에 입장료와 식사 비용을 따로 받는다. 뷔페가 싫다면 재즈 라이브 콘서트를 즐기면서 스테이크를 먹을 수 있는 재즈 보트를 이용해 보자.

위치 ❶ 구시가지 광장에서 명품 거리 파르지제스카(Pařížská) 거리와 이어지는 다리(Čechův most) 아래 강변. ❷ 카를교에서 루돌피눔 방향으로 두 번째로 만나는 다리(Čechův most) 아래 강변. 시간 입장 20:00, 출발 20:30 / 2시간 30분 소요 요금 티켓 690kč~ (자리에 따라 가격 상이, 홈페이지 확인) 식사 돼지고기 메뉴 400kč, 치킨 메뉴 370kč, 연어 메뉴 490kč, 채식 메뉴 370kč, 음료 바(맥주, 체코 와인, 탄산음료, 칵테일, 커피, 차)는 자유롭게 이용, 와인 바는 와인 종류에 따라 가격이 천차만별 홈페이지 www.jazzboat.cz

---

프라그 익스퍼트 Prague Expert

City Tours & Excursions

기존의 크루즈와는 다르게 버스 투어까지 함께 할 수 있는 크루즈이다. 크루즈 탑승 1시간 전 구시가지와 유대인 지구 그리고 신시가지를 미니버스로 돌아본 후 디너 크루즈에 오르는 일석이조의 크루즈 여행이다. 투어는 영어 가이드로 진행된다.

전화 +420 776 100 006(예약) 위치 구시가지 천문 시계 아래 녹색 우산을 들고 있는 가이드를 찾으면 된다. 시간 18:00 / 버스 투어 + 디너 크루즈 4시간 소요 요금 1,740kč~ 홈페이지 www.pragueexpert.com

| THEME TRAVEL 04 |

체코를 더욱 특별하게, 이색 체험

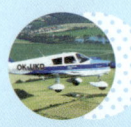

체코에 가면 꼭 봐야 하는 관광 외에도 여행을 특별하게 만들어 주는 이색 체험 프로그램이 많이 준비되어 있다. 스카이 다이빙, 경비행기 투어, 벌룬 투어 등의 다양한 체험 활동이 많으니 자신에게 맞는 프로그램을 선택해 여행 일정에 추가해 보도록 하자.

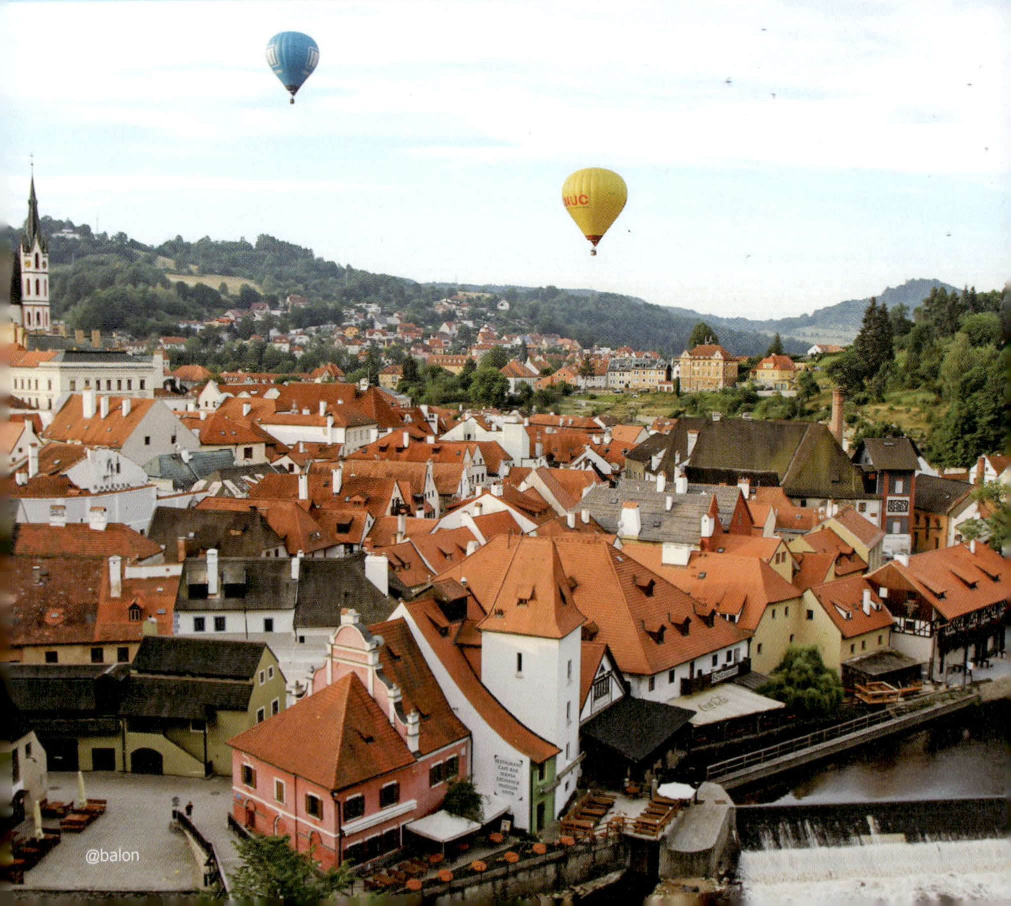

@balon

스카이다이빙

법적으로 가장 높이 올라갈 수 있는 상공 4,000m까지 비행기를 타고 올라가 자유 하강한 뒤 낙하산을 펴고 땅에 착지하는 항공 스포츠다. 숙련된 전문 다이버와 안정성이 보장된 최신 장비 그리고 유럽에서 가장 저렴한 가격, 이 세 가지 장점 때문에 프라하의 스카이다이빙은 인기가 많다. 아름다운 프라하 상공에서 짜릿하게 즐기는 스카이다이빙은 잊을 수 없는 추억을 만들어 준다. 단, 전날 과도한 음주나 체험 당일 음주는 절대 불가하다.

시간 4~11월 중순까지 체험 가능(우천 시나 바람이 강하게 불 때는 비행이 취소된다. 날씨가 좋지 않은 날에는 체험이 가능한지 확인할 것) / 장소 이동 시간 포함 약 4시간 30분 소요 요금 A코스(스카이다이빙 + 수료증 + 기념 티) €230 / B코스(A코스 + 무비 캠 / USB 영상 제공) €330 / C코스(B코스 + 액션 캠으로 동영상 추가) €350 홈페이지 www.tastepraha.com/tour/sky-diving

마리오네트 인형 만들기

체코를 대표하는 공연 중 하나인 '돈 지오반니' 인형극에 사용되는 마리오네트 인형을 만들어 보는 체험이다. 마리오네트 인형은 관절을 끈으로 연결해서 사람의 손을 통해 자유롭게 움직일 수 있는 목각 인형이다. 마리오네트 인형 만들기는 '파벨 트루흘라르지(Pavel Truhlář)'가 직접 운영하는 공방에서 진행된다. 그는 체코를 대표하는 마리오네트 작가로, 체코 관광청의 초대를 받아 한국에서도 몇 차례 인형극 공연을 한 적이 있다. 원하는 키트를 선택하고 그 안에 있는 관절 인형에 그림을 그려 넣고, 옷을 선택하면 공방의 장인이 관절마다 끈을 연결해 준다. 운이 좋으면 파벨 작가가 직접 연결해 주는 행운을 얻을 수 있다. 인형 만들기 체험은 남녀노소 누구나 특별한 시간을 경험하는 시간이 될 것이다.

시간 월~금 10:00~ / 3시간 30분~4시간 소요 요금 1인 예약금 30,000원, 현지 지불 2,500kč(모든 재료비 포함, 음료 · 다과 포함, 한국어 통역 포함) 홈페이지 marionety.co.kr

비어 스파

맥주가 유명한 나라인 체코는 맥주를 마시기만 하는 게 아니다. 맥주로 스파를 즐길 수 있는 체험 프로그램이 요즘 뜨고 있다. 비어 스파는 맥주 그대로를 사용하는 것이 아니라 맥주를 만드는 재료의 적절한 혼합과 물의 온도를 맞춰 혈액 순환과 피부 미용에 도움을 준다고 한다. 30~50분간 욕조에 몸을 담그면서 맥주를 무제한으로 마실 수 있고, 욕조에서 나온 후에는 따뜻한 침대에 누워 몸을 말린다. 온천을 마친 후 약 12시간 동안은 샤워를 하지 않는 게 면역성을 높이는 데 좋다고 한다. 체험 시간에 따라 마사지를 추가로 받을 수 있으니 온천과 마사지를 겸하는 것도 가능하다. 해가 일찍 지는 겨울철에 온천을 하면서 밤을 보내는 것도 여행을 알차게 즐기는 팁이 될 수 있다. 비어 스파를 체험할 수 있는 도시는 체코에도 여러 도시가 있는데, 대표적인 도시로 플젠과 프라하, 올로모우츠를 꼽는다.

♨ 비어 스파 비어랜드 Beer Spa Beerland

프라하 최초의 5성급 맥주 스파로, 로얄 오크로 만든 1,000리터 수제 월풀 욕조에 체코 맥주 양조에 사용되는 천연 추출물 및 허브를 혼합한 맥주 허브 혼합물을 기반으로 하는 비어 스파이다. 스파를 하는 동안 크루쇼비 비체 라이트 맥주와 다크 맥주를 무제한으로 제공한다. 50분 동안 스파를 즐기면 10분 동안 직접 재배한 유기농 밀짚 침대에서 휴식을 취할 수 있으며 100% 예약제로 운영된다. 비어 스파 비어랜드는 프라하 신시가지 지역 글래머 비어 스파점과 흐라드차니 지역 비어 스파 샤토점 등 두개의 지점이 있다.

주소 (글래머 비어 스파) Revoluční 22, 110 00 Praha 1 / (비어 스파 샤토) Nový Svět 3, 118 00 Praha 1 위치 (글래머 비어 스파) 시민회관에서 도보 5분. / (비어 스파 샤토) 로레타 성당에서 도보 3분. 시간 10:00~21:30(예약 필수) 요금 1인 1,800kč, 2인 1욕조 2,500kč, 2인 2욕조 3,100kč, 3인 3욕조 5,000kč 홈페이지 www.beerspa-beerland.com

---

와이너리 시음회

'그레보프카(Grebovka)' 와이너리는 체코에서 가장 오래된 왕가의 와이너리로, 이곳의 주인이자 소믈리에인 '클라스카(Klaska)' 씨의 설명을 들으며 체코에서 생산되는 여덟 종류의 와인을 시음할 수 있다. 와인을 마시는 방법부터 맛을 내는 과정, 와인에 대한 기본적인 지식 등을 알려 주는데, 와인을 잘 모르는 사람부터 와인에 관심이 많은 사람까지 모두 즐겁게 체험할 수 있는 프로그램이다. 체코 모라비아 지방의 와인을 마음껏 즐길 수 있으며, 시음회가 끝나면 남은 6병의 와인을 자유롭게 맛볼 수 있다. 2인 이상부터 20명까지 신청 가능하며 체코어로 진행되지만, 한국어 전문 통역 서비스도 지원한다.

시간 10~4월 15:00 미팅, 5~9월 18:00 미팅 / 2인~5인 2시간 소요, 10인 이상 3시간 소요 요금 1인 €92/ 체험 인원은 2인 이상부터 가능 홈페이지 www.tastepraha.com/tour/praha-winery

경비행기 투어

정식 허가를 받은 비행장에서 경비행기를 타고 프라하에서 카를슈테인까지 하늘 위에서 아름다운 경관을 내려다볼 수 있는 투어이다. 경비행기의 길이는 2m로, 총 5인까지 탑승 가능하며 안전을 위해 2개의 엔진을 사용한다. 겨울철보다는 날씨가 좋고, 풍경이 아름다운 봄, 여름, 가을철이 경비행기를 타기에 좋다.

체험 인원 1인부터 신청 가능(경비행기 1대당 5인까지 탑승) 체험 코스 및 소요 시간 프라하-카를슈테인-프라하 코스(30분 비행, 이동 시간 포함 총 소요시간 3시간) 요금 1인 €375, 2인 €420, 3인 €460 홈페이지 www.tastepraha.com/tour/aircraft

보헤미아 스위스 국립 공원 트레킹

가장 최근에 지정된 체코 자연 보호 국립 공원인 보헤미아 스위스 국립 공원은 체코 북쪽 독일 국경과 맞닿아 있고, 독일에서는 작센 스위스로 알려진 곳이다. 영화 '나니아 연대기' 촬영 장소로도 알려져 있으며, 국내 여행 방송 프로그램에서도 여러 차례 소개될 만큼 체코의 새로운 여행지로 떠오르고 있다. 여름 코스는 총 16km를 트레킹하고, 비밀스러운 협곡에서 배도 탈 수 있다. 겨울 코스는 10km를 트레킹하는 일반 코스와 7km를 트레킹하는 나니아 코스로 진행된다. 국립 공원 트레킹 전문 가이드가 동행하여 현장에서 다양한 정보와 함께 안전도 책임진다. 프라하에서 보헤미아 스위스 국립 공원까지 왕복 4시간 정도 소요되며, 숙소 앞에서 차량으로 픽업해 준다. 폭우 또는 폭설이 내리면 정상적인 트레킹이 불가하기 때문에 당일 오전에 취소될 수도 있다.

체험 인원 1인부터 신청 가능 체험 일정 및 소요 시간 여름 코스 4~10월 매일 진행, 이동 시간 포함 13시간 소요 / 겨울 코스 11~3월 토~일 진행, 이동 시간 포함 10시간 소요 / 겨울 나니아 코스 11~3월 매일 진행, 이동 시간 포함 10시간 소요 요금 여름 코스 €188, 겨울 코스 €158, 나니아 코스 €158 ※차량 이동비, 트레킹 가이드비, 점심 식사, 입장료, 배 탑승권, 간식, 물, 우비 금액이 포함된 가격 준비물 트레킹에 필요한 옷과 신발, 여권 홈페이지 www.tastepraha.com/tour/winter-bohemian-trekking

@ballooning

벌룬 투어

지상 500m 높이에서 대기의 흐름이 가장 안정적인 시간 대인 일출 후 2시간 내, 일몰 전 2시간 내에 체코의 자연 문화 유적지를 비행하는 체험이다. 체스키 크룸로프, 카를로비 바리, 플젠, 카를슈테인, 코노피슈테, 올로모우츠, 브르노, 남모라비아 팔라바 와인 농장 지대 지역에서 비행이 가능하고, 정식 교육 과정을 이수하고 라이센스를 보유한 벌룬 전문 파일럿들이 비행을 책임진다. 가장 인기 있는 장소는 유럽에서 가장 아름다운 마을로 알려진 체스키 크룸로프, 코노피슈테, 카를슈테인 지역이고, 보헤미아 온천 도시인 카를로비 바리와 플젠, 팔라바 지역도 경관이 뛰어나다. 단, 대부분 지방 도시라 미팅은 해당 지역에서 이뤄진다. 스카이다이빙과 마찬가지로 비가 오거나 바람이 강하게 불면 투어는 취소된다. 열기구는 탑승일 해당 시간의 기상 조건, 대기 흐름 등의 영향에 따라 탑승 여부가 결정되고, 탑승 준비를 마친 후에도 탑승 허가가 나지 않으면 비행이 취소될 수 있다.

체험 인원 2~7인(1인 신청 시 다른 추가 예약자가 없으면 자동 취소) **체험 소요 시간** 약 2시간 30분~3시간(이동 시간이 포함되어 있으며, 대기 흐름에 따라 시간은 단축될 수도 늘어날 수도 있음) **가격** 단독 투어 또는 조인 투어로 예약 가능하며 각각 가격이 다르다. / 체스키 크룸로프 단독 투어 – 1~2인 14,000kč, 3인 19,500kč, 4인 24,000kč, 5인 27,500kč, 6인 30,000kč, 7인 35,000kč / 체스키 크룸로프 조인 투어(4인 이상 출발) – 1인 5,000kč, 2인 10,000kč, 3인 19,500kč, 4인 19,500kč **홈페이지** balloontrip.co.kr

월별 일출 일몰 시간

월	일출 시간	일몰 시간
1월	07:30	16:00
2월	06:50	16:50
3월	06:50	17:40
4월	05:40	19:35
5월	05:00	20:20
6월	04:55	21:00
7월	05:30	21:15
8월	06:15	20:45
9월	07:00	19:45
10월	06:50	18:40
11월	07:35	16:40
12월	08:00	16:10

*신청 하루 전에 일출 또는 일몰 시간에 따라 미팅 시간을 통보해 준다.

| THEME TRAVEL 05 |

건축 양식의 박물관
프라하

프라하는 '지붕 없는 건축 박물관', '백탑의 도시'라고도 불리는 만큼 다양한 건축 양식을 보여 주는 도시이다. 오랜 세월 시간에 따라 변화했던 건축물들이 지금은 마치 한 시대에 세워진 것처럼 조화를 이루고 있다. 시대별 양식에 따라 지어진 프라하의 대표적인 건축물을 돌아보며 프라하 여행을 즐겨 보자.

구시가 광장 - 르네상스 양식

`11~12세기 중반`

로마네스크 양식

로마네스크 양식은 '로마 양식을 흉내 낸, 로 마스러운 양식' 정도의 뜻으로, 반원형의 아 치, 두꺼운 벽, 항아리 모양의 굵은 기둥 그 리고 창문이 작아 실내가 어둡고 육중해 보 이는 게 특징이다. 로마네스크 양식은 이탈 리아 중심으로 발전하면서 수도회를 통해 유럽 전역에 전파되었다. 이탈리아의 콜로 세움, 피사의 사탑, 영국의 런던 탑 등이 로 마네스크 양식의 대표적인 건물이다.

성 마르틴 교회의 로툰다

성 이르지 성당 내부

프라하의 대표적인 로마네스크 건축은 비세흐라드에 자리한 성 마르틴 교회의 로툰다, 프라하성 단지 내 성 이르지 성당의 내부, 창문 투척 사건이 일어난 프라하성 단지 내 구왕궁의 일부 등이 있다.

`12세기 중반~15세기`

고딕 양식

로마네스크 양식이 이탈리아를 중심으로 퍼지기 시작했다면, 고딕 양식은 프랑스에서 시작해 영국과 독일을 중심으로 발전했다. 로마네스크의 반원 형 아치는 윗부분이 뾰족해지는 첨두아치를 사용하게 되면서 천장이 높아 지고, 그러면서 벽의 두께가 얇아져 크고 긴 창문이 생기게 됐다. 크고 긴 창문에는 색이 있는 스테인드글라스를 사용했는데, 건축이 자연스럽게 아름다워지고 빛이 들어오면서 내부가 밝아졌다. 당시 사람들이 신앙심 을 표현하기 위해 하늘로 치솟는 높고 뾰족한 첨탑을 세운 것 역시 고딕 양식의 두드러지는 특징이다. 고딕 양식은 유럽 성당의 대표적인 건축 양식으로 유럽 전역에 유행처럼 번져 나갔다. 독일 쾰른 대성당, 파리 노트르 담 대성당이 대표적인 고딕 양식의 건축물이다.

천문 시계탑

프라하의 대표적인 고딕 양식 건축은 프라하성 단지 내 성 비투스 대성당, 구시가지 광장의 틴 성당과 천문 시계탑, 구시 가지 교탑 등이 있다.

성 비투스 대성당

틴 성당

국립 극장 | 미누티의 집

`15~16세기 중반` **르네상스 양식** `19세기` **네오 르네상스 양식**

고딕 양식의 특징이 신을 중심으로 한 건축이었다면 르네상스 양식은 인간이 중심이 되는 '인본주의'가 건축 양식에 적용되었다. 때문에 성당과 수도원을 위주로 발전했던 고딕 양식이 차츰 궁전, 공공기관, 주택 등의 일반 건축으로 옮겨지면서 단순하면서도 밝고 화사한 분위기가 더해지고 벽면 장식이 생기기 시작했다. 피렌체에서 시작된 르네상스 양식은 이탈리아를 거쳐 유럽으로 확산되었지만, 프라하는 다른 유럽에 비해 르네상스 양식이 자리 잡지 못했다. 훗날 19세기 르네상스 양식의 부흥을 모토로 시작한 것이 네오 르네상스 양식인데, 파리 루브르 박물관, 바티칸 성 베드로 대성당이 대표적인 르네상스 양식의 건축물이다.

루돌피눔

📍 프라하의 대표적인 르네상스 양식 건축은 구시가지 광장을 둘러싸고 있는 파스텔톤의 귀여운 집들과 그리스 신화를 스그라피토 기법을 사용하여 장식한 구시청사 옆 '미누티의 집(Dům U Minuty)', 프라하성 왕실 정원 내 여름 궁전 등이 있다. 한편, 바츨라프 광장의 국립 박물관, 드보르자크 홀이 있는 루돌피눔, 다채로운 공연을 선보이는 국립 극장 등이 네오 르네상스 양식의 대표적인 건축들이다.

`16~18세기`
바로크 양식

르네상스 양식이 붕괴하고, 이탈리아 문화 운동이 귀족들에게 위임되면서 가톨릭의 부와 권력이 건축을 통해 드러났는데, 이것이 유럽 건축 양식 중 가장 거창하고 화려한 바로크 양식의 시작이다. 바로크는 포르투갈어로 '비뚤어진 진주'를 의미하며, 비뚤어진 진주처럼 직선을 버리고 곡선의 역동성을 표현하는 미술 양식이다. 바로크 양식의 특징은 화려한 조각, 빛, 그늘, 색채, 프레스코화, 금과 같이 빛나는 것들, 양파 모양의 지붕 등 건축적인 요소보다 장식적인 요소에 비중을 둔 점이다. 파리의 베르사유 궁전, 로마의 트레비 분수 등이 대표적인 바로크 양식의 건축물이다.

성 미쿨라셰 성당

📍 프라하의 대표적인 바로크 양식 건축은 구시가지 광장과 말라스트라나 두 곳에 있는 성 미쿨라셰 성당과 아름다운 종소리를 울리는 로레타 성당, 프라하 동물원과 마주하고 있는 트로야성이 있다.

`18세기 초중반`
로코코 양식

바로크 양식이 이탈리아 귀족에서부터 시작되었다면 로코코 양식은 프랑스 왕가에서 시작되었다. 프랑스어로 '조개 무늬 장식'이라는 뜻을 의미하는 로코코 양식은 바로크 양식의 외관에서 보여지는 화려함은 절제하고 실내 장식에 더 많은 신경을 썼다. 당시 살롱 문화가 유행하던 프랑스 왕가는 실내 인테리어, 가구, 장식 등으로 화려함을 뽐냈다. 유럽의 로코코 양식은 대부분 건물보다는 성 내부 인테리어에서 볼 수 있다. 하지만 로코코의 시대는 오래가지 못하고 바로 신고전주의로 넘어갔다.

골즈킨스키 궁전

📍 가장 유명한 로코코 양식 건축물이 바로 프라하 구시가지 광장에 있는 골즈킨스키 궁전이다.

`19세기 말~20세기 초`
아르누보 양식

'새로운 예술'을 뜻하는 아르누보는 유럽뿐만 아니라 미국, 남미 등에서도 유행하던 예술로, 자연을 모티브로 하여 직선이 아닌 곡선의 유연성을 살리는 것이 특징이다. 건축 소재로 철, 유리, 타일 등을 사용한다. 프라하 곳곳에서 만날 수 있는 아르누보를 대표하는 예술가 알폰스 무하의 예술 작품은 프라하 여행에서 빼놓을 수 없는 코스이기도 하다. 아르누보는 다른 건축 양식들과 달리 나라마다 다른 명칭을 가지고 있는데 독일에서는 '운겔트 양식', 스페인에서는 '모더니즘 양식'이라고 한다. 아르누보 양식을 대표하는 건축가로는 천재 건축가로 불리는 '안토니오 가우디(Antoni Gaudi)'가 있다.

시민 회관

📍 무하의 작품을 볼 수 있는 시민 회관, 바츨라프 광장에 자리한 유로파 호텔, 프라하 중앙역 구 역사, 공화국 광장 인근의 파리스 호텔 등이 아르누보 양식의 대표적인 건축물에 속한다.

파리스 호텔

프라하 중앙역 구 역사

검은 성모 마리아의 집

`1912년~1922년`
체코 큐비즘

20세기 초 파리에서 시작된 입체파(큐비즘)는 평면이 아닌 지금의 3D 작업처럼 입체적으로 예술을 표현했다. 그중에서도 '파블로 피카소'와 '조르주 브라크'의 영향을 받은 체코의 작은 건축가 모임에서 그림과 조각이 아닌 건축, 가구, 생활용품에 입체적 표현을 적용했다. 그래서 순수 미술이 아닌 건축과 디자인의 큐비즘을 '체코 큐비즘'이라 한다.

상상했던 추상적인 모양을 아파트, 빌라, 카페, 극장, 가게 등의 실물로 만들어 내는 큐비즘 건축 운동이 시작됐다. 1912년을 시작으로 2~3년 동안 체코 큐비즘이 꽃을 피웠지만, 제1차 세계 대전이 일어나면서 쇠퇴하기 시작했다. 이후 1922년 마지막 집이 완성된 후 체코 큐비즘은 끝이 났다. 제1차 세계 대전이 끝나면서 조금은 부드러운 원형, 원기둥, 마름모꼴 등이 디자인에 추가되면서 '론도 큐비즘'으로 발전해 나갔다. 당시 유럽 어디에서도 찾아볼 수 없을 만큼 독특한 체코만의 독보적인 양식이었다.

화약탑을 지나면 시작되는 첼레트나 거리 시작점에 있는 '검은 성모 마리아의 집'이 1912년 프라하에서 가장 최초로 지어진 큐비즘 건물이다. 프라하에서 큐비즘 건축물이 몰려 있는 지역이 바로 비셰흐라드 지역인데, 빌라 코바조비초바, 아파트 호데크, 3층 집 트로이둠이 대표적이다. 바츨라프 광장의 신발 브랜드 바타(BATA) 후문에는 전 세계에서 유일한 큐비즘 가로등이 서 있고, 그 인근에 큐비즘 건축인 아드리아 궁전이 있다. 임페리얼 호텔 옆 마켓(니들) 맞은편으로 론도 큐비즘을 대표하는 건물인 아르차 궁전이 있고, 타워 파크 프라하 인근에 아기자기한 색채의 큐비즘 건축물인 아크로폴리스 궁전이 있다.

큐비즘 가로등
트로이둠
아드리아 궁전
아크로폴리스 궁전

| THEME TRAVEL 06 |

겨울 여행이 매력적인
12월의 프라하

겨울철 유럽 여행의 중심이 되고 있는 프라하의 12월은 즐거운 축제 분위기를 타고 전 세계인이 몰려든다. 그리고 1월은 유럽 전 지역에서 시작하는 겨울 세일 기간으로 관광객들의 발길이 끊이지 않는다. 겨울 여행을 떠나려고 계획하고 있다면 이때를 놓치지 말고, 화려한 유럽의 축제 분위기를 맘껏 즐겨 보도록 하자.

크리스마스 시장

겨울 여행의 즐거움, 12월의 프라하

유럽의 크리스마스 시장은 어느 나라를 가든지 볼 수 있지만, 프라하는 그 어떤 나라보다 화려하고 활기가 넘치는 분위기이다. 상점들의 크리스마스 장식과 반짝이는 조명으로 프라하의 크리스마스 시장을 대표하는 구시가지 광장은 해마다 다른 디자인의 대형 크리스마스 트리가 트레이드 마크가 되었다. 이 대형 트리는 생나무를 직접 세운 것으로, 매년 12월 1일 전후로 가까운 일요일에 크리스마스 시장의 시작을 알리는 트리 점등식이 카운트다운된다. 광장에는 크리스마스와 관련된 액세서리와 기념품을 파는 시장이 빈틈없이 들어서고, 다양한 길거리 음식과 겨울철에만 특별히 마실 수 있는 핫 와인 등이 많은 인기를 끈다. 구시가지 광장 다음으로는 바츨라프 광장의 크리스마스 시장이 두 번째로 크며, 그 외에 작은 광장에서부터 큰 대로변까지 작지만 재미있는 크리스마스 시장이 열린다.

★겨울 여행 중 프라하의 먹을거리

겨울 여행을 할 때 프라하의 먹을거리 중 빠질 수 없는 길거리 음식이 두 가지 있다. 어른과 아이 누구나 좋아하는 군것질인 체코 전통식 빵 '트레들로(TRDLO)'와 도우를 튀긴 후 그 위에 원하는 토핑을 얹어서 먹을 수 있는 '란고셰(Langoše)'이다. 마실 것이 필요하다면 핫 와인도 빠질 수 없다. 요즘은 겨울 군것질을 어느 계절에나 맛볼 수 있다.

갈라 콘서트

크리스마스를 앞두고 열리는 특별 공연

5월의 봄 음악 축제와 더불어 12월의 크리스마스 음악제는 대부분 갈라 콘서트로 열린다. 봄 음악 축제보다 조금은 캐주얼한 분위기로, 크리스마스와 어울리는 음악과 특별 공연으로 긴 겨울밤을 더욱 흥겹게 해준다. 갈라 콘서트에 대한 정보는 프라하 시내 인포메이션과 거리에서 나눠 주는 팸플릿으로 쉽게 얻을 수 있다. 유명한 공연은 미리 예매해 두는 것도 잊지 말자.

블타바강에서의 불꽃놀이

블타바강을 화려하게 수놓다

12월 31일 블타바강에서 한 해의 마지막을 아쉬워하고, 새해를 새롭게 맞이하는 불꽃놀이 축제가 열린다. 세계인이 함께 친구가 되고 특별한 시간을 맞이할 수 있는 새해맞이 불꽃 축제는 우리나라처럼 화려하지는 않지만 야경이 아름답기로 유명한 프라하성을 배경으로 펼쳐져 특별함을 더한다.

| THEME TRAVEL 07 |

맥주의 나라
체코의 맥주와 와인

체코어로 맥주는 '피보(Pivo)'라고 하며, 체코에서 생산되는 맥주의 종류는 300가지가 넘는다. 체코는 세계에서 맥주 소비량이 제일 많고 물보다 맥주 값이 더 싸기로 유명해 자국민은 물론 여행객들에게도 인기가 많다. 또한 체코 하면 가장 먼저 떠오르는 것은 맥주이지만, 체코의 와인도 다른 유럽 지역에서 생산되는 와인 못지않은 품질을 자랑한다. 체코에 왔다면 현지의 맥주와 와인은 꼭 맛보자.

맥주

933년 브제브노스키 수도원(Břevnovský Klášter)에서 만들어진 맥주가 체코에서 처음으로 생산된 맥주라는 기록이 남아 있다. 수많은 나라에서 맥주를 제조하고 각 나라마다 내세우는 대표적인 맥주 브랜드들이 있지만, 체코는 전 세계적으로 유명한 맥주의 나라로 손꼽히고 있다. 한국에도 널리 알려진 필스너 우르켈, 부드바이제르 부드바르, 코젤, 스타로프라멘 등 세계적으로 명성이 높은 맥주들이 체코의 맥주다.

맥주의 제조 방법은 크게 상면 발효와 하면 발효로 나뉜다. 상면 발효는 상온에서 맥주를 발효시키는 방식으로, 발효 과정에서 사카로마이세스 세레비지에(Saccharomyces Cerevisiae)라는 효모가 위로 뜬다. 맥주를 탄생케 한 제조 방식으로, 영국의 에일(Ale)이 가장 대표적인 상면 발효 맥주로 꼽힌다. 19세기 중반에 처음 만들어진 하면 발효 맥주는 상온보다 낮은 섭씨 12도 전후에서 발효시킨다. 이렇게 제조하면 사카로마이세스 카를스베르겐시스(Saccharomyces Carlsbergensis)라는 효모가 바닥으로 가라앉는다. 깨끗하고 부드러운 맛 때문에 부담 없이 즐길 수 있어 현재 맥주 시장의 다수를 차지하고 있고, 우리가 알고 있는 라거(Larger)가 대표적인 하면 발효 맥주이다. 유럽에서 맥주로 유명한 독일과 체코 맥주 대부분이 바로 라거다.

필스너 우르켈 Pilsner Urquell

원래 필스너 맥주는 체코의 플젠 지방에서 만들기 시작한 라거 맥주의 제조 방식을 따른 맥주를 통칭하는 말이었다. 플젠 지방의 지하 양조장은 서늘한 온도를 1년 내내 유지할 수 있었는데, 19세기 중반 당시 플젠 지역을 지배하고 있던 독일 출신의 양조업자 조셉 그롤이 플젠 인근의 독특한 홉을 이용해서 제조에 성공했고, 이후 전 유럽에서 플젠의 맥주 제조 방식을 따라 라거 맥주를 제조하게 되었다. 제조 방식이 널리 알려지면서 너도나도 필스너라는 상표를 붙여 팔게 되자 상표권 소송을 걸었지만, 독일 법원이 '필스너가 맥주의 제조 방식과 맛을 대표하는 단어가 되었다'라는 판결을 내리게 되어 어쩔 수 없이 '우르켈(Urquell : Original)'이라는 말을 붙여 맥주를 판매하게 되면서 현재에 이르게 되었다. 지금도 다양한 방식의 필스너 맥주들이 제조되고 있지만, 필스너 우르켈은 이름처럼 필스너 맥주의 원조로 전 세계적인 인기를 끌고 있다. 한국이나 일본 등지에서 판매되는 라거 맥주는 다소 부드럽고 구수한 맛이 나지만, 필스너 우르켈은 체코 자테츠(Žatec) 지방의 노블 홉을 사용해 고소하면서도 쌉쌀한 끝 맛이 매우 매력적인 느낌을 준다.

필스너 우르켈은 1999년 밀러와 같은 유명 맥주 브랜드를 보유한 AB 인베브 그룹(버드와이저, 스텔라, 코로나, 호가든, 밀러 등을 보유)에 매각되었다. 그러나 AB 인베브 그룹의 독과점 논란이 불거진 데 따라 2016년 12월 일본의 아사히 맥주 그룹이 필스너 우르켈을 비롯한 5개 브랜드를 9조원에 인수하기로 하면서 이제는 아사히 맥주 그룹의 일원이 되었다.

부드바이제르 부드바르(부데요비츠키 부드바르) Budweiser Budvar (Budějovický Budvar)

부드바이제르 부드바르는 체코의 체스키부데요비체에서 양조되는 맥주이다. 체코어로는 부데요비츠키 부드바르(Budějovický Budvar)라 불리기도 하는 '부드바이제르'는 영어로 '버드와이저'라 읽기 때문에 우리가 알고 있는 그 유명한 '버드와이저' 맥주와 혼동이 올 수 있다. 하지만 체코의 '부드바이제르'와 미국의 '버드와이저'는 엄연히 다른 회사에서 만드는 맥주이다. 미국 맥주인 버드와이저의 창업주는 독일계인 아돌

푸스 부쉬로, 당시 오스트리아 제국의 영토였던 체스키 부데요비체를 여행하면서 깊은 인상을 받았던 이 지역의 맥주를 본따 미국에 양조장을 건설하고 '버드와이저'라는 이름을 붙여 판매하기 시작했다. 체코에서 생산하던 부드바이제르 부드바르는 미국에서 널리 판매되는 버드와이저 맥주가 상표권을 침해했다고 소송을 제기했고 무려 100년에 가까운 분쟁을 벌였는데, 결국 맥주를 수입하는 국가에서 결정하는 대로 한 회사만 'Budweiser'라는 상표를 쓸 수 있게 되었다. 한국에서는 체코의 부드바이제르 부드바르가 승리했기 때문에 Budweiser라는 이름을 쓰고 있고, 그래서 미국의 버드와이저는 'Bud'라는 단어로 자신들의 맥주를 표기하고 있기도 하다. 부드바이제르 맥주는 다소 부드럽고 상큼한 맛이 난다. 필스너 우르켈처럼 쓴맛이 두드러지지 않고, 탄산이 많지 않아 부드러운 느낌을 주기 때문에 부담없이 마실 수 있는 라거 맥주의 전형이라고 할 수 있다.

스타로프라멘 Staropramen

프라하에서 양조되는 스타로프라멘은 여행 중에 필스너 우르켈보다 더 많이 눈에 띄는 맥주로, 체코 사람들에게 인기가 높다. 전 세계적인 인지도는 필스너 우르켈이나 부드바이제르 부드바르에 비해 다소 떨어지지만 체코에서는 3대 필스너 맥주로 꼽힐 만큼 맛에서 뒤지지 않는다는 평가를 받고 있다. 스타로프라멘은 필스너 우르켈보다 좀 더 부드럽고 고소한 맛이 특징으로, 라거 특유의 부담 없는 맛을 느낄 수 있다.

코젤 Kozel

숫염소가 맥주잔을 들고 있는 그림의 엠블럼이 인상적인 체코의 맥주이다. 그중에서도 흑맥주인 다크가 한국에서도 큰 인기를 끌고 있다. 낮은 도수와 독특한 초콜릿 향, 부드러운 맛으로 체코를 방문하는 여행객들의 저녁 식사 테이블에 한 번쯤은 꼭 등장하는 맥주가 되었다. 특히 체코 현지에서 마실 수 있는 생맥주의 맛은 한국에서 마시던 병맥주와는 다른 매력이 있다. 부담 없는 맛으로 여성들이 좋아해서 'Lady's Beer'라 불리기도 한다.

그 밖의 맥주

필스터 우르켈과 부드바이제르 부드바르가 그렇듯 체코의 맥주는 각 지역을 대표하는 맥주가 많다. 어느 도시를 가든 그 지역을 대표하는 맥주가 있고, 소규모 양조장에서 만드는 로컬 맥주들을 맛볼 수 있다. '감브리누스(Gambrius)', '크루쇼비체(Krušovice)'도 체코인들이 즐겨 마시는 인기 맥주다.

★마트 맥주 즐기기

프라하에서 맥주를 마실 때 굳이 레스토랑이나 비어 홀에 가서 마실 필요는 없다. 가까운 마트에서 저렴한 가격으로 캔 맥주나 병맥주를 사서 해 질 녘 야경을 바라보며 마시는 것도 프라하를 즐기는 방법이다.

★ 무알콜 맥주

알콜과 거리가 먼 사람들은 맥주의 나라에서 맥주를 못 마시니 뭔가 여행의 맛을 제대로 느껴 보지 못한 것 같은 아쉬움이 들기 마련이다. 그런 분들에게 꼭 추천하고 싶은 맥주가 바로 무알콜 맥주로, 'NEALKOHOLICKÉ'라는 단어가 적혀 있으면 무알콜 맥주라는 뜻이다. 그중에서도 누구나 좋아할 만한 무알콜 맥주는 체코 맥주 브랜드인 'BIREEL'에서 나온 포멜로와 자몽(POMELO & GREP) 맛이다. 에이드 같으면서도 은근히 맥주 맛도 나며, 알콜 섭취를 못하는 사람들에게 인기 있는 무알콜 맥주이다.

와인

긴 역사를 가지고 있는 브르노는 모라비아 지방에서 가장 큰 도시로 남모라비아주의 주도이며, 체코에서 두 번째로 큰 도시이다. 그리고 브르노를 중심으로 하는 모라비아 지방에 체코 와이너리의 96%가 모여 있다. 체코의 서부인 보헤미아 지방에도 와이너리가 있지만, 체코 와인 산업의 중심지는 모라비아 지방이다. 와인으로 유명한 체코의 작은 도시들은 체코와 오스트리아의 국경에서 그리 멀지 않은 곳에 있어 체코 사람들뿐만 아니라 오스트리아 사람들도 많이 방문하고 있다. 모라비아 지방의 와인 산업은 중심 도시에 따라 다시 즈노이모(Znojmo), 미쿨로프(Mikulov), 벨케 파블로비체(Velké Pavlovice), 슬로바초(Slovácko) 지역 와인으로 나뉘며, 각 지역마다 재배하는 독특한 포도의 품종을 바탕으로 다양한 와인을 생산하고 있다.

★ 체코 와인(비노, Víno)을 꼭 맛봐야하는 이유

체코 사람들의 평균 와인 섭취량은 1년에 1인당 약 20L 정도인데, 체코에서 만드는 와인 생산량이 체코 사람들이 섭취하는 양에 절반도 못 미치기 때문에 체코 와인은 수출 자체가 어렵다고 한다. 유럽에서 와인으로 유명한 도시들은 기업형 와이너리가 많지만, 체코의 와이너리는 대부분 소규모의 가족형 와이너리가 많아 와인 생산량이 많지 않은 이유이기도 하다. 그래서 체코 와인은 체코에 방문해야 맛볼 수 있기 때문에 맥주에 비해 세계적으로 알려지지 않았다.

모라비아 지방을 여행하면서 저녁 식사를 하게 된다면 모라비아산 화이트 와인 한 잔을 꼭 주문해 보자. 일단 굉장히 저렴한 가격에 놀라게 될 것이다. 레스토랑마다 다르긴 하지만 보통 1500~3000원 정도면 와인 한 잔 주문이 가능하다. 그리고 와인의 맛을 보면 깊은 맛과 달콤한 향에 다시 한 번 놀라게 된다.

🍷 미쿨로프 지역의 와인

미쿨로프는 그리 크지 않은 도시이지만 체코 와인 산업의 중심지 중 하나이다. 매년 대규모의 와인 축제가 열리면 수많은 관광객이 모여들어 숙소 예약이 불가능할 정도이다. 17세기부터 이 지역을 지배했던 리히텐슈타인 가문의 영지가 있던 레드니체와 발티체에는 1996년 유네스코 세계 문화유산으로 지정된 성이 있으며, 특히 발티체성에는 체코 와인 경연 대회에서 수상한 와인들을 보관해 놓은 국립 와인 살롱이 있다.

미쿨로프 지역에서는 우수한 품질의 피노 블랑, 샤도네이와 같은 포도가 재배되며, 이러한 품종의 포도로 만든 미쿨로프산 화이트 와인은 체코 전체에서 생산되는 와인 중에서도 가장 높은 인기를 자랑한다.

🍷 즈노이모 지역의 와인

와인 재배에 최적화된 기후와 토양을 가진 즈노이모는 모라비아의 대표적인 화이트 와인 생산지로 알려져 있다. 즈노이모에서는 지역의 대표적인 백포도 품종인 그뤼너 벨트리너(Grüner Veltliner) 이외에도 뮐러-투르가우(Müller-Thurgau), 쇼비뇽 블랑(Sauvignon Blanc), 리슬링(Riesling), 팔라바(Pálava)와 같은 백포도를 이용한 높은 품질의 화이트 와인을 생산한다. 또한 화이트 와인 외에 블랑(Blac), 그리스(Gris), 누아(Noir)와 같은 피노 계열의 적포도들도 우수한 품질을 자랑하고 있다.

Tip 모라비아 와이너리 투어

프라하에서 당일로 다녀올 수 있는 모라비아 와이너리 투어는 미쿨로프, 발티체, 레드니체 3개의 마을을 골라 와인 농장과 와인 저장고를 방문하는 투어를 진행하고 있다. 와인 농장주가 와이너리를 소개하고, 한국어 통역 가이드가 함께하기 때문에 언어에 대한 문제는 걱정하지 않아도 된다. 포도 수확철인 9~10월 사이는 특별 체험 기간으로, 포도 수확과 포도를 직접 짜는 체험도 할 수 있다. 그리고 직접 짠 포도 주스를 바로 시음까지 할 수 있다. 와이너리 투어가 끝나면 프라하로 돌아가지 않고 오스트리아의 빈이나 헝가리의 부다페스트로 개인적으로 이동할 수도 있다.

투어 기간 4~10월 (포도 수확 특별 체험 9~10월 사이)
투어 인원 2인 이상
투어 가격 시기에 따라 달라지므로 홈페이지에서 확인
포함 내역 전용 차량 지원, 중식·석식 제공, 입장료, 와인 시음, 수신기
개인 준비물 수신기에 사용할 개인 이어폰
홈페이지 tastepraha.com/document/moravia

| THEME TRAVEL 08 |

여행의 놓칠 수 없는 즐거움
프라하 쇼핑

다양한 쇼핑의 즐거움이 있는 프라하에서는 관광지로 이어지는 모든 거리가 쇼핑센터라고 볼 수 있다. 패션 잡화에서부터 쥬얼리, 골동품, 크리스털과 유리 공예품, 천연 바디 용품 등 다양한 물품들이 관광객의 눈과 발을 쉴 틈 없이 움직이게 한다. 어른과 아이들 모두 좋아하는 프라하를 대표하는 마리오네트 인형도 빼놓을 수 없는 인기 제품이다. 백화점 같은 쇼핑몰에서부터 아웃렛 매장 그리고 노천 시장까지 프라하에서 여행의 또 다른 재미인 쇼핑을 즐길 수 있는 곳을 소개한다.

나프르지코페 거리 Na Příkopě

프라하 패션의 거리

바츨라프 광장 끝에서 이어지는 나프르지코페 거리는 ZARA, MANGO, H&M, 베네통 등 유럽의 패션을 주도하고 있는 매장들이 즐비하게 늘어선 거리이다. 외관이 패션의 거리처럼 보이지는 않지만, 건물 내부에는 쇼핑센터들이 입점해 있다.

위치 Metro A, B선 무스테크(Můstek) 역과 B선 나메스티 레푸블리키(Náměstí Republiky) 역에서 내리면 두 역 사이를 잇고 있는 거리가 나프르지코페 거리다.

햄리스 장난감 가게 Hamleys

대형 장난감 백화점

프라하 쇼핑 거리인 나프르지코페 거리에 2016년 5월 중부 유럽에서 가장 큰 규모로 오픈한 영국 장난감 백화점이다. 입구에 들어서면 거대한 회전목마가 돌고, 약 50,000개가 넘는 장난감들이 시선을 사로잡는다. 1760년 런던에 첫 매장을 오픈한 이래 현재까지 22개국 75개의 매장이 들어섰고, 런던의 매장은 세계에서 가장 오래된 장난감 가게이다.

주소 Na Příkopě 854/14, 110 00 Nové Město **전화** 734 447 652 **위치** 바츨라프 광장과 공화국 광장의 중간, 나프르지코페 거리 자라 매장 맞은편. **시간** 10:00~20:00 **홈페이지** www.hamleys.com

팔라디움 PALLADIUM

프라하에서 가장 인기 있는 쇼핑센터

나프르지코페 거리의 끝인 화약탑과 시민 회관을 지나면 팔라디움이란 건물이 눈에 들어온다. 지하 2층부터 지상 3층(유럽식: -2, -1, 0, +1, +2층)으로 구성된 건물로 프라하에서 안델 지역과 더불어 가장 인기가 많은 쇼핑몰이다. 이곳에선 모든 쇼핑이 가능하다고 할 정도로 패션 잡화 및 대형 서점, 마켓, 화장품, 애완용품, 레스토랑 등 다양한 매장이 들어서 있으며 관광객보다는 현지인들이 많이 찾는 쇼핑몰이다.

위치 Metro B선 나메스티 레푸블리키(Náměstí Republiky) 역에서 내리면 바로 연결된다. 홈페이지 www.palladiumpraha.cz

파르지제스카 거리 Pařížská

명품 숍이 몰려 있는 거리

파르지제스카는 '파리'란 의미를 담고 있어 프라하의 샹젤리제라고 불리기도 한다. 구시가지 광장에서 레트나 공원으로 가는 방향으로 블타바강을 건너기 전까지의 거리이다. 유대인 지역과는 어울리지 않지만 이 거리는 구찌, 루이비통, 샤넬 등의 명품 숍들과 고급 레스토랑들이 들어서 있다.

위치 Metro A선 스타로메스트스카(Staroměstská) 역에서 내려 미쿨라셰 성당 방향으로 도보 5분.

하벨 시장 Havelské Tržiště

즐거움이 가득한 노천 시장

프라하의 구시가지와 신시가지를 잇는 곳에 위치한 하벨 시장은 관광객이라면 누구나 한번쯤 가 보고 싶어 하는 노천 시장으로, 기념품과 꽃, 과일, 채소 등이 가득하다. 하지만 우리가 생각하는 노천 시장과는 조금 차이가 있다. 말이 노천 시장일 뿐 관광객들로 넘쳐 나는 야외 선물 가게라고 보면 된다. 아쉽게도 팬데믹을 겪으면서 활기찬 모습이 많이 사라졌고 이제는 대체로 비슷한 기념품 가게와 관광객 상대의 과일 가게들만 남아 있어, 프라하를 대표하는 시장이었던 예전의 모습에서 많이 쇠퇴했다.

위치 Metro A, B선 무스테크(Můstek) 역에서 바츨라프 광장을 등지고 이어지는 거리로 구시가지 방향으로 가다 보면 하벨 시장이 나온다. 무스테크(Můstek) 역에서 도보 3분.

나플라브카 파머스 마켓 Farmers' Markets at Náplavka

블타바 강변에 서는 파머스 마켓

매주 토요일이 되면 프라하 곳곳에서 파머스 마켓이 열리는데 그중에서 관광객들이 가장 많이 찾는 시장이 블타바 강변 나플라브카에서 열리는 파머스 마켓이다. 대부분의 파머스 마켓은 직접 재배한 농산물부터 수공예 제품, 간편하게 먹을 수 있는 다양한 음식을 판매한다. 시기적으로 특별한 행사가 있으면, 기존에 열리는 규모보다 더 크게 시장이 선다. 댄싱 빌딩에서 비셰흐라드 방향으로 조금 더 내려오면 팔라츠케호 다리(Palackého Most)부터 마켓이 시작된다. 토요일 일정과 맞는다면 꼭 방문해보는 걸 추천한다.

위치 ❶ Metro B선 카를로보 나메스티(Karlovo Náměstí)에서 하차. ❷ Tram 2, 3, 4, 5, 7, 12, 15, 17, 20, 21, 22, 92, 94, 98번 팔라츠케호 나메스티(Palackého náměstí)에서 하차.
시간 매주 토요일 08:00~14:00

패션 아레나 아웃렛 센터

프라하에도 있다! 프라하 아웃렛

프라하 패션 아웃렛 매장으로 클래식 패션, 레저 스포츠용품, 아동용품, 속옷, 쥬얼리, 인테리어 소품, 화장품, 시계 등 다양한 종류의 매장이 입점해 있다. 아웃렛 매장은 제조 업체가 직접 운영하기 때문에 일반 매장보다 보통 30~70% 정도의 할인된 가격으로 제품을 구입할 수 있다.

주소 Průmyslová 440, Praha 10 – Štěrboholy **위치** Metro A선 종점 데포 호스티바르지(Depo Hostivař) 역 E번 출구로 나와서 체르노코스텔레츠카(Černokostelecká) 거리에서 아웃렛 셔틀버스(무료) 이용. (셔틀버스 시간은 홈페이지에서 확인) **시간** 10:00~20:00 **홈페이지** fashion-arena.cz

유럽에서는 보통 여름과 겨울에 대대적인 세일 기간이 있다. 프라하도 예외는 아니다. 명품 매장을 제외한 모든 상점들이 세일에 들어가는데, 아웃렛 매장도 세일 기간에는 이미 할인된 가격에서 더 할인된 가격의 제품을 만날 수 있다. 여름 세일 기간(6월 말~7월)과 겨울 세일 기간(12월 말~1월)에 여행한다면 알찬 쇼핑을 할 수 있지만, 워낙 가격이 저렴해서 물건이 일찍 품절될 수 있기 때문에 세일 기간에는 세일을 시작한 첫날 찾는 것이 좋다.

유리와 크리스털

풍부한 삼림 자원을 바탕으로 보헤미안의 독자적인 색을 지닌 양질의 유리를 생산하면서 보헤미아 크리스털은 명실공히 세계 최고의 크리스털로 인정받고 있다. 17세기에는 보석을 장식하는 정교한 기법을 유리 제품에 처음으로 가미하기 시작해 지금의 크리스털 제품을 대표하는 디자인이 탄생되었고, 18세기 말에는 금색을 곁들인 검은색 유리 제품과 보석에 비교해도 전혀 손색이 없는 화려한 유리 제품도 개발해 유럽의 세공 분야에도 앞장섰다.

🧁 첼레트나 거리에서 카를 거리까지

화약탑에서 구시가지 광장을 지나 카를교까지 이어지는 거리를 말한다. 유리와 크리스털의 왕국답게 이 거리는 마치 유리와 크리스털 제품의 전시장인 듯 크리스털과 유리, 보석을 판매하는 숍들이 쭉 이어져 있다. 특히 해가 진 후 조명을 받은 크리스털이 빛나 더욱 아름답게 거리를 수놓는다.

천연 바디용품

🧁 마누팍투라 MANUFAKTURA

체코 온천의 도시 카를로비 바리의 천연 소금으로 만든 바디용품, 미용 비누, 스크럽, 헤어 제품 등을 판매하는 곳이다. 제품엔 모두 카를스바트(Carlsbad)라고 생산지를 표시하고 있는데 '카를스바트'는 독일어로 표현된 카를로비 바리이다. '마누팍투라(MANUFAKTURA)'는 미용 제품 외에도 기념품과 나무로 만든 인형을 판매하는데, 선물용으로 많이 선택하는 아이템이다.

주소 Melantrichova 1, 110 00 Praha 1(본점) 전화 221 632 480 위치(본점) ❶ 바츨라프 광장에서 구시가지 방향으로 직진, 도보 10분. ❷ 구시가지 광장 천문 시계탑을 등지고 보이는 노천 레스토랑 사이로 작은 아치문을 지나면 오른쪽으로 마누팍투라 매장이 나온다. 천문 시계탑에서 도보 1분. ※ 마누팍투라는 첼레트나 거리에서부터 프라하성으로 이어지는 네루도바 거리까지 5개가 넘는 매장이 가장 좋은 위치에 자리하고 있다. 찾는 데는 별 무리가 없을 것이다. 홈페이지 www.manufaktura.cz

🛍 보타니쿠스 Botanicus

보타니쿠스 아스트라(Botanicus Astra)는 프라하 외곽에 있는 마을에서 재배되는 유기농 허브초로 만든 바디용품, 미용비누, 오일, 향수, 아로마 테라피, 화장품, 식초, 향신료, 와인, 허브차 등을 판매하는 곳이다. 미용 비누는 그 종류가 너무 많아서 고르는 것이 쉽지 않지만, 그만큼 다양한 피부에 맞춰 내놓은 상품이기 때문에 관광객들 사이에서 인기가 폭발적이다. 가격도 비누 종류에 따라 다른데, 5천 원에서부터 1만 원 사이면 좋은 비누를 구입할 수 있다.

주소 Týn 3/1049 (Týnský dvůr-Ungelt), 110 00 Praha 1 **전화** 234 767 466 **위치** 화약탑과 구시가지 광장을 잇는 첼레트나 거리에서 화려하게 반짝이는 스와로브스키 건물과 틴 성당 뒤편 운겔트 광장을 지나면 오른쪽으로 틴 광장으로 들어가는 입구가 보인다. 입구에 들어서자마자 오른쪽으로 마주 보이는 곳이 보타니쿠스 매장이다. **시간** 10:00~19:00

마리오네트 인형

🛍 트루흘라르즈 마리오네티 TRUHLÁŘ MARIONETY

트루흘라르즈 마리오네티 매장은 팬데믹 기간이었던 2020년 9월에 27년간의 운영을 마치고 문을 닫았다. 하지만 공방은 계속 운영하고 있기 때문에 원하는 디자인의 마리오네트 인형이 있다면 주문 가능하며 공방에서 마리오네트 인형을 직접 만드는 체험도 가능하다. 매장은 추후에 다시 오픈할 예정이므로, 조만간 매장에서도 트루흘라르즈 마리오네트 인형을 만날 수 있을 것이다.

홈페이지 www.marionety.com

🌟 마트 추천 상품

과자

여행지에서 빼놓을 수 없는 즐거움 중 하나가 현지 마트(슈퍼마켓) 구경하기가 아닐까 싶다. 프라하의 마트에는 저렴한 가격으로 선물하기 좋은 상품이 많지만, 그중에서도 과자는 직장 동료, 학교 친구 등 많은 인원들에게 부담 없이 선물하고 싶을 때 추천하는 아이템이다.

◆ 보헤미아 바삭하게 구운 감자 스틱 BOHEMIA BRAMBOROVÉ TYČINKY

체코를 대표하는 브랜드 '보헤미아(Bohemia)'는 감자를 이용해 다양한 칩스와 스틱 등을 만들어 체코 국민 과자로 사랑받는 제품이다. 보헤미아에서 나오는 과자들 중에서도 부피를 많이 차지하지 않고 선물용으로 좋은 것이 '보헤미아 바삭하게 구운 감자 스틱'인데, 특히 오리지널 감자 맛, 치즈 맛, 소금 맛 등 3종류를 추천한다. 맥주가 유명한 나라답게 맥주 안주로 최고인 소금 맛이 가장 인기가 많지만 담백하게 먹을 수 있는 감자 맛과 치즈 맛은 우리 입맛에 잘 맞아 선물용으로 좋다. 본인이 먹는다면 190g을 추천하고 선물용으로는 85g을 추천한다.

◆ 콜로나다 COLONADA

카를로비 바리의 대표적인 간식인 와플 과자 '오플라트키(oplatky)'를 대중적인 제품으로 만든 것이 '콜로나다'이다. 다른 브랜드의 오플라트키도 있지만 콜로나다가 체코 과자의 상징이라고도 할 수 있으니 이왕이면 오플라트키 대표 브랜드인 콜로나다 오플라트키를 구입하도록 하자. 다양한 맛과 다양한 모양으로 판매되고 있으니 골라 담는 재미는 보너스!

◆ 두페트키 DUPETKY

'두페트키'는 사실 체코가 아닌 슬로바키아의 국민 간식이지만 체코 사람들에게도 꾸준히 사랑받는 크래커이다. 매우 얇은 황금빛 크래커에 약간의 짠맛과 담백함이 더해져 맥주와도 잘 어울리고 샐러드나 치즈와도 잘 어울려 와인 안주로도 인기가 좋다. 소금 & 검정깨, 양파 & 꿀, 겨자, 토마토 & 허브 등 4가지 맛의 제품이 판매된다.

🍶 베스나 VESNA & 카벤키 KÁVENKY

마트에 가 보면 유럽의 웨하스 브랜드가 이렇게나 많나 싶을 정도로 다양한 웨하스가 진열되어 있다. 그중에서도 선물용으로 추천할 만한 웨하스가 바로 70년 이상 슬로바키아에서 웨하스를 만들어 온 브랜드 '세디타(SEDITA)'에서 나오는 '베스나'와 '카벤키'로, 체코 마트에서도 쉽게 구입할 수 있다. 베스나는 꾸덕한 밀크 크림과 바닐라향이 묻어나는 찐한 웨하스인데, 밀크 바닐라 오리지널 맛과 레몬향이 상큼한 레몬 맛 웨하스가 있으며 두가지 맛 모두 인기가 많다. 커피를 베이스로 하여 오리지널, 라떼, 카푸치노, 아라비카 등 다양하게 커피맛을 즐길수 있는 웨하스 카벤키도 추천한다.

🌟 마트 추천 상품

발효 식초

역시 마트에서 구입하기 좋은 아이템이다. 우리나라 식초보다 산미가 강하지 않고 부드러워 샐러드, 소스 등에 넣기 좋다. 자극적이지 않은 식초의 맛을 선호하거나 요리에 관심이 많다면 강추한다.

🍶 브제네츠키 오체트 BZENECKÝ OCET

남모라비아의 전통적인 제조법으로 화학 첨가제 없이 순전히 자연 발효로 생산되고 있는 브제네츠키 식초는 100년 이상 체코 사람들에게 사랑받는 식초 브랜드이다. 기본 식초부터 다양한 종류의 식초가 판매되는데 화이트와인을 베이스로 한 화이트 와인 식초(OCOT KVASNÝ VÍNNY BIELY)와 사과주를 베이스로 한 사과 식초(OCOT KVASNÝ JABLČNÝ)가 마트에서도 쉽게 찾을 수 있는 식초이다. 무엇보다 가격도 저렴한데 500ml 패키지가 예뻐서 선물용으로도 좋다.

여행 정보

- 여행 준비
- 출국하기
- 체코 입국하기
- 집으로 돌아오는 길

여행 준비

여권 준비

2008년 8월 25일 이후 발급하는 전자 여권은 유효 기간이 10년인 여권이다. 유효 기간 안에는 자유롭게 해외 여행을 할 수 있다. 체코는 한국인이면 특별한 사유 없이 누구나 3개월 무비자로 입국이 가능하다. 해외여행을 계획한다면 현재 여권을 가지고 있더라도 여권의 유효 기간이 6개월 이상 남아 있는지 확인하고, 기간이 여유롭지 않다면 재발급받도록 하자.

발급받기
본인이 신청할 경우에는 주민등록증(또는 운전면허증)과 여권 발급 신청서(구청 등 여권 발급처 비치), 여권용 사진 1매, 여권 발급 수수료(58면 10년 이내 53,000원, 26면 10년 이내 50,000원)가 필요하다. 병역 의무 해당자는 병역 관계 서류도 함께 구비해야 한다. 예외적인 경우를 제외하고는 여권을 발급받으려면 본인이 직접 방문해야 한다.

발급처
외교부 여권 안내 홈페이지(www.passport.go.kr)에서 여권 발급 서류 다운로드와 국내의 여권 사무 대행 기관의 연락처를 확인해 볼 수 있다. 여권 발급은 보통 4~10일 정도 걸리므로 여행 일정이 정해지면 미리 여권 발급을 신청하자. 성수기에는 여권 발급 신청자가 많으니 시간이 더 오래 걸릴 수도 있다.

> **Tip 비자 발급**
> 관광 목적으로 방문할 경우 입국 비자를 발급받지 않고 90일간 체류할 수 있다. 하지만 학업이나 비즈니스를 목적으로 하는 경우에는 반드시 입국 비자를 받아야만 한다.

항공권 준비

할인 항공권은 보통 국제적으로 정해진 항공 요금 기준보다 20~50% 정도 저렴하다. 학생 할인, 어린이 요금, 여행사를 통해서 싸게 구입한 경우, 인터넷으로 싸게 구입한 경우 등 아주 많은 이유로 할인을 받을 수 있다. 하지만 할인 항공권을 이용할 경우 불편한 점도 많다. 유효 기간이 너무 짧은 경우, 날짜 변경을 할 수 없는 경우, 호텔을 함께 예약해야 하는 경우, 경유해서 도착하는 시간이 너무 오전이거나 너무 늦은 시간인 경우 등이 있다. 그래서 할인 항공권은 꼼꼼히 따져 보고, 여러 여행사와 사이트를 비교해서 구입하는 것이 좋다.

E-TICKET (전자 티켓)

항공권을 구입하면 예약 확인 메일을 받게 되는데, 예약 확인서를 출력하거나 스마트 기기에 저장하거나 캡처하면 된다. 또는 모바일로 항공사 애플리케이션을 깔면 편리하게 예약을 확인할 수 있다. 요즘은 공항에 항공사마다 셀프 체크인 기기가 마련되어 있기 때문에 예약 번호와 여권만 있으면 혼자서 항공권을 발급받을 수 있다.

여행자 보험

체코 여행 시 여행자 보험은 필수로 가입해야 한다. 보험 확인증 또는 증서는 꼭 영문으로 발급받도록 하고 외출 시 항상 가지고 다녀야 한다. 보험의 종류에 따라서 사고 시 보장 정도가 다르므로, 보험에 가입할 때 여행 기간이나 보장 조건 등을 고려해서 가입한다.

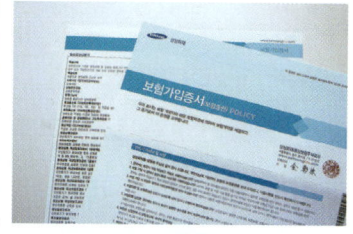

만일 현지에서 사고가 생겨 보험금을 청구해야 한다면 필요한 서류는 꼭 원본으로 잘 챙겨 와야 한다. 도난 사고일 경우에는 현지 경찰서에서 Police Report를 발급받아야 하고, 병원에 갔을 경우에는 진단서 원본과 치료비 영수증 등을 반드시 잘 챙겨야 한다.
여행자 보험은 각종 보험사와 보험사 홈페이지, 여행사, 공항 등에서 가입이 가능하다.

국제 학생증

유럽 여행 시 챙겨 가면 좋은 국제 학생증

우리나라에서 발급받을 수 있는 국제 학생증에는 ISEC(International Student & Youth Exchange Card)와 ISIC(International Student Identity Card) 두 가지가 있다. 두 가지의 혜택과 발급 기준은 약간씩 차이가 있다. 신청 시에는 재학 증명서 또는 학생증 원본, 반명함판 또는 여권용 사진 1장, 발급비가 필요하다. 발급은 각종 여행사를 통해도 되고, 공식 홈페이지를 통해서 해도 된다. 보통 유효 기간은 9월 이전에 신청하면 그해 12월까지만 사용 가능하지만, 9월에 신청한 경우에는 다음 해 12월까지 사용할 수 있다.

ISIC www.isic.co.kr
ISEC www.isecard.kr

국제 운전 면허증

자동차나 오토바이를 렌트할 계획이라면 국제 운전 면허증도 준비한다. 신청할 때는 운전면허증과 사진 1장, 여권, 수수료를 지참하고 운전 면허 시험장으로 가면 30분 이내로 발급이 가능하다. 유효 기간은 발행일로부터 1년이다. 현지에서 운전을 할 때도 한국의 면허증이 필요하니, 한국 면허증도 함께 챙겨 간다. 현재 영문 면허증이 발급되지만 체코는 아직 영문 면허증 사용 가능 국가가 아니므로 국제 운전 면허증으로 발급받아야 한다.

환전과 여행 경비

체코는 EU 국가이면서도 화폐는 유로가 아닌 코루나(kč)를 사용한다. 프라하 시내는 한 집 건너 한 집이 환전소일 정도로 환전소를 쉽게 찾을 수 있지만, 관광객을 상대로 하는 환전소는 수수료가 높기 때문에 초보 여행자에게는 좋은 환전소를 찾는 것이 제일 어려운 문제이다. 일단 공항에 도착하면 프라하 시내로 들어갈 정도만 환전을 하자. 버스와 지하철로 이동할 때는 5유로, 택시 이동 시에는 40유로 정도만 환전하고 프라하 시내에 들어와 환전소를 이용한다. 환전소를 찾기 번거롭다면 ATM기를 이용해도 좋다.

환전소 추천

프라하 시내에는 셀 수 없을 정도로 많은 환전소가 있지만, 그 많은 환전소 중 유독 몇 군데 환전소들은 항상 줄이 길다. 이곳 환전소들은 현지에 살고 있는 외국인들과 한국 민박집에서도 추천해 주는 곳으로, 수수료도 없고 환율도 잘 쳐 준다.

프라하 익스체인지 Praha Exchange
프라하 중앙 우체국과 바츨라프 광장 사이에 자리한 환전소로, 붉은색 간판이 눈에 확 띄어 찾기 쉽다. 오전 9시에 오픈해서 문을 닫는 오후 9시까지 항상 줄 서서 환전해야 할 만큼 프라하에서 가장 유명한 환전소이기도 하다.
주소 Jindřišská 12, 110 00 Nové Město

망고 체인지 Mango Change
프라하 익스체인지와 나란히 자리한 망고 체인지 역시 유명하다. 프라하 익스체인지가 망고보다 1코룬에 약 10원 정도 더 주는데, 줄 서는 시간을 생각하면 망고에서 환전하는 것도 나쁘지 않다.
주소 Jindřišská 908/12, 110 00 Nové Město

알파 프라그 체인지 Alfa Prague Change
신시가지 쇼핑몰 팔라디움 건물 내에 자리한 환전소로 프라하 익스체인지와 망고 체인지보다는 수수료가 있지만, 그래도 다른 환전소보다 훨씬 좋은 가격을 제시해 알파 프라그 환전소도 관광객들에게 인기가 많다.
주소 Náměstí Republiky 1078/1, 110 00 Nové Město

프라하 익스체인지 / 망고 체인지 / 알파 프라그 체인지

> **Tip 환전 사기 조심하자!**
>
> 프라하에 많고 많은 환전소가 있지만 대부분 환전소 앞에 수수료 0%라는 문구를 크게 걸어 놓고 영업 중이다. 하지만 대부분 거액을 환전할 때 수수료가 없기 때문에 소액 환전이 필요한 관광객들은 비싼 수수료를 지불해야 한다. 그리고 환전소를 기웃거리다 보면 누군가 다가와 환전이 필요한지 물어보고 자신이 수수료 없이 환전해 주겠다며 말을 걸어오는데, 이 사람들은 대부분 체코 화폐가 아닌 헝가리 화폐나 구 화폐 등으로 환전을 해주기 때문에 여기에 절대 넘어가서는 안 된다. 되도록이면 숙소에서 추천해 주는 환전소나 책에서 소개한 환전소를 이용하거나 ATM기를 이용하는 것이 바람직하다.

ATM

현금을 들고 다니기 부담스럽고 프라하에서 환전하기가 번거로운 사람은 ATM기를 이용하는 것이 좋다. 출국 전 카드가 해외 사용이 가능한지 확인하고, ATM기에 표시되어 있는 Visa, Master, JCB, Unionpay, AmericanExpress 등을 확인해 가지고 있는 카드 회사가 적용되는 곳에서 인출하면 된다. 체코뿐만 아니라 유럽의 ATM기는 대부분 건물 벽에 붙어 있어서 비밀번호를 누를 때 항상 손으로 가리고 주변을 신경 쓰며 인출하는 것이 좋다.

심 카드 구입하기

한국의 3대 통신사(SKT, KT, LG U+)는 모두 해외에서 스마트폰으로 데이터를 무제한으로 사용할 수 있는 해외 데이터 로밍 무제한 요금제를 제공한다. 보통 1일(24시간)에 10,000원 내외의 요금으로 데이터를 사용할 수 있는데, 여행 기간이 길어지면 요금에 부담을 느낄 수 있다. 게다가 국내 통신사에서 제공하는 데이터 요금제는 하루 일정한 양의 데이터를 사용할 경우에 속도 제한이 걸리는 등의 제한 사항이 있다. 해외에서 스마트폰 데이터를 편하게 이용할 수 있는 가장 좋은 방법은 현지 통신사의 유심(해외에서는 '심 카드'라고 부르는 경우가 많음)을 구입하는 것이다. 저렴한 요금에 상당한 양의 데이터를 제공하고, 데이터를 다 쓸 때까지 속도 제한을 걱정하지 않아도 되기 때문이다. 해외에서 심 카드를 구입해 사용하기 위해서는 먼저 자신의 스마트폰에 국가 및 통신사 제한(컨트리락 및 캐리어락)이 걸려 있지 않은지 확인해야 한다. 출국 전에 통신사 서비스 센터를 방문하거나 고객 센터에 전화를 하면 바로 확인이 가능하며, 캐리어락이 걸려 있지 않다면 해외에서 구입한 유심을 바로 사용할 수 있다.
현재는 유럽 전 지역에서 사용 가능한 유심을 현지보다 국내에서 더 저렴하게 판매하고 있다. 체코 여행 시에도 유럽 전 지역에서 사용 가능한 유심이 경제적이며, 프라하에서 구입하는 것보다 국내에서 유럽 유심을 검색 후 미리 준비하는 것을 추천한다.

※ 프라하에서 유심을 구입할 수 있는 통신사는 Vodafone / O2 / T Mobile 등이 있으며, 프라하 시내 곳곳에 있기 때문에 쉽게 구입이 가능하다. 그리고 유심을 구입할 때에는 여권을 소지해야 한다.

프라하 공항에서 유심 구입하기

바츨라프 하벨 국제공항의 제1 터미널에서 제2 터미널로 이어지는 통로의 버거킹 옆 매장에서 유심을 판매하며, 제2 터미널 1층의 보다폰(Vodafone) 매장에서도 구입 가능하다. 하지만 가격이 비싸기 때문에 추천하지는 않는다.

심 카드 장착 시 주의 사항

심 카드를 장착하기 위해서는 간혹 작은 핀이 필요한 경우도 있기 때문에 매장에서 바로 장착을 요청하는 것이 좋다(직원에게 장착을 요청할 경우 휴대폰의 언어 설정을 반드시 영어로 바꿔 주도록 하자). 심 카드를 장착하면 휴대폰의 전원을 켤 때마다 심 카드의 PIN 번호를 물어보니, 심 카드 포장 바깥에 있는 PIN 번호를 잃어버리지 않아야 한다(번호를 모르면 심 카드를 사용할 수 없음). 한국 통신사에서 사용하던 기존 심 카드는 크기가 작아서 잃어버리기 쉽기 때문에 주의해서 보관해야 한다. 또한 해외 현지 통신사의 심 카드를 사용하게 되면, 원래 자신이 사용하던 휴대폰 번호로 전화를 받을 수 없게 된다는 점도 감안하자. 그러나 카카오톡과 같은 메신저 서비스는 별다른 설정 없이 바로 이용할 수 있으니, 보이스톡 같은 VoIP 서비스도 사용이 가능하다.

프라하 비지터 패스(Prague Vistor Pass)

프라하 여행 시 역사적 기념물, 박물관, 갤러리를 방문하거나, 도시 가이드 투어를 이용하거나 블타바강 유람선을 탑승할 때 무료 혹은 유리한 할인 혜택을 받을 수 있는 패스이며, 프라하의 대중교통(공항버스 포함)을 마음껏 이용할 수 있다. 패스는 두 가지 버전으로, 실물 카드와 앱 중에서 선택해서 사용할 수 있다. 활성화되는 시점부터 48시간, 72시간, 120시간 동안 유효하다.

요금 48시간 성인 2,100Kč, 학생 1,600Kč / 72시간 성인 2,800Kč, 학생 2,100Kč / 120시간 성인 3,600Kč, 학생 2,700Kč
홈페이지 www.praguevisitorpass.eu

유용한 전화 및 홈페이지

주체코 한국 대사관

주소 Pelléova 15, 160 00 Praha 6 전화 234 090 411
위치 Metro A선 흐라드찬스카(Hradčanská)역 또는 Tram 1, 8, 12, 25, 26번을 타고 흐라드찬스카 역 하차. 흐라드찬스카 역에서 도보 6분.
시간 08:00~12:30, 13:00~17:00 휴무 매주 토, 일요일 홈페이지 overseas.mofa.go.kr/cz-ko/index.do

주한 체코 대사관

주소 종로구 종로1길 50 더케이트윈타워 B동 7층 전화 02 725 6765~6
시간 09:00~12:00, 13:00~17:00 휴무 매주 토, 일요일 홈페이지 www.mzv.cz/seoul

체코 관광청 한국 사무소(주한 체코 문화원)

체코 여행에 필요한 정보를 브로슈어와 블로그, SNS를 통해 손쉽게 받아 볼 수 있다. 택배를 통해 관련 자료를 얻을 수 있고, 블로그를 통해서 정보를 다운로드받을 수도 있다. 체코 여행을 준비한다면 체코 관광청을 잘 이용해 보는 것도 도움이 될 것이다.

주소 서울 종로구 경희궁1길 17 전화 02-6272-0002
체코 관광청 공식 블로그 blog.naver.com/cztseoul
페이스북 www.facebook.com/czechia.kr
공식 인스타그램 www.instagram.com/visitczechia_kr

기타 여행 정보 홈페이지

한인 홈페이지 (나눔터) www.nanumto.net
체코 관광청 www.czechtourism.com
체코 관광지 여행 정보 www.praguecitytourism.cz
현지 여행사 (체독) www.cedok.com
체코 검색 사이트 www.seznam.cz

여행 준비물 체크 리스트

필수

- 여권, 여권 사본, 여권 사진 2매 ○
- 항공권(E-Ticket) ○
- 현금 ○
- 현지 통화(환전), 원화 ○
- 신용 카드(해외 가능용) ○
- 유레일 패스 ○
- 국제 학생증 ○
- 국제 전화 카드 ○
- 여행자 보험 ○

의류

- 속옷 ○
- 긴팔, 긴바지 ○
- 반팔, 반바지 ○
- 잠옷 ○
- 원피스 ○
- 모자 ○
- 신발(구두, 운동화 등) ○
- 안경, 선글라스 ○

화장품 · 의약품 · 세면도구

- 화장품 ○
- 선크림 ○
- 티슈, 물티슈 ○
- 여성용품 ○
- 비상약품 ○
- 세면도구 ○
- 수건, 샤워 타올, 손수건 ○
- 면도기 ○

전자용품 외 기타

- 휴대폰 / 충전기 ○
- 보조 배터리 ○
- 카메라 / 삼각대 ○
- 메모리 카드 / USB ○
- 멀티 어댑터 ○
- 이어폰 ○
- 셀카봉 ○
- 음식(밥, 라면 등) ○
- 차, 믹스 커피 ○
- 우산 (or 우비) ○
- 드라이 + 빗 ○
- 거울 ○
- 비닐봉지, 지퍼 백 ○
- 주머니 ○
- 자물쇠. 체인 ○
- 맥가이버 칼 ○

Tip 현지에서 구입하기 어려운 물건
건전지, 필름, 메모리 카드 등은 현지에서 구입할 수는 있지만, 가격이 비싸기 때문에 미리 준비해 가는 것이 좋다. 현지에서 고생하지 않으려면 간단한 상비약 정도는 한국에서 챙겨 가는 것이 좋다.

준비하면 편한 것
드라이기는 호텔을 이용하는 분들은 대여가 가능하거나 객실에 비치되어 있는 경우도 있지만, 호스텔이나 민박을 이용하는 여행자들에게는 꼭 필요한 물품이다.

여행지에서 엽서 쓰기
엽서를 쓰기 위해서 엽서를 보내줄 친구들과 지인들의 주소를 챙겨 가는 것도 잊지 말자.

출국하기

서울에서 체코 공화국의 수도 프라하까지의 거리는 8,244km로, 약 11시간 정도 비행기를 타고 가야 도착할 수 있다. 공항에서의 출국 수속은 상황에 따라 상당히 오래 걸릴 수 있으므로 최소한 2~3시간 전에는 공항에 도착해야 한다. 보통 국제선 항공기의 경우 출발 3시간 전부터 탑승 수속 및 탑승권 발매가 이루어지므로 빨리 도착해서 수속을 마치는 것을 권한다.

인천 국제공항으로 가는 방법

인천 국제공항으로 가기 위해서는 버스, 공항철도(AREX) 등을 이용해야 한다. 서울, 경기 지역뿐만 아니라 지방에서도 인천 국제공항을 이용하기 위해 가장 편리하게 이용할 수 있는 교통수단은 공항버스이다. 버스는 운영 주체에 따라서 노선이 다를 수 있으므로, 주변에서 이용 가능한 공항버스 번호와 노선을 확인하고 이용하는 것이 좋다.

공항 철도 AREX

서울역에서 출발해 인천 국제공항 터미널까지 운행되는 열차로, 직통 및 일반 열차로 나뉜다. 직통은 서울 역에서 인천 국제공항까지 무정차로 운영되며, 소요 시간은 제1 터미널까지 43분, 제2 터미널까지 51분이고, 요금은 성인 9,500원, 어린이 7,500원이다. 일반 열차는 총 7개 지하철역에서 탑승이 가능하며, 서울 역 출발 기준으로 인천 국제공항 제1 터미널 역까지는 58분, 제2 터미널 역까지는 66분이 소요된다. 요금은 탑승 역에 따라서 달라지므로 공항 철도 홈페이지(www.arex.or.kr)를 참조하도록 하자.

도심 공항 터미널

출국을 위한 수속을 꼭 공항에서만 해야 하는 것은 아니다. 편리하게 탑승 수속 및 출국 심사를 받을 수 있는 도심 공항 터미널은 원래 서울역, 강남구 삼성동, KTX 광명역에 개설되었으나, 코로나 시기를 거치면서 현재는 서울역 도심 공항 터미널만 정상 운영되고 있다. 항공사나 노선에 따라 터미널에서 출국 수속이 불가능한 경우도 있으므로 사전에 확인 후 이용하는 것이 좋다.

출국 수속

인천 국제공항에 도착하면 바로 출국 수속을 밟아야 한다. 항공사 카운터를 통해 탑승권을 발권하고, 부쳐야 할 짐을 맡긴 후 출국 게이트에서 출국 절차를 마쳐야 여행을 할 수 있다.

탑승 수속(Check - In)

예전에는 공항의 항공사 카운터에서만 할 수 있던 탑승 수속 방법이 다양해졌다. 첫째, 온라인 체크인을 이용한다면 사전에(출발 48시간 전~1시간 전) 온라인에서 탑승권 발급과 좌석 배정을 할 수 있다. 따라서 좋은 자리를 배정받고 싶다면 미리 온라인 체크인을 하는 게 좋다. 둘째, 키오스크 체크인을 이용한다면 항공사 카운터에 줄을 설 필요 없이 공항 탑승동의 무인탑승수속기(키오스크)로 수속을 마칠 수 있다. 셋째, 두 방법이 익숙하지 않다면 예전처럼 공항의 항공사 카운터에서 체크인하면 된다. 공항에 도착하면 전광판에서 해당 항공사의 카운터를 확인한 후 항공사 카운터를 찾아가 직원의 안내를 받아 탑승 수속을 하면 된다.

온라인 또는 키오스크로 체크인하는데 부칠 짐이 있다면 셀프 백드롭(자동 수하물 위탁 기기) 또는 수하물 전용 카운터에서 짐을 보낼 수 있다. 특히 짐을 부치기 전에 기내에 반입이 불가능해서 수하물로 부쳐야 하는 물품이 있는지, 반대로 수하물로 부치면 안 되고 직접 들고 타야 하는 물품이 있는지 꼭 확인하도록 한다.

수하물

대한 항공의 경우 일반석(이코노미 클래스) 승객은 최대 23kg의 짐 1개를 수하물로 부칠 수 있고, 프레스티지석(비즈니스 클래스)은 32kg 수하물 2개, 퍼스트 클래스는 32kg 수하물 3개까지 무료로 부치는 것이 가능하다. 무게나 양을 초과하는 경우 별도의 요금을 지불해야 하므로 주의하자. 기내로 반입 가능한 휴대 수하물은 무게가 12kg을 초과해서는 안 되며, 가방의 경우 각 변이 40cm, 22cm, 55cm를 초과해서는 안 되고, 세 변의 합이 115cm를 초과해서도 안 된다. 보통 기내에 반입 가능한 규격의 캐리어나 가방이 별도로 판매되고 있으므로, 기내에 반입해야 하는 짐은 백팩이나 캐리어 등에 담아 휴대하고 타도록 하자.

기내 반입 금지 품목
- 페인트, 라이터용 연료와 같은 발화성·인화성 물질
- 산소 캔, 부탄가스 캔 등 고압가스 용기
- 총기, 폭죽 등 무기 및 폭발물류
- 리튬 배터리 장착 전동 휠(외발 전동 휠, 두발 전동 휠, 전동 보드, 전동 킥보드 등과 같은 전동 휠은 장착된 리튬 배터리의 화재 위험성으로 위탁 또는 휴대 수하물로의 운송이 허용되지 않음.)
- 기타 탑승객 및 항공기에 위험을 줄 가능성이 있는 품목

수하물 탁송 제한 품목

탁송이 불가한 품목은 직접 휴대해야 하는데, 충전용 리튬 배터리를 탑재한 전자기기의 경우 폭발 및 화재의 위험성으로 인해 배터리의 용량이 최대 160Wh로 제한된다는 점을 명심해야 한다. 휴대폰 보조 배터리, 디지털카메라 및 노트북에 장착되는 배터리 등도 모두 탁송이 불가능하므로 기내에 휴대하고 탑승해야 하는데, 특히 드론 등에 사용되는 배터리는 고용량으로 최대 2개가량만 휴대가 가능하다는 점을 알아 두는 것이 좋다.

그 밖의 탁송 제한 물품
- 파손 또는 손상되기 쉬운 물품
- 전자 제품(노트북, 카메라, 휴대폰 등) 및 서류, 의약품
- 화폐, 보석, 주요한 견본 등 귀중품
- 고가품(1인당 USD 2,500을 초과하는 물품)

환전

보통 해외여행을 하는 경우 현지에서 사용하기 위한 현금을 환전하게 된다. 그러나 체코에서 사용하는 코루나의 경우, 한국의 은행이나 인천 국제공항의 환전소에서도 가끔 가지고 있는 경우는 있으나 매번 환전할 수 있는 것은 아니므로 보통 체코 현지에서 환전해야 한다. 보통 한국에서 유로로 환전한 뒤, 체코 현지에서 유로를 다시 코루나로 환전해 사용하게 되는데, 이렇게 하면 이중으로 환전 수수료를 물게 되는 단점이 있다.

면세 구역 이용

출국 수속을 마치고 출국 심사대를 통과하면 인천 국제공항의 면세 구역에 도착하게 된다. 만약 사전에 시내 혹은 인터넷 면세점 등을 통해 물품을 구입한 경우 면세품 인도장에 가서 구입한 물품을 받아야 한다. 최근에 급증한 중국 관광객 등의 영향으로 면세품 인도장이 매우 혼잡하고, 대기 시간이 굉장히 길다는 점을 감안해 미리 도착하는 것이 좋다.

인천 국제공항의 면세점은 세계적인 규모를 자랑한다. 제대로 돌아보려면 많은 시간이 걸리기 때문에 여유 시간을 넉넉히 두고 도착하도록 하자. 쇼핑도 중요하지만 가장 중요한 것은 비행기 출발 시각이므로 시간을 체크하면서 쇼핑을 즐겨야 한다.

해외로 가는 대한민국 국적의 여행객이 면세점에서 구입할 수 있는 액수에는 제한이 없으며, 해외에서 구입한 면세품을 반입할 수 있는 한도는 최대 800달러이다. 입국할 때 휴대하고 있는 면세품의 금액이 800달러를 넘는다면 세관에 자진 신고를 해야 한다. 세관 신고서는 입국하는 비행기 안에서 작성이 가능하며 도착해서 입국 심사를 마치고 세관 신고대를 통과하기 전에 작성할 수도 있다. 자진 신고를 하게 되면 한도액인 800달러를 넘는 금액에 대해서 세금이 부과되는데, 자진 신고를 하지 않는 경우 기본적으로 부과되는 세금 이외에 별도로 40%, 반복해서 적발될 경우 60%의 가산세가 부과된다.

입국 면세 한도와 별도로 주류는 2L, 400달러 이하의 제품을 2병만 국내 반입이 가능하며, 담배는 200개비(1보루), 향수는 60ml 이하의 제품만 반입할 수 있다.

체코 입국하기

입국 심사

바츨라프 하벨 국제공항에 도착해서 지정된 게이트로 나가면 먼저 입국 심사를 받게 된다. 유럽의 공항 입국 심사대는 보통 EU 거주자를 위한 심사대와 EU 거주자가 아닌 사람을 위한 심사대로 나뉘어 있으므로 확인하고 줄을 서야 한다. 하지만 2019년부터 유럽에서 최초로 한국 여권 소지자는 자동 출입국 심사를 통해서 바로 입국이 가능하다. 대부분 대한항공을 통해 프라하로 들어오는 한국 여권 소지자들이 한 번에 몰리기 때문에 일반 심사대에 사람이 많지 않다면 일반 심사대를 이용하는 게 조금 더 빠르게 프라하로 입국할 수 있다.

심사대에서 여권을 보여 주면 경찰이 여권과 얼굴을 확인하고, 여권에 입국 확인 도장을 찍어 준다. 대부분 별다른 질문 없이 도장을 찍어 주지만, 간혹 경찰이 방문한 목적이나 숙소 등을 물어볼 수 있으므로 미리 대비를 해 놓도록 하자. 방문한 목적을 물어보면 Travel, Sightseeing 등으로 답변하면 된다. 만약 숙소 등을 물어보면 예약한 사이트를 통해 미리 출력한 바우처를 보여 주는 것이 가장 좋은 방법이다.

입국 심사대를 무사히 통과하면 수하물로 부쳤던 짐을 찾으러 간다. Baggage Claim이라고 쓰여 있는 표지판을 따라가면 되는데, 도착한 비행기에 따라서 짐을 찾는 장소가 다르므로 정확하게 지정된 곳을 찾아가야 한다. 보통 같은 비행기에 탑승했던 사람들이 같이 움직이는 경우가 많기 때문에 찾는 것이 어렵지는 않을 것이다.

수하물을 찾으면 입국 절차는 완료된 셈이다. 표지판을 따라 입국 게이트를 나서면 비로소 체코 프라하에 발을 디디게 되는 것이다.

프라하 바츨라프 하벨 국제공항

체코 프라하에 위치한 바츨라프 하벨 국제공항은 체코 공화국의 관문이며, 중부 유럽에서 다른 유럽 지역의 도시를 잇는 허브의 역할도 충실하게 수행하고 있다. 1937년부터 운영을 시작했는데, 2012년 체코의 초대 대통령인 바츨라프 하벨을 기리기 위해 공항 이름을 변경했다.

프라하로 가는 한국 여행객의 숫자가 대폭 늘어나고, 프라하에서 중부 및 동유럽 다른 도시로 여행하기 위해 환승하는 수요도 증가하면서 바츨라프 하벨 국제공항에서 한국 사람들을 쉽게 목격할 수 있게 되었다.

집으로 돌아오는 길

항공편 체크인

원활한 출국을 위해서 공항에는 최소한 3시간 전에 도착해야 한다. 공항에 도착하면 먼저 예약한 항공편의 카운터를 찾아 체크인을 하고 수하물을 부친다. 카운터의 직원에게 여권을 보여 주면 확인 후 탑승권을 발행해 준다. 탑승권과 여권은 출국할 때 제일 중요한 서류이므로 분실하지 않도록 신경 써야 한다.

> **Tip** 바츨라프 국제공항 제1 터미널과 제2 터미널 사이에 마트 빌라가 있다. 혹시라도 시간이 없어 미처 쇼핑을 하지 못했다면 공항 내 이곳을 이용하도록 하자.

세금 환급 (Tax Refund)

해외에서 구입한 물건의 금액에는 한국과 마찬가지로 부가가치세 혹은 소비세가 포함되어 있다. 부가가치세나 소비세는 내국인에게 적용되는 것이므로, 외국인은 세금을 면제받게 되는데, 이것이 바로 '면세'이다. 해외에서 쇼핑을 할 때 구입하는 매장이 면세(Tax Refund)를 지원한다면 구입하면서 직원에게 이야기를 하도록 하자. 단, Tax Refund는 일정한 금액 이상의 물품을 구입할 때만 지원된다.

국가마다 조금씩 제도가 다른데, 체코는 구입할 때 바로 그 자리에서 Tax Refund를 해 주는 것이 아니라 공항의 창구를 통해 세금을 돌려받는 방식을 취하고 있다. 일단 물건을 구입할 때 여권을 제시하고 영수증과 Tax Refund 관련 서류를 챙긴 다음, 공항의 Tax Refund 창구에 해당 서류와 영수증을 제출하면 세금을 돌려받게 되는 것이다.

Tax Refund가 가능한 물품을 구입할 때는 여권과 신용 카드의 명의가 동일해야 하고, 영어로 쓰여진 이름의 철자도 동일해야 한다. 그리고 Tax Refund를 받게 되면 해당 자료가 국내의 세관에도 통보되기 때문에 국내 반입 한도를 넘어서는 물건을 구입하고 Tax Refund를 받았다면 한국에 입국할 때 세관에 자진 신고를 해야 한다.

공항에서 Tax Refund를 받는 여행객들이 많을 뿐만 아니라 시간도 오래 걸리기 때문에 Tax Refund를 받을 생각이라면 더욱 일찍 공항에 도착하는 것이 좋다.

체코어

여행 회화

인사하기

안녕하세요?	Dovrý den 도브리 덴
안녕?	Ahij 아호이
고맙습니다.	Děkuju 데쿠유
안녕히 계세요.	Na Shledanou 나 스흘레다노우
죄송합니다.	Porminte 프로민테
예.	Ano 아노
아니오.	Ne 네

장소

역	Nádraží 나드라지	성	Hrad 흐라드
우체국	Pošta 포슈타	요새	Zámek 자메크
은행	Banka 반카	정원	Zahrada 자흐라다
경찰서	Policie 폴리치에	레스토랑	Restaurace 레스타우라체
극장	Divadlo 디바들로	맥주집	Pivnice 피브니체
박물관	Muzeum 무제움	카페	Kavárna 카바르나
미술관	Galerie 갈레리에	기념품 가게	Suvenýry 수베니

교통편

지하철	Metro 메트로	버스	Autobus 아우토부스
트램	Tramvaj 트람바이	기차	Vlak 블라크

여행하기

입구	Vchod 프호트	개점(Open)	Otevřeno 오테브르제노
출구	Východ 비호트	폐점(Closed)	Zavřeno 자브르제노

요일

월요일	Pondělí (Po) 폰델리	금요일	Pátek (Pá) 파텍
화요일	Úterý (Út) 우테리	토요일	Sobota (So) 소보타
수요일	Středa (St) 스트르제다	일요일	Neděle (Ne) 네델레
목요일	Čtvrtek (Čt) 츠트브르텍		

월

1월	Leden 레덴	7월	Červenec 체르베네츠
2월	Únor 우노르	8월	Srpen 스르펜
3월	Březen 브르제젠	9월	Září 자르지
4월	Duben 두벤	10월	Říjen 르지엔
5월	Květen 크베텐	11월	Listopad 리스토파드
6월	Červen 체르벤	12월	Prosinec 프로시네츠

숫자

0	nula 눌라	30	třicet 트르지체트
1	Jeden 예덴	40	čtyřicet 츠티르지체트
2	dva 드바	50	padesát 파데사트
3	tři 트리	60	šedesát 세데사트
4	čtyři 츠티르지	70	šdmdesát 세듬데사트
5	pět 페트	80	osmdesát 오슴데사트
6	šest 세스트	90	devadesát 데바데사트
7	sedm 세듬	100	sto 스토
8	osm 오슴	101	sto jedna 스토 예드나
9	devět 데베트	111	sto jedenáct 스토 예데나츠트
10	deset 데세트	1,000	tisíc 티시츠
11	jedenáct 예데나츠트		
12	dvanáct 드바나츠트		
13	třináct 트르지나츠트		
14	čtrnáct 츠트르나츠트		
15	patnáct 파트나츠트		
16	šestnáct 세스트나츠트		
17	sedmnáct 세듬나츠트		
18	osmnáct 오슴나츠트		
19	devatenáct 데바테나츠트		
20	dvacet 드바체트		
21	davcet jedna 드바체트 예드나 jedenadvacet 예덴아드바체트		

여행 회화
영어

인사

처음 뵙겠습니다.	How are you?
처음 뵙겠습니다.(대답)	Pretty good. / Fine, thanks.
만나서 반갑습니다.	Nice to meet you.
저는 ~라고 합니다.	My name is ~.
이 분이 ~ 씨입니다.	This is ~.

공항

무엇을 도와 드릴까요?	May I help you?
탑승 개시는 언제입니까?	When is boarding time?
이름을 알려 주시겠어요?	Just your name, please?
여권 번호를 알려 주시겠어요?	Passport number, please?
좌석은 창쪽으로 드릴까요, 복도쪽으로 드릴까요?	Window or aisle?
창쪽으로 주세요.	Window, please.
비행기 표를 보여 주세요.	Your ticket, please?
여기 있습니다.	Here you are. / Here it is.
짐은 두 개입니다.	I have two pieces of baggage.
이 예약을 취소해 주십시오.	Cancel this reservation, please?

입국 수속 시

여권을 보여 주십시오.	Passport, please.
방문 목적이 무엇입니까?	What's the purpose of your visit?
관광차 왔습니다.	For sightseeing. / For tour.
사업차 왔습니다.	On business.
체코 어디에서 머물 예정입니까?	Where will you stay in Czech?
○○○호텔에서요.	At the ○○○ Hotel.
얼마나 계실 겁니까?	How long will you stay here?
한 달간 있을 예정입니다.	I'll stay here for a month.
2주간 있을 겁니다.	Two weeks.
세관 신고할 것이 있습니까?	Do you have anything to declare?
없습니다.	No, I don't. / Nothing.
좋은 여행 하십시오.	Have a good time.
행운을 빕니다.	Have a good luck.

환전

환전소는 어디입니까?	Where can I change money?
달러로 바꿔 주세요.	Change dollars, please.
달러를 유로로 바꾸고 싶습니다.	I'd like to change dollar into Euro.
환율은 어떻게 되나요?	What's the exchange rate?
1달러에 0.63유로입니다.	One dollar is 0.63Euro.

교통수단

택시를 불러 주세요.	Taxi, please.
택시 정류장은 어디입니까?	Where is the taxi stand?
기차역까지 가 주세요.	To the train station, please.
이 주소로 가 주세요.	To this address, please.
여기서 세워 주세요.	Stop here, please.
국제공항까지 요금이 얼마입니까?	How much is it to the international airport?
○○로 가는 버스가 맞나요?	Is this bus for ○○?
버스는 어디에서 타나요?	Where can I get on a bus?
요금은 얼마입니까?	What's the fare?
이 기차는 ~ 역에서 정차하나요?	Does this train stop at ~?
어디서 갈아타나요?	Where do I change?
~까지는 얼마나 걸립니까?	How long dose it take to go to ~?
이 표를 취소할 수 있나요?	Can I cancel this ticket?
침대 열차가 있습니까?	Is there a sleeping train?
다음 역에서 내릴 겁니다.	I'm getting off at the next stop.
택시는 어디에서 타나요?	Where can I get a taxi?
어디로 가십니까?	Where are you going?
~로 갑시다.	To the ~, please.
여기서 세워 주세요.	Let me off here, please.
얼마입니까?	How much is it?
여기 있습니다.	Here it is.

호텔

오늘밤 묵을 방이 있나요?	Have you a room for tonight? Do you have a room for tonight?
방 값은 얼마인가요?	What's the rate for the room?
방 좀 미리 볼 수 있나요?	Can I see it, please?
더블 룸으로 하고 싶어요.	I'd like double room. Double room, please.
욕실이 딸린 방으로 하고 싶어요.	I'd like a room with bath.
좀 더 싼 방은 없습니까?	Have you nothing cheaper?
지금 체크인을 할 수 있나요?	Can I check in now?
아침 식사가 포함되어 있는 요금입니까?	Does it include breakfast?
체크아웃 시간은 몇 시입니까?	When is check out time?
귀중품을 맡아 주시겠어요?	Can I check my valuables with you?
맡긴 짐을 찾고 싶은데요?	May I have my baggage back?
세탁 서비스가 있습니까?	Do you have laundry service?
세탁을 부탁합니다.	I have some laundry. Laundry, please.
언제까지 될까요?	When will it be ready?
모닝콜 서비스를 받을 수 있나요?	Can I get a morning call service?
지금 체크아웃을 하고 싶습니다.	Check out, please.

사진 촬영

당신 사진을 찍어도 될까요?	May I take your picture?
저랑 같이 찍을래요?	Please pose with me?
죄송하지만 셔터 좀 눌러 주세요.	Excuse me, press the shutter, please.

아플 때

몸이 안 좋아요.	I feel sick. / I feel no good.
병원에 데려다 주세요.	Please take me to the hospital.
의사를 불러 주세요.	Please call a doctor.
열이 있어요.	I have a fever.
머리가 아파요.	I have a headache.
나는 A형입니다.	My blood type is A.

길 물기

실례지만, ○○ 게스트 하우스가 어딥니까?	Excuse me, Where is the ○○ guest house?
여기가 지금 어딥니까?	Where am I now?
역에 가는 길을 가르쳐 주세요.	How can I get to the station?
여기가 무슨 거리입니까?	What street is this?
~까지 얼마나 멉니까?	How far is it to ~?
얼마나 걸립니까?	How long will it take?

음식점에서

금연석으로 주세요.	Non-smoking, please.
주문하시겠어요?	May I take your order? Would you like to order now?
이것으로 먹겠어요.	I'll have this one.
추천할 만한 요리가 무엇입니까?	What would you recommend?
이것은 무슨 요리인가요?	What kind of dish is this?
아이스티가 있나요?	Do you have ice-tea?
커피 주세요.	I'll have coffee, please.
사양합니다. 배가 너무 불러요.	No, thank you. I'm full. / I had enough.
계산서를 주세요.	Check, please.

쇼핑

그냥 둘러보고 있는 중입니다.	I'm just looking around.
시계 좀 볼 수 있나요?	Can I see some watches?
다른 물건 좀 보여 주세요.	Show me another one, please.
너무 큽니다(작습니다).	It's too big(small).
이것으로 하겠습니다.	I'll take this one.
이것을 사겠어요.	I'll buy this.

항공권을 예약할 때

다음주 월요일 인천행 비행기를 예약하려고 하는데요?	I'd like to make a reservation to In-cheon(Seoul) for next monday.
2등석으로 예약하고 싶습니다.	I'd like to travel economy-class.
언제 탑승 수속을 하지요?	When am I supposed to check in?

국제 전화를 신청할 때

한국에 수신자 부담으로 전화를 하고 싶습니다.	I want to place a long distance collect call to Korea.
국제 전화를 하고 싶은데요.	I want to place an overseas call.
어느 나라에 하실 건가요?	Where are you calling?
한국에 하고 싶은데요.	I'm calling Korea.
서울 123국에 1234번입니다.	I'm calling Seoul and the number is 123-1234.

기타 유용한 일상 회화

어느 나라에서 왔나요?	Where are you from?
지금 몇 시죠?	What's the time? / What time is it now?
물어봐도 될까요?	Can I ask you a question?
어디 가는 중입니까?	Where are you going?
무슨 일입니까?	What happened?
매우 친절하시네요.	You are very kind.
당신이 부럽네요.	I envy you.
시간 있나요?	Do you have time?
이곳에는 자주 오나요?	Do you come here often?
한국 음악 좋아하세요?	Do you like Korean music?
이 책을 빌릴 수 있을까요?	Can I borrow this book?
계속 연락하는 거 잊지 마세요.	Remember to keep in touch.
당신 맘대로 하세요.	It's up to you.

너무 배가 고파요.	I'm starving.
목이 마르군요.	I'm thirsty.
맥주가 마시고 싶군요.	I'd like a beer.
맛있네요.	It's delicious. / It's yummy.
각자 계산합시다.	Let's go Dutch.
아주 좋은 날씨네요.	What a beautiful day.
날씨가 나쁘네요.	What a terrible day.
비가 올 거 같네요.	Looks like it will rain.
날씨가 개었으면 좋겠는데.	I hope it's going to clear.
당신 전화번호 좀 알 수 있을까요?	May I have your phone number?
전화해도 될까요?	May I call you?
다시 한번 말씀해 주실래요?	I beg your pardon?
화장실이 어딥니까?	Where is the restroom(toilet)?
당신 직업이 뭡니까?	What do you do? / What's your occupation?

찾아보기
INDEX

프라하

Sightseeing

골즈킨스키 궁전 (국립 미술관)	108
구시가지 광장	103
구시가지 교탑(카를교탑)	116
구시청사	106
구·신 시너고그	123
구왕궁	146
구유대인 묘지	122
국립 극장	98
국립 박물관	94
나프르지코페 거리	95
네루도바 거리	132
달리보르카 탑	147
댄싱 빌딩	99
드보르자크 박물관	98
레트나 공원	159
로레타 성당	150
루돌피눔	125
리에그로비 공원	160
마담 투소 프라하	109
마리아 기둥	105
마이셀 시너고그(유대 박물관)	121
말로스트란스케 광장	131
모차르트가 연주했던 오르간이 보관되어 있는 성당	131
무하 박물관	95
바츨라프 광장	93
발트슈테인 정원	134
브르트보브스카 정원	138
비셰흐라드 국립 명예 묘지와 신전	156
비셰흐라드 전망대	158
비셰흐라드 포대	157
성 마르틴 교회의 로툰다	155
성 미쿨라셰(니콜라스) 성당	131
성 미쿨라셰(니콜라스) 성당	107
성 비투스 대성당	145
성 이르지(조지) 성당	147
성 이르지(조지) 수도원	147
성 페트르(베드로)와 성 파블(바울) 성당	155
성벽 위의 정원(남정원)	150
섹스 도구 박물관	108
스메타나 박물관	112
스타보브스케(에스타트) 극장	110
스트라호프 수도원	151
스페인 시너고그	122
승리의 성모 마리아 성당(아기 예수 성당)	130
시민 회관	97
얀 후스 동상	105
여름 궁전	149
연금술사 박물관	124
왕실 정원(북정원)	148
유대교 회당	121
유대인 시청사	124
의식의 집	123
인드르지슈스카 탑	96
존 레논 벽	129
중세 고문 도구 박물관	109
천문 시계	106
카를교	113
카프카 박물관	133
캄파섬	129
큐비즘 박물관	110
클라우스 시너고그	123
타워 파크 프라하	160
틴 성당(틴 앞의 성모 마리아 성당)	104
페트르진 전망대	138
페트르진의 미로	139
프라하 국립 오페라 극장	94
프라하 동물원	161
프라하 현대 미술 센터	161
프라하성	143
프라하성 아래 궁전 정원	136

331

핀카스 시너고그	121
하벨 시장	111
화약탑	97
화약탑	146
황금소로	148

Eating

로브코비츠 궁전 레스토랑 & 카페	170
루카 루	168
마리나	168
브레도브스키 드부르	163
스메타나 Q 카페 & 비스트로	163
스트라호프 수도원 양조장	170
우 라부티	170
우 말레호 그레나	169
카바르나 오베츠니 둠	162
카트르 레스토랑	167
카페 루브르	162
카페 임페리얼	164
카페 클로에 프라하	165
코즐로브나 아프로포스점	167
타쿠미 프라하	165
테라사 우 프린스	166
파스타 프레스카	166
페르디난드	164
페트르진 테라스	169
포크스	168
후사	165

Sleeping

987 디자인 프라그 호텔	174
K+K 호텔 센트럴	174
VN3 테라스 스위트 바이 프라그 레지던스	176
그란디움 프라하	172
말로스트란스카 레지던스	176
모차르트 프라그	172
아치발드 앳 카를 브리지 호텔	175
카를 브리지 이코노믹 호스텔	177
플러스 프라그 호스텔	177
호텔 센추리 올드 타운 프라하 – 엠갤러리 바이 소피텔	173
호텔 인터내셔널 프라하	175

근교 (보헤미아 지방 & 모라비아 지방)

Sightseeing

갈레리에 바녜코브카	224
공화국 광장	193
구시청사	219
구시청사 탑	252
다이애나 탑	204
대주교의 성과 성의 정원	238
데니소비 공원	222
디트리히슈타인 가문의 묘지	243
레드니체성	247
마사리코바 거리와 자유 광장	218
믈린스카 콜로나다	200
미쿨로프성	242
발티체성	248
벨카 시너고그	194
브르지델니 콜로나다	201
사도바 콜로나다	200
성 마르지(메리) 막달레나 성당	203
성 모르지츠 성당	230
성 미쿨라셰 성당	254
성 바르보르(바바라) 성당	214
성 바르톨로메이 성당	194
성 바츨라프 대성당	233
성 삼위일체 석주	231
성 페트르(베드로)와 성 파블(바울) 성당	203
성 페트르와 성 파블 성당	221
성모 마리아 그리스도 승천 교회	211
성스러운 언덕	243
성스러운 언덕 위의 성모 마리아 성당	233
성의 정원	187
성탑	187
슈필베르크성	223
스보르노스티 광장	186
시청사	231
양배추 시장	219

에곤 실레 아트 센터	188		
염소성	243		
유대인 묘지	244		
유대인 지구	244		
이탈리안 궁정	213		
자하리아셰 광장	258		
즈노이모 지하 터널	253		
즈노이모성	254		
체스키 크룸로프성	186		
캐슬 바로크 극장	187		
텔츠성	258		
투겐트하트 빌라	224		
트르지니 콜로나다	201		
플라워 가든	238		
필스너 우르켈 맥주 공장	192		
해골 성당	212		
호르니 광장	230		
흐라덱 은광 박물관	213		

Sleeping

1st 리퍼블릭 빌라	189
TGM 호텔 레지던스	255
그란데짜 호텔 럭셔리 팔라츠	226
그란드 호텔	226
그란트 호텔 푸프 (그랜드 호텔 퍼프)	206
아스토리 호텔	197
아파트먼트 다치츠키	215
우비토브나 마리에	235
자멕키 호텔 레드니체	249
클라리온 콘그레스 호텔 올로모우츠	235
펜션 포드 라드니치	189
펜지온 텔츠 No. 20	259
호텔 란고	197
호텔 루마니아	206
호텔 볼라리크	245
호텔 콘비체	189
호텔 펜지온 나 프라데	235
호텔 푸르크미스트르	239
호텔 프로메나다	206

Eating

SKøG 어반 허브	225
다치츠키 레스토랑	215
란고	196
레스토랑 우 모르지체	234
소이카 & 스폴. (레스토랑 & 콜로니알)	245
스타로브르노 양조장	225
우 살츠만누	196
우 틀루스티쉬	249
카페 뉴 원	234
카페 다치츠키	215
카페 레스토랑 오닉스	249
카페 오페라	234
크르츠마 브 세아트라브스케 우리치	188
투스토	255
파파스 리빙 레스토랑	188
페가스	225
피쩨리아 달 콘테	239
피쩨리아 이탈리아	259
피쩨리아 페트르	205
호텔 탄츠베르크 마르첼 이나챠크	245
호텔 프로메나다 레스토랑	205

333